管理实训与指导

主　编　程　超　何　静
副主编　李中原　黄　涛

对外经济贸易大学出版社
中国·北京

图书在版编目（CIP）数据

管理实训与指导／程超，何静主编．—北京：对外经济贸易大学出版社，2014（2018.8重印）
ISBN 978-7-5663-1126-9

Ⅰ.①管… Ⅱ.①程… ②何… Ⅲ.①管理学 Ⅳ.①C93

中国版本图书馆CIP数据核字（2014）第174148号

管理实训与指导

程 超 何 静 **主编**
责任编辑：阮珍珍 强晓洁

对外经济贸易大学出版社
北京市朝阳区惠新东街10号 邮政编码：100029
邮购电话：010-64492338 发行部电话：010-64492342
网址：http://www.uibep.com E-mail：uibep@126.com

北京华创印务有限公司印装 新华书店经销
成品尺寸：170mm×230mm 19印张 351千字
2014年8月北京第1版 2018年8月第6次印刷

ISBN 978-7-5663-1126-9
印数：12 801-15 800册 定价：45.00元

目　录

第一部分　管理学学习要点

第二部分　案例实训

第三部分　复　习　题

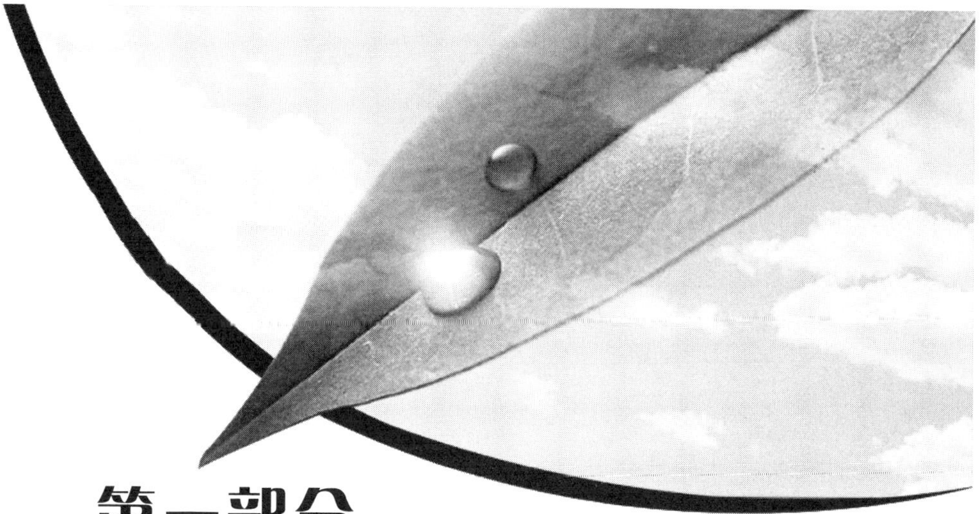

第一部分

管理学学习要点

第一章

管理与管理学

学习要点

第一节　人类的管理活动

一、人类活动的特点

1. 目的性：人类正是在为实现预期目的的活动中，在不断地劳动、思考、谋划、设计和组织管理的过程中，逐步进化的。

2. 依存性：人类的目的性来源于对外部环境和人类自身的相互依存关系。

3. 知识性：人类能从过去的实践中学习，从前人的经验中学习，并能把学到的知识加以记忆、积累、分析和推理，从而形成人类独有的知识体系。

二、管理的必要性

1. 资源短缺将是一种长期的经济现象，如何将有限的资源进行合理的利用，则是管理必须解决的问题。

2. 实践证明只有通过有效的发展，才能使科学技术真正转化为生产力。

3. 高度专业化的社会分工是现代化国家和现代企业的基础，协调各种关系需要管理。

4. 实现社会企业的长期发展，需要靠全体成员的共同努力。

5. 近几年来，以计算机技术为基础，信息网络、互联网等在中国各行各业中得到了空前迅速的应用和普及。

三、管理的概念

1. 管理的目的是为了实现预期的目标。
2. 管理的本质就是协调。
3. 协调必定产生在社会组织当中。
4. 协调的中心是人。
5. 协调的方法是多样的，需要定性的理论和经验，也需要定量的专门技术。

第二节 管理的职能与性质

一、管理的职能

1. 计划：制定目标并确实为达成这些目标所必需的行动。组织中所有的管理者都必须从事计划活动。

2. 组织：根据工作的要求与人员的特点，设计岗位，通过授权和分工，将适当的人员安排在适当的岗位上，用制度规定各个岗位的职责和上下左右的相互关系，形成一个有机的组织结构，使整个组织协调运转——这就是组织的职能。组织目标决定着组织的具体形式和特点。

3. 领导：指导人们的行为，通过沟通增强人们的相互理解，统一人们的思想和行动，激励每个成员自觉地为实现组织目标而共同努力。

4. 控制：控制的实质就是使实践活动符合计划，计划就是控制的标准。

5. 创新：创新职能与上述各种管理职能不同，它本身并没有某种特有的表现形式，它总是在与其他管理职能的结合中表现自身的存在与价值。

二、管理的自然属性

不以人的意志为转移，也不因社会制度形态的不同而有所改变，完全是一种客观存在。

三、管理的社会属性

1. 科学技术的进步，经济的快速发展，企业规模扩大，职能经理人出现，企业经营权和所有权分离。

2. 部分职工持有股票，拥有企业所有权的人数增多。

3. 西方发达国家政府对本国经济采取不同形式、不同程度的干预。

4. 企业管理需要考虑消费者利益和社会生态环境的保护。

第三节　管理者的角色与职能

一、管理者的角色

根据亨利·明茨伯格的一项广为引用的研究，管理者扮演着十种角色，这十种角色可归入三类：

人际角色：代表人角色、领导人角色、联络者角色。

信息角色：监督者、发言人、传播人。

决策角色：企业家、干扰对付者、资源分配者、谈判者。

二、管理者的职能

根据罗伯特·卡茨的研究，管理者必须具备三种技能：

（1）技术技能；（2）人际技能；（3）概念技能。

第四节　管理学的对象与方法

一、管理学的研究对象

管理学的研究对象：各种管理工作中普遍适用的原理与方法。

二、管理学的研究方法

归纳法、试验法、演绎法。

练习与详解

问题：

1. 人类活动的特点是什么？为什么管理实践与人类历史同样悠久？
2. 何谓管理？管理的基本特征是什么？
3. 管理活动具有哪些基本职能？它们之间的关系是什么？
4. 分析管理二重性的基本内容。

5. 一个有效的管理者需要扮演哪些角色？需要具备哪些技能？

6. 分析管理学的研究对象及方法。

参考答案：

1. 人类活动的特点是什么？为什么管理实践与人类历史同样悠久？

答案：(1) 目的性：人类正是在为实现预期目的的活动中，在不断地劳动、思考、谋划、设计和组织管理的过程中，逐步进化的。(2) 依存性：人类的目的性来源于对外部环境和人类自身的相互依存关系。(3) 知识性：人类能从过去的实践中学习，从前人的经验中学习，并能把学到的知识加以记忆、积累、分析和推理，从而形成人类独有的知识体系。人类活动的上述三个特点为人类的管理实践提供了客观条件，也回答了为什么管理实践与人类历史同样悠久的原因。

2. 何谓管理？管理的基本特征是什么？

答案：管理是社会组织中，为了实现预期的目标，以人为中心进行的协调活动。管理最基本的特征是：(1) 管理的载体是一个组织；(2) 管理的基本对象是人；(3) 在管理的资源配置中，人才是第一资源；(4) 管理的任务：从一般意义上讲，它是通过采取某些具体的手段和措施，设计、营造、维护一种环境，包括组织内部和外部的环境，使所有管理对象在特定的环境中，做到协调而有序地进行活动。

3. 管理活动具有哪些基本职能？它们之间的关系是什么？

答案：许多新的管理理论和管理学实践已一再证明：计划、组织、领导、控制、创新这五种管理职能是一切管理活动最基本的职能。计划：制定目标并确定为达成这些目标所必需的行动。组织中所有的管理者都必须从事计划活动。根据工作的要求与人员的特点，设计岗位，通过授权和分工，将适当的人员安排在适当的岗位上，用制度规定各个岗位的职责和上下左右的相互关系，形成一个有机的组织结构，使整个组织协调运转——这就是组织的职能。组织目标决定着组织的具体形式和特点。领导，是指导人们的行为，通过沟通增强人们的相互理解，统一人们的思想和行动，激励每个成员自觉地为实现组织目标而共同努力。控制的实质就是使实践活动符合计划，计划就是控制的标准。创新职能与上述各种管理职能不同，它本身并没有某种特有的表现形式，它总是在与其他管理职能的结合中表现自身的存在与价值。每一项管理工作都是从计划开始，经过组织、领导到控制、结束。各职能之间同时相互交叉渗透，控制的结果可能又导致新的计划，开始了新一轮的管理循环。创新在管理循环中处于轴心的地位，成为推动管理循环的原动力。

4. 分析管理二重性的基本内容。

答案：(1) 管理具有自然属性，这种属性不以人的意志为转移，也不因社会制度意识形态的不同而有所改变，完全是一种客观存在。它的出现是由人类活动的特点决定的，是社会劳动过程中的一种特殊职能。管理是生产力。

(2) 管理具有社会属性，它是为了达到预期目的而进行的具有特殊职能的活动，从来就是为统治阶级、为生产资料的占有者服务的。管理是一定社会生产关系的反映。

5. 一个有效的管理者需要扮演哪些角色？需要具备哪些技能？

答案：管理者扮演着十种角色，这十种角色可归入三类。人际角色：代表人角色、领导人角色、联络者角色。信息角色：监督者、发言人、传播人。决策角色：企业家、干扰对付者、资源分配者、谈判者。

管理者需要具备三种技能：技术技能、人际技能、概念技能。

6. 分析管理学的研究对象及方法。

答案：管理学的研究对象：各种管理工作中普遍适用的原理与方法。管理学的研究方法：归纳法、试验法、演绎法。

(1) 归纳法通过对客观存在的一系列典型事物（经验）进行观察，掌握典型事物的典型特点、典型关系。从典型规律入手，研究事物之间的因果关系，从中找出事物变化发展的一般规律。从个别到一般，在管理学研究中，归纳法应用最广，但其局限性也十分明显。

运用归纳法时应注意的几点：① 弄清与研究事物相关的因素，以及系统的干扰因素。② 选择好典型。③ 按抽样检验原理，保证样本容量。④ 调查问卷时应包括较多的信息数量，并给出简单明确的答案。

(2) 试验法。

(3) 演绎法：从一般到个别。

第二章

管理思想的发展

学习要点

第一节　中国传统管理思想

一、中国传统思想形成的社会文化背景

二、中国传统管理思想的要点

中国传统的管理思想分为：

1. 宏观管理的治国学——（财政赋税、人口管理、货币管理等）

2. 微观管理的治生学——（农副业、手工业、运输、建筑工程等）

（1）顺道——顺应宏观的治国理论和客观的经济规律。

（2）重人——① 重人心向背；② 重人才归离。

（3）人和——调整人际关系，讲团结、上下和、左右和。

（4）守信——信誉是人类社会人们之间建立稳定关系的基础。

（5）利器——“工欲善其事，必先利其器”。

（6）求实——实事求是，一切从实际出发，是思想方法和行为的准则。

（7）对策——运筹谋划，以智取胜。两个要点：① 预测；② 运筹。

（8）节俭——理财和治生都提倡开源节流，勤俭治国。

（9）法治——我国的法治思想起源于先秦法家和《管子》，后逐渐演变成一套法治体系。

第二节 西方传统管理思想

一、西方早期管理思想的代表

1. 亚当·斯密（英国）

亚当·斯密认为，劳动是人民财富的源泉，各国人民每年消费的一切生活用品的源泉是本国人民每年的劳动。亚当·斯密在分析“劳动生产力”的因素时，特别强调了“分工”的作用。

2. 查理·巴贝奇（英国）

查理·巴贝奇发展了亚当·斯密的观点，提出了关于生产组织机构和经济学方面的带有启发性的问题。巴贝奇提出了“边际熟练”原则，即对技艺水平、劳动强度定出界限，作为报酬的依据。

3. 罗伯特·欧文（英国）

欧文是人事管理的创始人。他经过一系列的试验，提出了“在工厂生产中重视人的因素”。

二、科学管理理论的产生和发展（19 世纪末 20 世纪初）

（一）科学管理之父泰罗的科学管理理论

泰罗创立的科学管理理论的主要观点：

1. 科学管理的根本目的——谋求最高工作效率。
2. 达到最高效率的重要手段——用科学的管理方法代替旧的经验方法。
3. 实施科学管理的核心问题——要求人员在精神上和思想上来一个彻底的改变。

泰罗提出以下管理制度：

1. 对工人提出科学的操作方法，以便合理利用工时，提高效率。
2. 在工资制度上实行差别计件制。
3. 对工人进行科学地选择、培训和提高。
4. 制定科学的工艺规程，并用文件形式固定下来以利推广。
5. 使管理和劳动分离，把管理工作称为计划职能，把工人的劳动称为执行职能。

代表作：《科学管理原理》（1911）。

泰罗及其他同期先行者的理论和实践构成了泰罗制，其他先行者还有：

（1）亨利·甘特。他重要贡献之一是设计了一种用线条表示的计划因素——“甘特图”。

代表作：《工业的领导》（1916）、《工作组织》（1919）。

（2）布雷斯及他的妻子。两人以进行“动作研究”而著称。

“泰罗制”着重解决的问题是用科学的方法提高生产现场的生产效率问题。

（二）对“泰罗制”的评价

“泰罗制”应用在生产现场管理中效果显著，但其推广却很不顺利，遭到了资本家和工人的反对。“泰罗制”当时之所以遭到反对，一方面是因为社会上传统意识的影响，另一方面是由于它本身也存在着弱点，我们应当用历史的观点客观地评价。

1. 它冲破了传统的、落后的经验管理办法，将科学引进了管理领域，创立了一套具体的科学管理方法。

2. 科学的管理方法和科学操作程序使生产效率提高了二三倍，推动了生产的发展，适应了资本主义的发展。

3. 由于管理职能与执行职能分离，企业中开始有一些人专门从事管理工作。

4. 把人看成会说话的机器，只能按照管理人员的决定、指示、命令执行劳动，在体力、技能上受到很大的压榨。

泰罗制是适应历史发展的需要而产生的，同时也受到历史条件和个人经历的限制，它的科学管理所涉及的问题比较少，管理的内容比较窄，企业的财务、销售、人事等方面的活动都没有涉及。

（三）法约尔的“组织管理理论”

“组织管理理论”的中心问题是组织结构和管理原则的合理化，管理人员职责分工的合理化。

法约尔指出要经营好一个企业，不仅要改善生产现场的管理，而且应当注意改善有关经营的6个方面的职能：技术职能、经营职能、财务职能、安全职能、会计职能、管理职能。以及14条原则：分工、权力与责任、纪律、统一命令、统一领导、员工个人要服从整体、人员的报酬要公平、集权、等级链、秩序、公平、人员保持稳定、主动性、集体精神。

法约尔的贡献在于：在管理的范畴、管理的组织理论、管理的原则方面提出了崭新的观点。

第三节　西方现代管理思想的发展

社会经济政治形势的变化：

（1）第一次世界大战结束后，工业发达的国家的劳工运动有了发展，劳资矛盾尖锐。

（2）企业规模在激烈竞争中迅速扩大。

（3）科学技术大发展。

（4）职工队伍的结构、文化程度都有了变化。

社会经济政治形势的变化为企业管理提出了新的要求：

（1）突出了企业的经营决策问题。

（2）要求运用更先进的管理手段。

（3）要求管理理论和经营方法能充分调动人的积极性。

一、行为科学学派

（一）“行为科学”的由来

泰罗制的“科学管理”理论把人看成“经济人”，而“行为科学”把人看成“社会人”，即影响工人生产效率的因素除了物质条件外，还有人的工作情绪。行为科学是一门研究人类行为规律的科学。

（二）“行为科学”的早期理论——人群关系论（代表人物：梅奥）

霍桑试验

目的：找出工作条件对生产效率的影响，以寻求提高劳动生产率的途径。

过程：试验首先从变化现场工作的照明强度着手。研究人员将参加工作的工人分成两组，一组为控制组，一组为试验组。控制组一直在平常的照明强度下工作，而试验组则给予不同的照明强度。当试验组的照明强度逐渐增大时，试验组的生产增长比例与控制组大致相同，当试验组的照明强度逐渐降低时，试验组的产量明显下降。试验表明，照明度一般的改变不是影响生产率的决定因素。后来再进行其他方面的试验。

观点：（1）企业的职工是社会人。（2）满足工人欲望，提高工人的士气是提高生产效率的关键。（3）企业中实际存在一种“非正式组织”——企业职工在共同工作和共同生产中必然产生相互之间的人群关系，产生共同的感情，自然形成一种行为准则和惯例，要求个人服从。这就构成了“非正式组织”。（4）企业应采用新型的领导方法。人群关系理论是“行为科学”管理学派的早期思想，它只强调要重视人的行为，而行为科学还要求进一步研究人的行为规律，找出产生不同行为的影响因素，探讨如何控制人的行为以达到预定目标。

（三）“行为科学”学派的主要理论

1. 需求层次理论：马斯洛

尚未满足的需要——为目标而驱使的行为——目标的满足

马斯洛的需要层次理论有两个基本的观点：

（1）一个人的需要取决于他已经得到什么，尚缺少什么，只有尚未满足的需要能够影响行为。

（2）人的需要都有轻重层次，某一需要得到满足后，另一需要才出现。

人的需要包括：（1）生理需要。（2）安全需要。（3）感情和归属需要。（4）尊重需要。（5）自我实现需要。

缺点：缺乏客观实际性。

2. 双因素理论：赫茨伯格

赫茨伯格抛弃了传统的观点：满意——不满意

提出新观点：满意——没有满意——没有不满意——不满意

调查认为：使职工感到满意的因素都是工作的性质和内容方面的，而使他们不满意的因素都是工作环境或者工作关系方面的。赫茨伯格把前者叫激励因素，后者叫保健因素。

（1）激励因素：这些因素具备时可以起到明显的激励作用，当这类因素不具备时，也不会造成职工的极大不满。包括：工作上的成就感、受到重视、提升、工作本身的性质、个人发展的可能性、职责。

（2）保健因素：当这类因素得到改善时，职工的不满就会消除，保健因素对职工起不到激励的积极作用。包括：企业的政策与行政管理、监督、与上级的关系、与同事的关系、工作安全、个人生活、工作条件等。

结论：激励因素是以工作为中心的，即以对工作本身是否满意，工作中个人是否有成就、是否得到提升为中心的。而保健因素则与工作的外部环境有关，属于保证工作完成的基本条件。马斯洛的需要层次理论和赫茨伯格的双因素理论有很大的相似性，马斯洛的高需要层次即赫茨伯格的激励因素，而为了维持生活所必须满足的低层次需要相当于保健理论。

3. X、Y 理论

（1）X 理论和 Y 理论：麦戈雷格

X 理论的主要观点：人的本性是坏的，一般人都好逸恶劳，有尽可能逃避工作的特性，由于人有厌恶工作的特性，因此对大多数人来说，仅用奖励的办法是不够的，必须进行强制、监督、指挥、用惩罚进行威胁，才能使他们努力地去完成工作目标。一般人胸无大志，通常满足于平平稳稳地完成工作。

Y 理论的主要观点：人都是积极向上的，他们对工作的喜欢取决于他们把工作看成是一种满足还是一种惩罚。人们在通常情况下愿意承担责任，人们都热衷于发挥自己的才能和制造性。

结论：X 理论假设较低层次的需要支配着个人的行为，Y 理论则假设高层次的需要支配着人的行为。麦戈雷格认为 Y 理论比 X 理论更实际有效，因此他建议让员工参与工作决策。为员工提供富有挑战性的工作，建立良好的群体关系。

（2）超 Y 理论：乔伊·洛尔斯

主要观点：工作性质、成员素质等决定不同的人对管理方式的要求不同。有人希望有正规化的组织与规章条例来要求自己的工作，而不愿参与问题的决策去承担责任。这种人欢迎以 X 理论来指导工作，有的人则需要更多的自治责任和发挥个人创造性的机会。这种人则欢迎用 Y 理论来指导工作。

4. Z 理论：威廉·大内

主要观点：认为企业管理者与职工的利益是一致的，两者的积极性可融为一体。

管理的主要内容：（1）企业对职工的雇用应是长期的，而不是短期的。（2）上下结合制定决策，鼓励职工参与企业的管理工作。（3）实行个人责任制。（4）上下级之间关系要融洽。（5）对职工要进行全面的培训，使职工有多方面工作的经验。（6）相对缓慢的评价和稳步提拔。（7）控制机制要较为含蓄而不正规，但检测手段要正规。

二、“管理科学”学派

（一）管理科学学派的特点

1. 生产和经营各领域的各项活动都以经济效果好坏作为评价标准，即要求最小的消耗取得最大的经济效益。

2. 使衡量的标准定量化，借助数学模型找出最优的实施方案和描述事物的现状及发展规律，摒弃单凭经验和自觉确定经营目标与方针的做法。

3. 依靠计算机进行各项管理。

4. 强调使用先进的科学理论和管理方法。

主导思想：使用先进的数理方法及管理手段，使生产力得到最合理的组织以获得最佳的经济效益，而较少考虑人的行为因素。

（二）数学模型与“管理科学”

1. 根据模型的作用可分为：描述性模型和指示性模型。

2. 根据模型的变量种类分为：确定性模型和随机性模型。

（三）系统管理理论的应用

把管理对象看作一个整体，一个有机联系的系统。研究企业管理的任何个别事物，都要从系统的整体出发，既要研究出此事物与系统内各组成部分之间的关系，又要研究此事物同系统外部环境的相互关系。

系统的六要素：人、物质、财、任务、信息、设备。企业的具体组织是各式各样的，但可按照理论将上述六个要素分为许多个系统，如技术子系统、财务子系统等。

三、“决策理论”学派

“决策理论”学派是以统计学和行为科学作为基础的。“决策理论”学派主要观点：

1. 管理就是决策。

2. 决策分为程序性决策和非程序性决策。

程序化决策：按既定的程序所进行的决策，往往可制定一个例行程序。

非程序化决策：新发生的，非结构性的，问题极为重要、复杂，没有例行程序可循的决策。

四、对现代管理理论的思考

五、新经济时代管理思想的变革

新经济时代的特征：信息化、网络化、知识化、全球化。

（一）管理思想的创新

传统：以资源短缺性原理和投资收益递减规律为理论基础。

新经济时代：以知识的无限性和投资收益递增规律为指导思想。

（二）管理原则的创新

新经济时代管理思想的基本原则：

（1）劳动的分工和再分工、自身利益。（亚当·斯密）

（2）精细划分的工作付酬。（巴贝奇）

（3）管理的分工和再分工、体力与脑力分离。（泰罗）

（4）所有权和管理权分离。（泰罗、韦伯）

（5）每个人应该只有一个上司。（法约尔）

（6）自动化运动。

新经济时代管理的原则基础：

（1）对等的知识联网。（2）集成的过程。（3）对话式工作。（4）人类的时间与计时。（5）建立虚拟企业与动态团队。

（三）经营目标创新

（1）以可持续发展代替利润最大化。（2）以公司市场价值代替市场份额。

（四）经营战略创新

传统的竞争战略："零和博弈"。

信息时代：竞争与合作并存的"双赢原则"。

（五）生产系统创新

20世纪90年代后由MPR和MPR2发展出EPR（企业资源计划）。

EPR的核心思想：实现对整个供应链的有效管理，体现在以下三个方面：

（1）体现对整个供应链资源进行管理的思想。

（2）体现精益生产、同步工程和敏捷制造的思想。

（3）体现事先计划和事中控制的思想。

（六）企业组织创新

（1）企业内部组织结构由极端化向扁平化方向发展。（2）建立学习型组织。（3）规模经济的传统正在改变。（4）虚拟公司正在代替传统的实体型企业。

第四节　中国现代管理思想的发展

一、中国现代管理思想形成的历史背景

（1）中国官僚资本企业和民族资本企业的管理。

（2）我国革命根据地公营企业的管理。

（3）全面学习西方的管理模式。

（4）探索中国现代管理模式。

二、社会主义经济管理体制改革

（1）由国内管理向国际化管理转化。

（2）由科学管理向信息化管理转化。

（3）由首长管理向人性化管理转化。

（4）由政府管理向民营化管理转化。

（5）由封闭式实体管理向开放式虚拟管理转化。

练习与详解

问题：

1. 理解中国古代管理思想要点的主要内容，并思考对现在企业经营有何启示。比如中国古代法制思想的基本原则是什么？

2. 请综合分析亚当·斯密与查理·巴贝奇关于劳动分工的研究。

3. 科学管理理论为什么会在19世纪末产生？泰罗的科学管理理论的主要观点和管理制度分别是什么？

4. 理解亨利·法约尔关于经营和管理的概念及其管理原则。

5. 解释厄威克的管理理论综合概念结构图。

6. 人群关系学说的主要内容是什么？行为科学研究的主要内容是什么？

7. 理解管理科学学派、决策理论学派的主要观点。

8. 新经济时代或知识经济时代主要特征是什么？理解知识经济时代的管理原则的变革。

9. 理解我国现代企业管理思想发展的历史。

参考答案：

1. 理解中国古代管理思想的主要内容，并思考对现在企业经营有何启示。比如中国古代法制思想的基本原则是什么？

答案：中国传统的管理思想分为：

（1）宏观管理的治国学——（财政赋税、人口管理、货币管理等）。

（2）微观管理的治生学——（农副业、手工业、运输、建筑工程等）。

顺道——顺应宏观的治国理论和客观的经济规律。重人——① 重人心向背；② 重人才归离。人和——调整人际关系，讲团结、上下和、左右和。守信——信誉是人类社会人们之间建立稳定关系的基础。利器——“工欲善其事，必先利其器”。求实——实事求是，一切从实际出发，是思想方法和行为的准则。对策——运筹谋划，以智取胜。两个要点：① 预测；② 运筹。节俭——理财和治生都提倡开源节流，勤俭治国。法治——我国的法治思想起源于先秦法家和《管子》，后逐渐演变成一套法治体系。

2. 请综合分析亚当·斯密与查理·巴贝奇关于劳动分工的研究。

答案：查理·巴贝奇（英国）发展了亚当·斯密的观点，提出了关于生产组织机构和经济学方面的带有启发性的问题。巴贝奇提出了“边际熟练”原则，即对技艺水平、劳动强度定出界限，作为报酬的依据。它认为工人的收入主要包括：① 按照工作性质所确定的固定工资。② 按照生产效率以及贡献所分得的利润。③ 为提高劳动效率而提出建议所应给予的奖励。

3. 科学管理理论为什么会在19世纪末产生？泰罗的科学管理理论的主要观点和管理制度分别是什么？

答案：19世纪末期，由于生产技术日益复杂，生产规模和资本日益扩大，企业管理职能逐渐和职能资本分离，管理职能则委托各方面的管理人员所组成的管理机构承担，出现了专门的管理层。管理工作也成了有专门人员研究的一门学问，“科学管理理论”由此产生了。他认为单凭经验管理是不科学的，必须加以改变。

泰罗创立的科学管理理论的主要观点：① 科学管理的根本目的——谋求最高工作效率；② 达到最高效率的重要手段——用科学的管理方法代替旧的经验方法；③ 实施科学管理的核心问题——要求人员和工人双方在精神上和思想上来一个彻底的改变。

泰罗提出以下管理制度：① 对工人提出科学的操作方法，以便合理利用工时，提高效率；② 在工资制度上实行差别计件制；③ 对工人进行科学的选择、培训和提高；④ 制定科学的工艺规程，并用文件形式固定下来以利推广；⑤ 使管理和劳动分离，把管理工作称为计划职能，把工人的劳动称为执行职能。其代表作《科学管理原理》（1911）。这些变革形成了“科学管理”的基本理论。泰罗制是适应历史发展的需要而产生的，同时也受到历史条件和个人经历的限制，它的科学管理所涉及的问题比较少，管理的内容比较窄，企业的财务、销售、人事等方面的活动都没有涉及。

4. 理解亨利·法约尔关于经营和管理的概念及其管理原则。

答案：泰罗制在科学管理中的局限性主要是由法国的亨利·法约尔加以补充的。“组织理论”的中心问题：组织结构和管理原则的合理化，管理人员职责分工的合理化。法约尔认为要经营好一个企业，不仅要改善生产现场的管理，而且应当注意改善有关经营的6个方面的职能：技术职能、经营职能、财务职能、安全职能、会计职能、管理职能（计划、组织、指挥、协调、控制），以及14条原则：分工、权力与责任、纪律、统一命令、统一领导、员工个人要服从整体、人员的报酬要公平、集权、等级链、秩序、公平、人员保持稳定、主动性、集体精神。

法约尔的贡献：在管理的范畴、管理的组织理论、管理的原则方面提出了崭新的观点。

5. 解释厄威克的管理理论综合概念结构图。

答案：(1) 厄威克认为管理过程是由计划、组织和控制三个主要职能构成的；(2) 科学调查和分析是一切管理职能的基本原则，并在此基础上确定了与主要职能相适应的三项指导原则——预测、协调和指挥；(3) 厄威克还归纳出了管理的间接目标，即秩序、稳定、主动性和集体精神。

6. 人群关系学说的主要内容是什么？行为科学研究的主要内容是什么？

答案："行为科学"的早期理论——人群关系论（代表人：梅奥）。霍桑试验目的：找出工作条件对生产效率的影响，以寻求提高劳动生产率的途径。过程：试验首先从变化工作现场的照明强度着手。研究人员将参加工作的工人分成两组，一组为试验组，一组为控制组。控制组一直在平常的照明强度下工作，而试验组则给予不同的照明强度。当试验组的照明强度逐渐增大时，试验组的生产增长比例与控制组大致相同，当试验组的照明强度逐渐降低时，试验组的产量明显下降。试验表明，照明度的一般改变不是影响生产率的决定因素。后来再进行其他方面的试验。观点：(1) 企业的职工是社会人；(2) 满足工人欲望，提高工人的士气是提高生产效率的关键；(3) 企业中实际存在一种"非正式组织"——企业职工在共同工作和共同生产中必然产生相互之间的人群关系，产生共同的感情，自然形成一种行为准则和惯例，要求个人服从。这就构成了"非正式组织"；(4) 企业应采用新型的领导方法。影响：人群关系理论是"行为科学"管理学派的早期思想，它只强调要重视人的行为，而行为科学还要求进一步研究人的行为规律，找出产生不同行为的影响因素，探讨如何控制人的行为以达到预定目标。

7. 理解管理科学学派、决策理论学派的主要观点。

答案：管理科学学派的特点：(1) 生产和经营各项领域的各项活动都以经济效果好坏作为评价标准，即要求最小消耗取得最大的经济效益。(2) 使衡量的标准定量化，借助数学模型找出最优的实施方案和描述事物的现状及发展规律，摒弃单凭经验和自觉确定经营目标与方针的做法。(3) 依靠计算机进行各项管理。(4) 强调使用先进的科学理论和管理方法主导思想。使用先进的数理方法及管理手段，使生产力得到最合理的组织以获得最佳的经济效益，而较少考虑人的行为因素。"决策理论"学派是以统计学和行为科学作为基础的。

"决策理论"学派主要观点：(1) 管理就是决策。(2) 决策分为程序性决策和非程序性决策。程序化决策：按既定的程序所进行的决策，往往可制定一个例行程序的决策。非程序化决策：新发生的，非结构性的，问题极为重要、复杂，没有例行程序可循的决策。

8. 新经济时代或知识经济时代主要特征是什么？理解知识经济时代的管理原则的变革。

答案：新经济时代的特征：信息化、网络化、知识化、全球化。

（1）管理思想的创新。传统：以资源短缺性原理和投资收益递减规律为理论基础；新经济时代：以知识的无限性和投资收益递增规律为指导思想。

（2）管理原则的创新。新经济时代管理思想的基本原则：① 劳动的分工和再分工、自身利益（亚当·斯密）；② 依据精细划分的工作付酬（巴贝奇）；③ 管理的分工和再分工、体力与脑力分离（泰罗）；④ 所有权和管理权分离（泰罗、韦伯）；⑤ 每个人应该只有一个上司（法约尔）；⑥ 自动化运动。

（3）经营目标创新。（1）以可持续发展代替利润最大化；（2）以公司市场价值代替市场份额。

（4）经营战略创新。传统的竞争战略："零和博弈"。信息时代：竞争与合作并存的"双赢原则"。

（5）生产系统创新。20 世纪 90 年代后由 MPR 和 MPR2 发展出 EPR（企业资源计划）。EPR 的核心思想：实现对整个供应链的有效管理，体现在以下三个方面：（1）体现对整个供应链资源进行管理的思想；（2）体现精益生产、同步工程和敏捷制造的思想；（3）体现事先计划和事中控制的思想。

（6）企业组织创新。（1）企业内部组织结构由极端化向扁平化方向发展；（2）建立学习型组织；（3）规模经济的传统正在改变；（4）虚拟公司正在代替传统的实体型企业。

9. 理解我国现代企业管理思想发展的历史。

答案：中国现代管理思想形成的历史背景：中国官僚资本企业和民族资本企业的管理；我国革命根据地公营企业的管理；全面学习西方的管理模式；探索中国现代管理模式。

社会主义经济管理体制改革：由国内管理向国际化管理转化；由科学管理向信息化管理转化；由首长管理向人性化管理转化；由政府管理向民营化管理转化；由封闭式实体管理向开放式虚拟管理转化。

第三章

管理的基本原理

学习要点

第一节　管理原理的特征

一、管理原理的主要特征

1. 客观性。2. 概括性。3. 稳定性。4. 系统性。

二、研究管理原理的意义

1. 有助于提高管理工作的科学性，避免盲目。
2. 有助于掌握管理的基本规律。
3. 有助于迅速找到解决管理问题的途径。

第二节　系统原理

一、系统的概念

系统是指若干相互联系、相互作用的部分，在一定环境中组成具有特定功能的有机整体。

二、系统的特征

1. 集合性。这是系统最基本的特征。一个系统至少由两个或两个以上的系统构成。

2. 层次性。系统的结构是有层次的，构成一个系统的子系统和子子系统分别处于不同的地位。

3. 相关性。系统内各要素之间相互依存、相互制约的关系，就是系统的相关性。

三、系统原理要点

1. 整体性原理——系统要素之间的相互关系及要素与系统之间的关系以整体为主进行协调，局部服从整体，使整体效果最佳。

2. 动态性原理——系统作为一个运动着的有机体，其稳定状态是相对的，运动状态则是绝对的。

3. 开放性原理——明智的管理者都应当从开放性原理出发，充分估计外部与本系统的联系，努力扩大本系统从外界吸入的物质、能量和信息。

4. 环境适应性原理——系统不是孤立的，而是与外界不断发生联系的。

5. 综合性原理——把系统的各部分、各方面和各种因素联系起来，考察其中的共同性和规律性。

两个含义：（1）系统目标的多样性和综合性；（2）组织的产品是综合制造的。

第三节　人本原理

人本管理——以人为中心的管理思想，20 世纪末管理理论发展的主要特点。

一、职工是企业的主体

（一）要素发展阶段：泰罗

早期的管理理论基本上限于把劳动者视为生产过程中的一个必不可少的因素。泰罗之后的几十年中所有对劳动和劳动力的研究大多都未摆脱把人视为机器附属物的基本观点和方法。

（二）行为研究阶段：马斯洛、赫茨伯格等

二战后，一部分管理学家和心理学家开始意识到劳动者的行为决定了企业的生产效率、质量和成本。劳动者的需要是多方面的，经济需要只是其中的一种。

（三）主体研究阶段

20 世纪 70 年代以后企业界逐渐意识到职工在企业生产经营活动中的重要

性，逐渐形成了以人为中心的管理思想。

二、有效管理的关键是职工参与

两种不同的途经

1. 高度集权，从严治厂，依靠严格的管理使得企业目标统一，行动一致，从而实现高的工作效率。

2. 适度分权，民主治厂，依靠科学管理和职工参与使个人利益和企业利益联系在一起，使职工为了共同的目标而自觉努力地奋斗，从而实现高的工作效率。

两种途经的根本不同之处：① 前者职工处于被动地位，职工是管理的客体；② 后者职工处于主动地位，职工是管理的主体。

三、现代管理的核心是使人性得到最完美的发展

四、管理是为人服务的

1. 企业要在这种思想的指导下，研究市场需求的特点及发展趋势，据此确定企业的经营和产品发展的方向。

2. 企业要从用户的角度出发，提高设备和材料的使用效率，降低成本。

3. 企业要在这种思想的指导下研究企业的消费者。

总结：尊重人、依靠人、发展人、为了人是人本原理的基本内容和特点。

第四节　责任原理

一、明确每个人的职责

挖掘人的潜能的最好的办法是明确每个人的职责：

1. 职责的界限要清楚。2. 职责中要包括横向联系的内容。3. 职责要落实到人。

二、职位设计和权限委任要合理

一个人对工作是否能做到完全负责取决于三个因素：

1. 权限：实行任何管理都要借助于一定的权力，没有一定的权力，任何人都不可能对工作实行真正的管理。

2. 利益：完全负责意味着要承担风险，任何的管理者在承担风险的同时都要对收益进行权衡。这种利益不仅仅是物质利益，还包括精神利益。

3. 能力：能力是完全负责的关键因素。

职责和权限、利益、能力之间的关系遵守等边三角形原则。

三、奖惩要分明，公正而及时

第五节 效益原理

效益——管理的永恒主题。任何组织的管理都是为了获得某种效益，效益高低直接影响着组织的生存和发展。

一、效益的概念

效益、效率、效果是既相互联系又相互区别的概念。

效果：由投入经过转换而产出的成果，其中有的是有效益的，有的是无效益的。

效率：单位时间内所取得的效果的数量，反映了劳动时间的利用状况，与效益有一定的联系。

效益：有效产出与投入之间的一种比例管理，可从社会和经济两个不同角度去考察，即社会效益和经济效益。经济效益比社会效益直接、明显，可有效度量；社会效益则难以计量，只能借助于其他形式间接考察。

二、效益的评价

不同的主体可从不同的角度去评价，所以效益的评价没有一个绝对的标准。不同的评价和标准得出的结论也不同，不同的评价都有它的长处和不足，应配合运用，以求获得客观公正的评价结果。

三、效益的追求

1. 管理效益的直接形态是通过经济效益而得到表现的。

2. 影响管理效益的因素很多，其中主题管理思想正确与否占有相当重要的地位。

3. 追求局部效益必须同追求全局效益协调一致。

4. 管理应追求长期稳定的高效益。

5. 建立管理活动的效益观。

练习与详解

问题：

1. 什么是系统？系统有哪些基本特征？管理者可从系统原理中得到哪些启示？

2. 如何理解责任原理？责任原理的本质是什么？管理者可从责任原理中得到哪些启示？

3. 何谓“以人为主体的管理”？又如何实现“以人为主体的管理”？

4. 何谓效果、效率和效益？人类一切活动为何要遵循效益原理？

5. 管理有效性的实质是什么？管理者如何追求自身工作的效益？

参考答案：

1. 什么是系统？系统有哪些基本特征？管理者可从系统原理中得到哪些启示？

答案：（1）系统是指若干相互联系、相互作用的部分，在一定环境中组成具有特定功能的有机整体。

（2）系统的特征：① 集合性。这是系统最基本的特征。一个系统至少由两个或两个以上的系统构成；② 层次性。系统的结构是有层次的，构成一个系统的子系统和子子系统分别处于不同的地位；③ 相关性。系统内各要素之间相互依存、相互制约的关系，就是系统的相关性。

（3）管理者从系统原理中得到启示，运用系统理论进行管理。① 整体性原理；② 动态性原理；③ 开放性原理；④ 环境适应性原理；⑤ 综合性原理。

2. 如何理解责任原理？责任原理的本质是什么？管理者可从责任原理中得到哪些启示？

答案：（1）明确每个人的职责。挖掘人的潜能的最好的办法是明确每个人的职责：① 职责的界限要清楚；② 职责中要包括横向联系的内容；③ 职责要落实到人。

（2）职位设计和权限委任要合理。一个人对工作是否能做到完全负责取决于三个因素：① 权限。实行任何管理都要借助于一定的权力，没有一定的权力，任何人都不可能对工作实行真正的管理。② 利益。完全负责意味着要承担风险，任何的管理者在承担风险的同时都要对收益进行权衡。这种利益不仅仅是物质利益，还包括精神利益。③ 能力。能力是完全负责的关键因素。职责和权限、利益、能力之间的关系遵守等边三角形原则。

(3) 奖惩要分明，公正而及时。

3. 何谓“以人为主体的管理”？又如何实现“以人为主体的管理”？

答案：人本原理——以人为中心的管理思想。20 世纪末管理理论发展的主要特点：(1) 职工是企业的主体；(2) 有效管理的关键是职工参与。(3) 现代管理的核心是使人性得到最完美的发展。(4) 管理是为人服务的。

企业要想做到“以人为中心的管理”，必须做到：① 企业要在这种思想的指导下，研究市场需求的特点及发展趋势，据此确定企业的经营和产品发展的方向。② 企业要从用户的角度出发，提高设备和材料的使用效率，降低成本。③ 企业要在这种思想的指导下研究企业的消费者。总结：尊重人、依靠人、发展人、为了人是人本原理的基本内容和特点。

4. 何谓效果、效率和效益？人类一切活动为何要遵循效益原理？

答案：效益、效率、效果是既相互联系又相互区别的概念。效果：由投入经过转换而产出的成果，其中有的是有效益的，有的是无效益的。效率：单位时间内所取得的效果的数量，反映了劳动时间的利用状况，与效益有一定的联系。效益：有效产出与投入之间的一种比例管理，可从社会和经济两个不同角度去考察，即社会效益和经济效益。经济效益比社会效益直接、明显，可有效度量；社会效益则难以计量，只能借助于其他形式来间接考察。人类活动为什么要追寻效益原理？(1) 管理效益的直接形态是通过经济效益而得到表现的。(2) 影响管理效益的因素很多，其中管理思想正确与否占有相当重要的地位。(3) 追求局部效益必须同追求全局效益协调一致。(4) 管理应追求长期稳定的高效益。(5) 建立管理活动的效益观。

5. 管理有效性的实质是什么？管理者如何追求自身工作的效益？

答案：管理有效性的实质是：公正、客观。管理者在追求自身工作的效益时要做到：(1) 管理效益的直接形态是通过经济效益而得到表现的。(2) 影响管理效益的因素很多，其中管理思想正确与否占有相当重要的地位。(3) 追求局部效益必须同追求全局效益协调一致。(4) 管理应追求长期稳定的高效益。(5) 建立管理活动的效益观。

第四章

管理道德与社会责任

学习要点

第一节　企业为什么需要伦理道德

企业管理之所以需要伦理道德，不只是因为现代企业的经济运行面临诸多伦理困境与道德风险，更不是因为伦理道德作为有效的文化工具可以帮助企业更好地达到经济目的，最根本的是，伦理道德是现代企业的核心价值构件，具有特殊的管理意义和文明意义。

一、伦理道德的文化意义及其管理学诠释

1. 企业不仅是一个经济实体，更重要的是一个伦理实体。

2. 在企业管理中，伦理的要义就是个人作为“组织人”或作为企业的成员而行动。

3. 伦理的真谛是个人的单一性与共同体的普遍性的统一。

二、伦理道德与经济运行

20 世纪西方学术界对伦理经济、管理意义的几种解释：

1. 理想类型论（马克斯·韦伯）：现代资本主义成功的最大秘密在于其独特的伦理——新教伦理。

2. 文化矛盾论（贝尔）：文化矛盾的核心是经济冲动力与宗教冲动力或道德冲动力的分离与背离。

3. 最强动力、最好动力论（科斯洛夫斯基）：最强的动力：谋利或经济活动；最好的动力：道德行为。

4. 竞争力论（查尔斯·汉普登特纳等）：国家竞争力：创造财富的价值体系。

无论企业伦理还是管理道德，都不是企业经济运行和企业家管理活动中的“价值附加”，而是企业品质与管理素质的内在构成，具有十分重要的管理学意义。

三、伦理道德的管理学意义

在经营活动中，企业伦理与管理道德的管理学意义突出表现在以下几方面：

1. 经济与经营活动的意义，尤其是对终极意义的追求。
2. 企业及其产品的价值观。
3. 企业组织。
4. 人文力与企业精神。

第二节　几种相关的道德观

一、功利主义道德观

1. 观点：能给行为影响所及的大多数人带来最大利益的行为才是善的，功利主义道德观有其合理的一面。

存在两个问题：① 取得最大利益的手段。② 利益的分配。

2. “功利主义”价值观移植到企业管理中的两个要义：

（1）所谓“最大利益”是“最大福利”。（2）功利主义的核心是“有用性”。

二、权利至上道德观

1. 观点：能尊重和保护个人基本权利的行为才是善的。

2. 理解权利至上的道德观应注意的两个问题：

（1）对“权利”概念的理解。（2）权利是相互的。

三、公平公正道德观

1. 观点：管理者不能因种族、性别、个性、个人爱好、国籍、户籍等因素对部分员工歧视，而那些按照同工同酬的原则和公平公正的标准向员工支付薪酬的行为是善的。

2. 对“公平公正”的认识：主要指支付薪酬的依据应当只是员工的技能、

经验、绩效或职责等因素，而不是其他各种似是而非的因素。

四、社会契约道德观

观点：

1. 按照企业所在地区政府和员工都能接受的社会契约所进行的管理行为就是善的。

2. 契约论的道德观有其深刻的局限性。

（1）契约具有很强的情境特征，在很多场合是利益博弈的结果，与合理性无关。

（2）契约的对象必须严格限制，如价格、道德、婚姻等是不可以契约的。

（3）契约主义泛滥会导致严重的经济和社会后果。

五、推己及人道德观

推己及人是中国儒家道德观的高度概括，其核心观点：己所不欲，勿施于人；恭、宽、信、敏、惠、仁、义、礼、智、信。

第三节 道德管理的特征及其影响因素

一、合乎道德管理的七个特征

1. 不仅把遵守道德规范视作组织获取利益的一种手段，而且更将其视作组织的一项责任。

2. 不仅从组织自身角度，更应从社会整体角度看问题。

3. 尊重所有者以外的利益相关者的利益，善于处理组织与利益相关者的关系，也善于处理管理者与一般员工及一般员工内部的关系。

4. 不仅把人看作手段，更把人看作目的。

5. 超越法律的要求。

6. 具有自律的特征。

7. 以组织的价值观为行为导向。

二、影响道德管理的因素

1. 道德发展阶段

（1）前惯例；（2）惯例；（3）原则。

有关道德发展阶段的研究表明：

（1）人们依次通过六个阶段，而不能跨越发展。

（2）道德发展可能中断，可能停留在任何一个发展水平上。

（3）多数成年人的道德发展处在四阶段以上。

2. 个人特性

（1）管理者的个人特性对组织的管理道德有着直接的影响。

（2）这里所讲的个人特性主要包括：管理者的个人价值观（包括道德观）、自信心、自控力。

3. 组织结构

组织结构对管理道德的影响方式：

（1）有无必要的权力制衡、监察、检查、审计机制，有无外部群众和舆论监督。

（2）组织内部有无明确的规章制度。

（3）上级管理行为的示范作用。

（4）绩效评估考核体系会起到指挥棒的作用。

4. 组织文化

有无诚信、包容的组织文化。

5. 问题强度

指该问题如果采取不道德的处理行为可能产生后果的严重程度。

第四节　改善企业道德行为的途径

1. 挑选高道德素质的员工
2. 建立道德守则和决策规则
3. 在道德方面领导员工
4. 设定工作目标
5. 对员工进行道德教育
6. 对绩效进行全面评价
7. 进行独立的社会审计
8. 提供正式的保护机制

第五节 企业的社会责任

社会责任是企业追求有利于社会长远目标的一种义务，超越法律与经济的要求，是企业资源的行为。

一、企业与现代社会

1. 企业是现代社会的产物。

2. 两种关于社会责任的观点：

（1）传统经济学观点：为股东实现组织利益的最大化是企业的天职，否则就不能称其为企业，保护和增进社会福利是政府和非营利组织的责任。

（2）社会经济学观点：企业不只是对股东负责的独立实体，它们还要对社会负责，因此企业不只是创造利润，还应包括保护和增进社会福利。

二、企业的价值观

1. 含义：价值观是关于价值的一定的信念倾向、主张和态度的系统观点，是评价人或组织行为善恶的标准和原则。

2. 四个发展阶段

（1）工业化初期（股东利益最大）；（2）工业化中期（企业利润最大化，兼顾员工利益）；（3）工业化后期（追求企业相关利益者价值最大化）；（4）后工业化时期（追求相关利益者利益最大化，同时保护、增进社会利益）。

三、企业社会责任的体现

1. 办好企业；2. 经营管理行为符合道德规范；3. 社会福利投资；4. 社会慈善事业；5. 自觉保护环境。

练习与详解

问题：

1. 在管理道德方面，存在哪些基本观点？各种观点的要义和区别何在？

2. 合乎道德的管理具有哪些特征？

3. 影响管理道德的因素有哪些？

4. 管理者可以采取哪些办法来改善组织成员的道德行为？

5. 企业的社会责任主要体现在哪些方面？

参考答案：

1. 在管理道德方面，存在哪些基本观点？各种观点的要义和区别何在？

答案：管理道德有以下四个观点：

（1）功利主义的伦理观。这种观点认为决策要完全依据其后果或结果作出。功利主义的目标是为尽可能多的人提供尽可能多的利益。① 功利主义对效率和生产率有促进作用，符合利润最大化原则；② 会造成资源配置的扭曲。

（2）权力至上的伦理观。这种观点认为决策要在尊重和保护个人基本权利（如隐私权、言论自由和游行自由等）的前提下作出。① 积极的一面：保护了个人的自由和隐私；② 消极的一面：接受这种观点的管理者把对个人自由的保护看得比工作的完成更重要。

（3）公平原则的伦理观。这种观点要求管理者公平地实施规则。

（4）综合社会契约的伦理观。这种观点主张要把实证（是什么）和规范（应该是什么）两种方法并入商业伦理中，即要求决策人在决策时综合考虑实证和规范两方面因素。这种伦理观综合了两种“契约”：① 经济参与人当中的一般契约，这种契约规定了做生意的程序；② 一个社区中特定数量的人当中的较特定的契约，这种契约规定了哪些行为方式是可接受的。

2. 合乎道德的管理具有哪些特征？

答案：合乎道德的管理具有以下七个特征：

（1）把遵守道德规范看作责任。

（2）以社会利益为重。

（3）重视利益相关者的利益。

（4）视人为目的。

（5）超越法律的要求。

（6）自律。

（7）以组织的价值观为行为导向。

3. 影响管理道德的因素有哪些？

答案：管理者的行为是否符合道德，除了由管理者所处的道德发展阶段影响之外，还受到管理者的个人特征、组织结构、组织文化以及道德文化的强度等影响。

4. 管理者可以采取哪些办法来改善组织成员的道德行为？

答案：挑选高道德素质的员工；建立道德守则和决策规则；在道德方面领导员工；设定工作目标；对员工进行道德教育；对绩效进行全面评价；进行独立的

社会审计；提供正式的保护机制。

5. 企业的社会责任主要体现在哪些方面？

答案：(1) 办好企业，把企业做强、做大、做久。努力增强企业的竞争力，不断创新，向社会提供更好、更新、更多的产品和服务，使人民的物质和文化生活更美好。

(2) 企业一切经营管理行为都应符合道德规范。包括企业内部管理、产品设计、制造、质量保证、广告用语、营销手段、售后服务、公关工作等。

(3) 社区福利投资。对企业所在社区或其他特定社区的建设进行福利投资。

(4) 社会慈善事业。对社会教育、医疗公共卫生、疾病防治、福利设施及对由于特殊的天灾人祸所引起的一切需要帮助的人，企业应根据自身优势适当定位，及时伸出援助之手，尽到应尽的社会责任。

(5) 自觉保护自然环境，主动节约能源和其他不可再生资源，尽可能减少企业活动对生态的破坏。

第五章

管理的基本方法

学习要点

第一节　管理的方法论

一、管理方法的重要性

管理方法是在管理活动中为实现管理目标、保证管理活动顺利进行所采取的工作方式。

二、管理哲学

管理哲学是关于管理的世界观和方法论，是管理主客体矛盾运动规律的科学。

管理哲学主要由以下几个方面构成：(1) 管理的辩证法。(2) 管理的方法论。(3) 管理文化。(4) 管理的科学价值观。

三、管理方法的分类

管理方法一般分为：法律方法、行政方法、经济方法、教育方法、技术方法。

第二节　管理的法律方法

一、法律方法的内容与实质

内容：通过各种法律、法令、条例和司法仲裁工作，调整社会经济的总体活动和各企业单位在微观活动中所发生的各种关系，以保证和促进社会经济发展的管理方法。

实质：体现全体人民的意志，并维护他们的根本利益，代表他们对社会经济、政治、文化活动实行强制性的统一管理。

二、法律的特点

严肃性、规范性、强制性。

三、法律方法的正确运用

第三节 管理的行政方法

一、行政方法的内容和实质

内容：依靠行政组织的权威，运用命令、规定、指示、条例等行政手段，按照行政系统和层次，以权威和服从为前提，直接指挥下属工作的管理方法。

实质：通过行政组织的职务和职位来进行管理，特别强调职责、职权、职位，而并非个人的能力或特权。

二、行政方法的特点和作用

1. 特点

（1）权威性——行政方法所依托的基础是管理机关和管理者的权威。

（2）强制性——行政权力机构和管理者所发出的命令、指示等对管理对象具有程度不同的强制性，行政方法就是通过这种强制性来达到指挥与控制的目的。

（3）垂直性——行政方法是通过行政层次来实施的，基本上属于纵向垂直管理。

（4）具体性。

（5）无偿性。

2. 作用

（1）有利于组织内部统一目标，统一意志。

（2）行政方法是实施其他各种管理方法的必要手段。

（3）可以强化管理作用，便于发挥管理职能。

（4）行政方法便于处理特殊问题。

三、行政方法的正确运用

1. 管理者必须充分认识行政方法的本质是服务。
2. 行政方法的管理效果为领导者水平所制约。
3. 信息在运用行政方法的过程中是至关重要的。
4. 行政方法由于借助了职位的权力，所以对下属有较强的约束力。这种特点使得上级在使用行政方法时忽视了下属的正确意见和合理的要求，不利于充分调动各方面的积极性。

第四节 管理的经济方法

一、经济方法的内容与实质

经济方法是指根据客观经济规律，运用各种经济手段，调节不同主体之间的关系，以获得较高的经济效益和社会效益的管理方法。不同的经济手段在不同的领域中发挥的作用不同。

（一）价格

价格是计量和评价劳动的社会标准，价格体系合理，是社会经济活动能实现良性循环的一个十分重要的条件。

（二）税收

税收是国家取得收入的重要来源，也是国家宏观调控和管理经济的重要手段之一。

（三）信贷

信贷是最为灵活、有效的经济杠杆，是银行存款、贷款等信用活动的总称，具体的手段主要有多贷、少贷、差别利率和贷款期限等。

（四）利润

在市场经济条件下，利润是反映经济组织、经济效益的综合指标，利润把企业的经济利益和职工的经济利益结合起来，促使职工从个人利益的角度去考虑企业的经营及其结果。

（五）工资

经济手段直接涉及企业和劳动者个人的物质利益，正确使用它，对于调动企业的经营积极性和职工的个人积极性，有着重要的作用。

（六）奖金与罚款

奖金和罚款最重要的是严明，该奖即奖，当罚则罚。只有如此才能成为有效的管理手段。

实质是围绕物质利益，运用各种经济手段正确处理好国家、集体与劳动者个人三者之间的经济关系，最大限度地调动各方面的积极性、主动性、创造性和责任感。

二、经济方法的特点

利益性、关联性、灵活性、平等性。

三、经济方法的正确应用

1. 注重经济方法和教育方法的有机结合。2. 注重经济方法的综合运用和不断完善。

第五节 管理的技术方法

一、技术方法的内容与实质

技术方法是指组织中各个层次的管理者（高层管理者、中层管理者、基层管理者）根据管理活动的需要，自觉运用自己或他人掌握的各类技术，提高管理效率的管理方法。包括信息技术、决策技术、计划技术、组织技术、控制技术。

实质：把技术融进管理中，利用技术来辅助管理。

（1）根据不同的管理问题，运用不同的技术。（2）在了解各种技术适用范围的前提下，尽可能把所掌握的技术用到实处，发挥积极作用。

二、技术方法的特点与作用

（一）特点

1. 客观性（技术是客观存在的，技术的结果是客观存在的）。

2. 规律性（技术是现实世界中普遍存在的客观规律；技术的方法是有规律的）。

3. 精确性（只要基础数据是正确的，技术的结果是精确的）。

4. 动态性（在遇到新问题和新情况时要及时更新掌握的技术）。

（二）作用

1. 信息技术的应用可以提高获取信息的速度和质量。

2. 决策技术的应用可以提高决策的速度和质量。

3. 计划、组织和控制技术的采用可以提高有关职能的执行效率，促进管理过程的良性循环。

三、技术方法的正确运用

1. 技术方法不是万能的，不能解决一切问题。

2. 管理者在解决管理问题时不能只依靠技术方法。

3. 要知道技术的价值所在及其局限性，并让技术专家参与进来，发挥长处，弥补不足。

第六节　管理的教育方法

一、教育方法的实质和任务

实质：按照一定的目的、要求对受教育者从多方面施加影响的一种有计划的活动。

任务：不断地提高人的政治思想素质、文化知识素质、专业水平素质。

二、教育的主要内容

教育的目的：提高人的各方面的素质。

主要内容：（1）人生观及道德教育。（2）爱国主义和集体主义教育。（3）民主、法治、纪律教育。（4）科学文化教育。（5）组织文化建设。（组织文化：组织员工在较长时期的生产经营实践中逐步形成的共有的价值观、信念、行为准则及具有相应特色的行为方式、物质表现的总称。在组织文化建设的指导思想上，必须突出管理的人本原理，坚持“以人为本”的原则。）

三、教育的方式

应少采用被动的讲授教育，而多采用主动的小组讨论、现场实习和体验实习等方法。

练习与详解

问题：

1. 管理的法律方法的内容和实质是什么？有何特点和作用？如何正确运用？
2. 管理的行政方法的内容和实质是什么？有何特点和作用？如何正确运用？
3. 管理的经济方法的内容和实质是什么？有何特点？如何正确运用？
4. 管理的教育方法的内容和实质是什么？如何正确运用？

参考答案：

1. 管理的法律方法的内容和实质是什么？有何特点和作用？如何正确运用？

答案：（1）法律方法的内容：通过各种法律、法令、条例和司法仲裁工作，调整社会经济的总体活动和各企业单位在微观活动中所发生的各种关系，以保证和促进社会经济发展的管理方法。实质：体现全体人民的意志，并维护他们的根本利益，代表他们对社会经济、政治、文化活动实行强制性的、统一的管理。

（2）法律方法的特点与作用：严肃性、规范性、强制性。

（3）法律方法的正确运用：① 利用法人的权力自觉抵制不正之风。② 应严格明确企业的责任和义务。

2. 管理的行政方法的内容和实质是什么？有何特点和作用？如何正确运用？

答案：（1）行政方法的内容：依靠行政组织的权威，运用命令、规定、指示、条例等行政手段，按照行政系统和层次，以权威和服从为前提，直接指挥下属工作的管理方法。实质：通过行政组织的职务和职位来进行管理，特别强调职责、职权、职位而并非个人的能力或特权。

（2）行政方法的特点：① 权威性——行政方法所依托的基础是管理机关和管理者的权威。② 强制性——行政权力机构和管理者所发出的命令、指示等对管理对象具有程度不同的强制性，行政方法就是通过这种强制性来达到指挥与控制的目的。③ 垂直性——行政方法是通过行政层次来实施的，基本上属于纵向垂直管理。④ 具体性。⑤ 无偿性。行政方法的作用：① 有利于组织内部统一目标，统一意志；② 行政方法是实施其他各种管理方法的必要手段；③ 可以强化管理作用，便于发挥管理职能；④ 行政方法便于处理特殊问题。

（3）行政方法的正确运用：① 管理者必须充分认识行政方法的本质是服务；② 行政方法的管理效果为领导者水平所制约；③ 信息在运用行政过程中是至关重要的；④ 行政方法由于借助了职位的权力，所以对下属有较强的约束力。这种特点使得上级在使用行政方法时忽视了下属的正确意见和合理的要求，不利于充分调动各方面的积极性。

3. 管理的经济方法的内容和实质是什么？有何特点？如何正确运用？

答案：（1）经济方法的内容与实质：根据客观经济规律，运用各种经济手段，调节不同主体之间的关系，以获得较高的经济效益和社会效益的管理方法。不同的经济手段在不同的领域中发挥的作用不同，如价格、税收、信贷、利润、工资、奖金与罚款。

（2）经济方法的特点：利益性、关联性、灵活性、平等性。

（3）经济方法的正确应用：① 注重经济方法和教育方法的有机结合；② 注重经济方法的综合运用和不断完善。

4. 管理的教育方法的内容和实质是什么？如何正确运用？

答案：教育方法的主要内容：（1）人生观及道德教育；（2）爱国主义和集体主义教育；（3）民主、法治、纪律教育；（4）科学文化教育；（5）组织文化教育（组织文化：组织员工在较长时期的生产经营实践中逐步形成的共有的价值观、信念、行为准则及具有相应特色的行为方式、物质表现的总称。在组织文化建设的指导思想上，必须突出管理的人本原理，坚持“以人为本”的原则）。企业应选择正确的教育方式，应少采用被动的讲授，而多采用主动的小组讨论、现场实习和体验实习等方法。

第六章

管理决策

学习要点

决策是管理的本质，管理的各项职能——计划、组织、领导、控制、创新都离不开决策。

第一节　决策的定义、原则与依据

一、决策的定义

决策是管理者识别并解决问题以及利用机会的过程。

1. 决策的主体是管理者。
2. 决策的本质是一个过程，这一过程由多个步骤组成。
3. 决策的目的是解决问题或利用机会。

二、决策的原则

1. 决策遵循的是满意原则，而不是最优原则。

要使决策达到最优，必须：

（1）容易获得与决策有关的全部信息。

（2）真实了解全部信息的价值所在，据此控制所有可能的方案。

（3）准确预期到每个方案在未来的执行结果。

2. 现实中上述条件往往得不到满足。

三、决策的依据——信息

信息的数量和质量直接影响决策水平。

第二节 决策的类型和特点

一、决策的类型

（一）长期决策和短期决策

1. 长期决策：指有关组织今后发展方向的长远性、全局性的重大决策，又称“长期战略决策”，如：投资方向的选择。

2. 短期决策：为实现长期战略目标而采取的短期策略手段，又称“短期战术决策”，如：物资储备、生产中资源配置等问题。

（二）战略决策、战术决策与业务决策

1. 战略决策：涉及组织长远发展和长远目标的决策，具有长远性和方向性，如：组织目标、方针的确定。

2. 战术决策：又称“管理决策”，是在组织内贯彻的决策，属于战略执行过程中的具体决策。

3. 业务决策：日常生活中为提高生产效率、工作效率而作出的决策，只对组织产生局部影响。

（三）集体决策与个人决策

（四）初始决策和追踪决策

初始决策是零起点决策，是在有关活动尚未进行的情况下进行的决策。追踪决策是非零起点决策。

（五）程序化决策与非程序化决策

1. 程序化决策：涉及的是那些重复出现的，日常管理的“例行问题”。

2. 非程序化决策：涉及的是那些偶然发生的、性质和结构不明的、具有重大影响的“例外问题”。

（六）确定型决策、不确定型决策、风险型决策

1. 确定型决策：是指在确定、可控的条件下进行的决策。在决策中，每个方案只有一个确定的结果，最终选择哪一个方案取决于对方案结果的直接比较。

2. 不确定型决策：指在不稳定条件下进行的决策。在不确定型决策中，决策者不知道会出现多少种结果，也不知道每种结果发生的概率如何。

3. 风险型决策：也称“随机决策”。在这种决策中，决策的结果有多种，决策者不知道会发生哪一种结果，但每种结果发生的概率已知。

二、决策的特点

1. 目的性：任何决策都含有目标的确定。

2. 可行性：每个决策的方案都有一定的可行性。

3. 选择性：决策的关键是选择，没有选择就没有决策。

4. 满意性：决策的原则是“满意”，而不是“最优”。

5. 过程性：（1）组织中的决策不是单项决策，而是一系列决策的综合；（2）在这一系列的决策中，每个决策本身就是一个过程。

6. 动态性：决策的动态性与过程有关。

第三节 决策的理论

一、古典决策理论

古典决策理论又称“规范决策理论”，是基于“经济人”的假设提出的，盛行于20世纪50年代以前。

观点：认为应该从经济的角度来看待决策问题，即决策的目的在于为组织获取最大的经济利益。

主要内容：1. 决策者必须全面掌握有关决策环境的信息情报。

2. 决策者充分了解有关备选方案的情况。

3. 应建立一个合理的、自上而下的执行命令的组织体系。

4. 决策者进行决策的目的始终都是在于使得本组织获取最大的经济利益。

古典决策理论的假设：作为决策者的“管理者”都是“完全理性的”。

古典决策理论忽视了非经济因素在决策中的作用，不一定能指导实际的决策活动。

二、行为决策理论

赫伯特·西蒙的《管理行为》中提出“有限理性”、“满意原则”。他发现：影响决策者的不仅有经济因素，还有个人的行为表现，如态度、情感、经验等。

行为决策理论主要内容：1. 人的理性介于完全理性和非完全理性之间，即人是有限理性的。

2. 决策者在识别和发现问题中容易受直觉上的偏差的影响，判断时，直觉的运用往往多于逻辑分析。

3. 由于受决策时间和资源利用的限制，决策者只能做到尽量了解各种备选方案的情况，而不能做到全部了解。决策者选择的理性是有限的。

4. 在风险型决策中，与经济利益的考虑相比，决策者对待风险的态度很重要。

5. 决策者在决策中往往只求满意的结果，而不愿费力寻求最佳方案。

三、当代决策理论

核心内容：决策贯穿于整个管理过程，决策程序就是整个管理过程。

第四节　决策的过程与影响因素

一、决策的过程

1. 识别问题；2. 确定决策的标准；3. 给标准分配权重；4. 拟定方案；5. 分析方案；6. 选择方案；7. 实施方案；8. 评价决策效果。

二、决策的影响因素

（一）环境

1. 环境的特点影响着组织的活动选择。

2. 对环境的习惯反映模式也影响着组织的活动选择。

（二）过去的决策

一般情况下，决策不是一张白纸上的初始决策，而是对初始决策的完善、调整或改变。

（三）决策者对风险的态度

决策者对风险的态度影响其对方案的选择。

（四）伦理

决策者是否重视伦理以及采用何种标准会影响其对待行为或事物的态度，进而影响其决策。

（五）组织文化

组织文化影响成员对待变化的态度，进而影响一个组织对方案的选择和实施。

（六）时间

美国学者威廉把决策分为：

1. 时间敏感型决策：指那些必须立刻、迅速作出的决策。

2. 知识敏感型决策：对时间要求不高，而对质量要求较高的决策。如：组织中大部分的战略决策。

第五节 决策的方法

一、集体决策方法

（一）头脑风暴法——比较常用的决策方法

方法：将对解决某一问题有兴趣的人集合在一起，在完全不受约束的条件下，敞开思路，畅所欲言。

创始人：英国心理学家奥斯本。

四项原则：（1）对别人的建议不作任何评价，将相互讨论限制在最低限度内。

（2）建议越多越好，在此阶段，参与者不要考虑自己建议的质量，想到什么就应该说什么。

3. 鼓励每个人独立思考，广开思路，想法越新颖越好。

4. 可以补充和完善已有的建议，以使得它更具有说服力。

时间 1~2 小时；参加者 5~6 人为宜。

（二）名义小组技术

方法：召集一些有知识的人，把要解决的问题的关键内容告诉他们，并请他们独立思考，要求每个人把自己的备选方案和意见写下来，然后按顺序陈述意见，再对所有方案进行投票。管理者最后仍有权决定是接受还是拒绝这一方案。

（三）德尔菲技术

步骤：1. 设法取得有关专家的合作。

2. 把要解决的问题分别告诉专家们，请他们单独发表自己的意见并对实现新技术突破所需的时间作出估计。

3. 在此基础上，管理者收集并综合反映专家们的意见，再把综合意见反馈给各位专家。

4. 让他们再次进行分析并发表意见。如此反复多次，最终形成代表专家组意见的方案。

运用该技术的关键：

1. 选择好专家，这主要取决于决策所涉及的问题和机会的性质。

2. 决定适当的专家人数，一般 10~50 人较好。

3. 拟定好意见征询表。

二、有关活动方向的决策方法

（一）经营单位组合分析法——美国波斯顿公司提出

（1）BCG 矩阵：横轴代表市场份额；纵轴表示预计的市场增长。

（2）现金：低增长，高市场份额。

吉星：高增长，高市场份额。

问号：高增长，低市场份额。

瘦狗：低增长，低市场份额。

（3）BCG 假定：累积学习曲线。

如果公司能够适当地生产产品和管理生产过程，则产品生产量积累的每一个显著的增长，都会带来可预计的单位产品成本的下降。

（二）政策指导矩阵书

三、有关活动方案的决策方法

1. 确定型决策方法

在比较和选择活动方案时，如果未来情况只有一种并为管理者所知，则须采取确定型决策方法：（1）线性规划；（2）量本利分析。

2. 风险型决策方法

决策树法。

3. 不确定型决策方法

（1）小中取大法；（2）大中取小法；（3）最小最大后悔值法。

练习与详解

问题：

1. 什么是决策？决策的原则和依据各是什么？

2. 组织中的决策大多是追踪决策，何谓追踪决策？与初始决策相比，其特点是什么？管理者在进行追踪决策时要注意什么？

3. 战略决策、战术决策与业务决策之间有何区别？程序化决策与非程序化决策之间有何区别？

4. 决策的理论有哪些？

5. 决策过程包括哪几个阶段？决策过程要受到哪些因素影响？

6. 何谓经营单位组合分析法？如何利用它来进行企业经营决策？

7. 确定型决策方法、风险型决策方法和不确定型决策方法各有哪些？

参考答案：

1. 什么是决策？决策的原则和依据各是什么？

答案：(1) 决策是管理者识别并解决问题以及利用机会的过程。① 决策的主体是管理者；② 决策的本质是一个过程，这一过程由多个步骤组成；③ 决策的目的是解决问题或利用机会。

(2) 决策的原则：① 决策遵循的是满意原则，而不是最优原则。要使得决策达到最优，必须 a. 容易获得与决策有关的全部信息。b. 真实了解全部信息的价值所在，据此控制所有可能的方案。c. 准确预期到每个方案在未来的执行结果。② 现实中上述条件往往得不到满足。

(3) 决策的依据：信息（信息的数量和质量直接影响决策水平）。

2. 组织中的决策大多是追踪决策，何谓追踪决策？与初始决策相比，其特点是什么？管理者在进行追踪决策时要注意什么？

答案：初始决策是零起点决策，是在有关活动尚未进行的情况下进行的决策。随着初始决策的实施，组织环境发生变化，在这种情况下进行的决策为追踪决策。追踪决策是非零起点决策。管理者在进行追踪决策时要注意环境的时刻变化。

3. 战略决策、战术决策与业务决策之间有何区别？程序化决策与非程序化决策之间有何区别？

答案：(1) 战略决策：涉及组织长远发展和长远目标的决策，具有长远性和方向性，如：组织目标、方针的确定。

(2) 战术决策：又称“管理决策”，是在组织内贯彻的决策，属于战略执行过程中的具体决策。

(3) 业务决策：日常生活中为提高生产效率、工作效率而作出的决策，只对组织产生局部影响。① 程序化决策：涉及的是那些重复出现的，日常管理的“例行问题”；② 非程序化决策：涉及的是那些偶然发生的、性质和结构不明的具有重大影响的“例外问题”。

4. 决策的理论有哪些？

答案：(1) 古典决策理论。又称“规范决策理论”，是基于“经济人”的假设提出的，盛行于 20 世纪 50 年代以前。观点：认为应该从经济的角度来看待决策问题，即决策的目的在于为组织获取最大的经济利益。主要内容：① 决策者必须全面掌握有关决策环境的信息情报；② 决策者充分了解有关备选方案的情况；③ 应建立一个合理的、自上而下的执行命令的组织体系；④ 决策者进行决策的目的始终都是在于使得本组织获取最大的经济利益。古典决策理论忽视了非经济因素在决策中的作用，不一定能指导实际的决策活动。

（2）行为决策理论：赫伯特·西蒙的《管理行为》中提出“有限理性”、“满意原则”，发现：影响决策者的不仅有经济因素，还有个人的行为表现，如态度、情感、经验等。主要内容：① 人的理性介于完全理性和非完全理性之间，即人是有限理性的；② 决策者在识别和发现问题中容易受直觉上的偏差的影响，判断时，直觉的运用往往多于逻辑分析；③ 由于受决策时间和资源利用的限制，决策者只能做到尽量了解各种备选方案的情况，而不能做到全部了解。决策者选择的理性是有限的；④ 在风险型决策中，与经济利益的考虑相比，决策者对待风险的态度很重要；⑤ 决策者在决策中往往只求满意的结果，而不愿费力寻求最佳方案。

（3）当代决策理论：核心内容是决策贯穿于整个管理过程，决策程序就是整个管理过程。

5. 决策过程包括哪几个阶段？决策过程要受到哪些因素影响？

答案：（1）决策的过程：① 识别问题；② 确定决策的标准；③ 给标准分配权重；④ 拟定方案；⑤ 分析方案；⑥ 选择方案；⑦ 实施方案；⑧ 评价决策效果。

（2）决策的影响因素：① 环境；② 过去的决策；③ 伦理；④ 过去的决策；⑤ 组织文化；⑥ 时间。

6. 何谓经营单位组合分析法？如何利用它来进行企业经营决策？

答案：经营单位组合分析法由美国波斯顿公司提出。① BCG 矩阵：横轴代表市场份额；纵轴表示预计的市场增长；② 现金：低增长，高市场份额；吉星：高增长，高市场份额；问号：高增长，低市场份额；瘦狗：低增长，低市场份额；③ BCG 假定：累积学习曲线。如果公司能够适当地生产产品和管理生产过程，则产品生产量积累的每一个显著的增加，都会带来可预计的单位产品成本的下降。

7. 确定型决策方法、风险型决策方法和不确定型决策方法各有哪些？

答案：（1）确定型决策方法：在比较和选择活动方案时，如果未来情况只有一种并为管理者所知，则须采取确定型决策方法：① 线性规划；② 量本利分析。

（2）风险型决策方法——决策树法。

（3）不确定型决策方法：① 小中取大法；② 大中取小法；③ 最小最大后悔值法。

第七章

计划与计划工作

学习要点

第一节　计划的概念及其性质

一、计划的概念

很多管理界的学者都对“计划”作了详细的解释。无论在名词意义上还是在动词意义上，计划内容都包括：“5W1H”：

What：做什么？目标与内容；Why：为什么做？原因；

Who：谁去做，人员；Where：何地做，地点；

When 何时做，时间；How：怎样做，方式、手段。

二、计划与决策（计划与决策是两个既相互区别又相互联系的概念）

决策：是关于组织活动方向、内容、形式的选择。

计划：是对组织内部不同部门和不同成员在一定时期内行动、任务的具体安排。

1. 决策是计划的前提，计划是决策的逻辑延续。

2. 在实际工作中，计划和决策相互渗透，相互交织。

三、计划的性质

1. 计划工作为实现组织目标服务。

“计划工作”是对“决策工作”在时间和空间两个维度上的进一步展开和细化。

2. 计划工作是管理活动的基础。

3. 计划工作具有普遍性和秩序性。

4. 计划工作要追求效率。

第二节　计划的类型

一、长期计划和短期计划

长期计划：描述了组织在较长时期的发展方向和方针，绘制了组织长期发展的蓝图。

短期计划：具体地规定了组织的各个部门在目前的各个较短的时期阶段，特别是最近的时段中的发展方向和方针。

二、业务计划、财务计划、人事计划

从职能空间分类，可将计划划分为业务计划、财务计划、人事计划。

三、战略性计划、战术性计划

战略性计划：指用于整体组织的，为组织较长时间设立总体目标和寻求组织在环境中的地位的计划，具有整体性和长期性。

战术性计划：规定总体目标如何实现的细节的目标。

四、具体性计划、指导性计划

具体性计划：具有明确规定的目标，不存在模棱两可。

指导性计划：规定一些一般的方针和行动原则，给予行动者较大的自由处置权。

五、程序性计划、非程序性计划

西蒙把组织活动划分为：

1. 例行活动：一些重复出现的工作，如订货、材料入库等。解决这类问题的计划叫程序性计划。

2. 非例行活动：不重复出现或新出现的问题。解决这类问题没有一成不变的决策方法和程序，解决这类问题的决策叫“非程序性决策”，相应的计划叫“非程序性计划”。

上述是按照不同的标准划分计划的类型。一个计划包括组织将来行动的目标和方式。

哈罗德·孔茨从抽象到具体把计划划分为一个层次体系：

1. 目的或使命

指明一定的组织在社会上应起的作用、所处的地位，它决定组织的性质，决定此组织区别于彼组织的标志。如：大学的使命是教书育人和科学研究。

2. 目标

进一步具体为组织一定时期的目标和各部门的目标。如：某大学最近 3 年培养了多少学生，发表了多少论文。

3. 战略

通过一系列的主要目标和政策去决定和传达希望成为什么样组织的情景。

4. 政策

政策是指导或沟通决策思想的全面的陈述书或理解书。

5. 程序

是制定、处理未来活动的一种必要方法的计划。

6. 规则

（1）规则指导行动，但不说明时间顺序。

（2）可以把程序看作是一系列的规则，但是一条规则可能是，也可能不是程序的组成部分。程序不同于规则。

7. 方案（规划）

一个综合性的计划，包括：目标、政策、程序、规则、任务分配、要采取的步骤、要使用的资源及其他因素。方案可大可小。

8. 预算

预算是一份用数字表示预期结果的报表。

第三节　计划的编制过程

1. 确定目标：确定目标是决策工作的主要任务。

2. 认清现在：目的是寻求合理有效的通向对岸的途径——实现目标的途径。

3. 研究过去。研究过去不仅是从过去发生的事件中得到启示和借鉴，更重要的是探讨过去通向现在的一条规律。

4. 预测并有效地确定计划重要的前提条件。

5. 拟定和选择可行性行动的计划。

6. 制定主要计划。
7. 制定派生计划：与基本计划密切联系的计划。
8. 制定预算，用预算使计划数字化。

练习与详解

问题：

1. 简述计划的概念及其性质。
2. 理解计划的类型及其作用。
3. 解释孔茨与韦里克的计划层次体系的基本内容。
4. 计划编制包括哪几个阶段的工作？

参考答案：

1. 简述计划的概念及其性质。

答案：(1) 计划的概念：很多管理界的学者都对“计划”作了详细的解释。无论在名词意义上还是在动词意义上，计划内容都包括“5W1H”：What：做什么，目标与内容；Why：为什么做，原因；Who：谁去做，人员；Where：何地做，地点；When：何时做，时间；How：怎样做，方式、手段。

(2) 计划的性质：① 计划工作为实现组织目标服务。“计划工作”是对“决策工作”在时间和空间两个维度上的进一步展开和细分；② 计划工作是管理活动的基础；③ 计划工作具有普遍性和秩序性；④ 计划工作要追求效率。

2. 理解计划的类型及其作用。

答案：(1) 长期计划和短期计划。长期计划：描述了组织在较长时期的发展方向和方针，绘制了组织长期发展的蓝图。短期计划：具体地规定了组织的各个部门在目前的各个较短的时期阶段，特别是最近的时段中的发展方向和方针。

(2) 从职能空间分类，可将计划划分为业务计划、财务计划、人事计划。

(3) 战略性计划、战术性计划。战略性计划：指用于整体组织的，为组织较长时间设立总体目标和寻求组织在环境中的地位的计划，具有整体性和长期性。战术性计划：规定总体目标如何实现的细节的目标。

(4) 具体性计划、指导性计划。具体性计划：具有明确规定的目标，不存在模棱两可。指导性计划：规定一些一般的方针和行动原则，给予行动者较大的自由处置权。

(5) 程序性计划、非程序性计划。程序性计划是解决例行活动中的问题的计划，非程序性计划是为解决非例行活动中的问题而设计的计划。

3. 解释孔茨与韦里克的计划层次体系的基本内容。

答案：哈罗德·孔茨从抽象到具体把计划划分为一个层次体系：抽象——具体。

（1）目的或使命。指明一定的组织在社会上应起的作用、所处的地位，它决定组织的性质，决定此组织区别于彼组织的标志，如：大学的使命是教书育人和科学研究。

（2）目标。进一步具体为组织一定时期的目标和各部门的目标。如：某大学最近3年培养了多少学生，发表了多少论文。

（3）战略。通过一系列的主要目标和政策去决定和传达希望成为什么样组织的情景。

（4）政策。政策是指导或沟通决策思想的全面的陈述书或理解书。

（5）程序。是制定、处理未来活动的一种必要方法的计划。

（6）规则：① 规则指导行动但不说明时间顺序；② 可以把程序看作是一系列的规则，但是一条规则可能是，也可能不是程序的组成部分。程序不同于规则。

（7）方案（规划）。一个综合性的计划，包括：目标、政策、程序、规则、任务分配、要采取的步骤、要使用的资源及其他因素。

（8）方案预算。预算是一份用数字表示预期结果的报表。

4. 计划编制包括哪几个阶段的工作？

答案：（1）确定目标。确定目标是决策工作的主要任务。

（2）认清现在。目的是寻求合理有效的通向对岸的途径——实现目的途径。

（3）研究过去。研究过去不仅是从过去发生的事件中得到启示和借鉴，更重要的是探讨过去通向现在的一条规律。

（4）预测并有效地确定计划重要的前提条件。

（5）拟定和选择可行性行动的计划。

（6）制定主要计划。

（7）制定派生计划：与基本计划密切联系的计划。

（8）制定预算，用预算使计划数字化。

第八章

计划的实施

学习要点

第一节　目标管理

一、目标管理的基本思想

1. 企业的任务必须转化为目标，企业管理人员必须通过这些目标对下级进行领导并以此来保证企业目标的实现。

2. 目标管理是一种程序，使一个组织中的上下各级管理人员一起来制订共同的目标，确定彼此的成果责任。

3. 每一个企业管理人员的分目标都是企业总目标对他的要求。

4. 管理人员和工人靠目标来管理，以所要达到的目标为依据，进行自我指挥、自我控制，而不是由他的上级来指挥和控制。

5. 企业管理人员对下级进行考核和奖惩也是依据这些分目标。

二、目标的性质

1. 目标的层次性

组织目标形成一个有层次的体系，范围从广泛的组织战略性目标到特定的个人目标。

顶层：包含组织的远景和使命的陈述。

第二层次：组织的任务体系。

基层：分公司的目标、部门和单位的目标、个人目标等。

2. 目标网络

从某一具体目标实施规划的整体协调方面来进行工作。

内涵四点：（1）目标和计划很少是线性的，目标和规划形成一个相互联系着的网络。

（2）主管人员必须确保目标网络中的每个组成部分要相互协调。

（3）组织中的每个部门在制订自己部门的目标时，必须要与其他部门相协调。

（4）组织制订各种目标时，必须要与许多约束因素相协调。

3. 目标的多样性

4. 目标的可考核性

目标考核的途径是：将目标量化。目标可考核的含义是，人们必须能够回答出这样的问题："在期末，我如何知道目标已经完成了？"

5. 目标的可接受性

对于一个目标的完成者来说，如果目标超过其能力所及的范围，则该目标对其是没有激励作用的。

6. 目标的挑战性

具有挑战性的目标更能激发员工工作的潜力和斗志。目标的可接受性和挑战性是对立统一的。

7. 目标的伴随信息反馈性

信息反馈是把目标管理过程中，目标的设置、目标实施情况不断地反馈给目标设置和实施的参与者，让人员时刻知道组织对自己的要求和自己的贡献。

三、目标管理的过程

1. 制定目标（包括确定组织的总体目标和各部门的分目标）；
2. 明确组织的作用；
3. 执行目标；
4. 成果评价；
5. 实行奖惩；
6. 制订新目标并开始新的目标管理循环。

第二节　滚动计划法

一、滚动计划法的基本思想

这种方法是根据计划的执行情况和环境变化情况定期修订未来的计划，并逐期向前推移，使短期计划、中期计划有机结合起来。滚动计划法可以避免这种不确定性可能带来的不良后果。

二、对滚动计划法的评价

滚动计划法虽然使得计划编制和实施工作的任务量加大，但优点十分明显：

1. 计划更加实际，并且使战略性计划的实施也更加切合实际。
2. 滚动计划方法使长期计划和中期计划与短期计划相互衔接。
3. 滚动计划方法加强了计划的弹性，这对于环境剧烈变化的时代来说尤为重要。

第三节　网络计划技术

一、网络计划技术的基本步骤

原理：把一项工作或项目分成各种作业，然后根据作业顺序进行排列，通过网络对整个工作或项目进行统筹规划和控制，以便用最少的人力、物力、财力，用最高的速度完成工作。

二、网络图

在网络图中最基本的三个要素：工序、事项、路线。

三、网络计划技术的评价

1. 能把整个工程的各个项目的时间顺序和相互关系清晰地表明，并指出完成任务的关键环节和路线。
2. 可对工程的时间进度与资源利用实施优化。
3. 可事先评价达到目标的可能性。

4. 便于组织与控制。

5. 易于操作，适用于各行各业和各种任务。

第四节　企业资源计划

企业资源计划（ERP）是20世纪90年代初提出的。它是建立在信息技术基础上，以系统化的管理思想，为企业决策层及员工提供决策运行手段的管理平台。

一、20世纪60年代开环的物料需求计划（MRP）

MRP的基本任务：1. 从最终产品的生产计划（独立需求）导出相关物料（原材料、零部件）的需求量和需求时间。

2. 根据物料的需求时间和生产周期来确定其开始生产的时间。

MRP的基本内容：编制零件的生产计划和采购计划。

二、20世纪70年代闭环的物料需求计划（MRP）

闭环MRP系统除了物料需求计划外，还将生产能力需求计划、车间作业计划和采购作业计划纳入MRP，形成一个封闭的系统。

三、20世纪80年代制造资源计划（MPR11）

20世纪80年代，人们把销售、采购、生产、财务、工程技术、信息等各个系统进行集成，并称该系统为制造资源计划。

MRP11最大的成就在于把企业经营的主要信息进行集成。

1. 在物料需求的基础上向物料管理延伸，实施对物料的采购管理，包括采购计划、进货计划等。

2. 由于系统已经记录了大量的制造信息，包括物料消耗等，在此基础上扩展到产品成本核算、成本分析。

MRP11在企业实践中取得了显著的效果。

四、企业资源计划

20世纪90年代提出企业资源计划（ERP）。我们从管理思想、软件产品、管理系统三个层次理解ERP。

1. ERP是一套企业管理系统体系标准，其实质是在MRP11基础上进一步发展而成的面向供应链的管理思想。

2. ERP 是综合应用了客户机、关系数据库结构、图形用户界面、第四代语言，以管理企业整体资源的管理思想为灵魂的软件产品。

3. ERP 是整合了企业管理理念、业务流程、基础数据，使人力物力于一体的企业资源管理系统。

（一）ERP 与企业资源

在企业发展中，人员、基础设施、工作环境、信息、自然资源以及财务资源等相互作用构成了企业的资源系统。ERP 系统的管理对象就是上述的各种资源及生产要素。通过 ERP 的使用，使企业的生产过程能及时、高质地完成客户的订单，最大限度地发挥资源的作用。

（二）ERP 与 MRP、MRP11

1. 在资源管理范围方面的差别

MRP11 主要侧重对企业内部人、财、物等资源的管理。ERP 系统在 MRP11 的基础上扩展了范围。

2. 在生产方式管理方面的差别

ERP 能很好地支持和管理混合型制造环境，满足了企业这种多角化经营需求。

3. 在管理功能方面的差别

ERP 除了 MRP11 的功能外还增加了支持整个供应链上物料流通体系中的供、产、需各个环节之间的运输和仓库管理。

4. 在事务处理控制方面的差别

MRP11 的时效性很差，ERP 系统支持在线处理系统、售后服务。

5. 在跨国经营事务处理方面的差别

ERP 系统应用完整的组织架构，可以支持跨国地区的应用需求。

（三）ERP 与供应链管理与控制

五、ERP 的管理思想

1. 体现了对整个供应链资源进行管理的思想。

2. 体现精益生产、同步工程和敏捷制造的思想。

3. 体现事先计划与事中控制的思想。

第五节　业务流程再造

一、业务流程再造的概念

业务流程再造，BPR，又称业务流程重组。

七个原则：

(1) 围绕结果而不是任务进行组织。

(2) 让使用流程最终产品的人参与流程的进行。

(3) 将信息加工工作合并到真正产生信息的工作中去。

(4) 对于地理上分散的资源，按照集中在一起的情况来看待处理。

(5) 将并行的活动联系起来而不是将任务完成。

(6) 在工作被完成的地方进行决策，将控制融入流程中。

(7) 在信息源及时掌握信息。

二、ERP 实施中进行业务流程再造的必要性

1. ERP 软件的功能实现要求企业进行一定的业务流程再造。
2. ERP 软件的应用目的要求企业实施业务流程再造。
3. ERP 软件的设计背景要求企业进行相应的业务流程再造。

三、业务流程再造的过程

(一) 观念再造

1. 组建 BPR 下组。
2. 制定计划和开展必要的培训和宣传。
3. 找出核心流程。
4. 设立合理目标。
5. 建立项目实施团队。

(二) 流程再造

1. 培训团队。
2. 找出流程的结果和联系。
3. 分析并量化、度量现有流程。
4. 再造活动效益判断和标杆，瞄准最佳实践。
5. 业务流程的再设计。

（三）组织再造

1. 审评组织的人力资源：结构、能力和动机。
2. 审评技术结构与技术能力。
3. 设计新的组织形式。
4. 建立新的技术基础结构和技术应用。

（四）试点和切换

1. 选定试点流程和组建试点流程团队。
2. 约定参见试点流程的顾客和供应商。
3. 启动试点，对试点监督并提供支持。
4. 审评试点和来自其他流程团队的反馈。

（五）现远景目标

1. 评价流程再造的成效。
2. 获取改进业绩的效益及其信息。
3. 发展流程再造所得能力的新用途。
4. 不断改进、不断创新，创造持续竞争优势。

练习与详解

问题：

1. 何谓目标管理？其特点是什么？如何利用目标管理组织计划的实施？
2. 网络计划技术基本原理是什么？
3. 滚动方式计划有何基本特点？
4. 何谓开环 MRP？其基本构成及其逻辑关系是什么？
5. 何谓闭环 MRP？其与开环 MRP 有何区别？
6. 与物料需求计划相比，制造资源计划（MRP Ⅱ）有何改进？
7. 与 MRP Ⅱ 相比，ERP 有何进步？
8. 何谓业务流程再造？简述业务流程再造的基本过程。

参考答案：

1. 何谓目标管理？其特点是什么？如何利用目标管理组织计划的实施？

答案：(1) 目标管理是一种程序，使一个组织中的上下各级管理人员一起来制订共同的目标，确定彼此的成果、责任。

(2) 目标所具有的特征：① 目标的层次性：组织目标形成一个有层次的体系，范围从广泛的组织战略性目标到特定的个人目标。② 目标网络。从某一具体目标实施规划的整体协调方面来进行工作。内涵四点：a. 目标和计划很少是线性的，目标和规划形成一个相互联系着的网络。b. 主管人员必须确保目标网络中的每个组成部分要相互协调。c. 组织中的每个部门在制订自己部门的目标时，必须要与其他部门相协调。d. 组织制订各种目标时，必须要与许多约束因素相协调。③ 目标的多样性。④ 目标的可考核性。⑤ 目标的可接受性。⑥ 目标的挑战性。⑦ 目标的伴随信息反馈性。

（3）目标管理的过程：① 制定目标（包括确定组织的总体目标和各部门的分目标）；② 明确组织的作用；③ 执行目标；④ 成果评价；⑤ 实行奖惩；⑥ 制订新目标并开始新的目标管理循环。

2. 网络计划技术基本原理是什么？

答案：（1）网络计划技术的原理：把一项工作或项目分成各种作业，然后根据作业顺序进行排列，通过网络对整个工作或项目进行统筹规划和控制，以便用最小的人力、物力、财力，用最高的速度完成工作。

（2）网络图中最基本的三个要素：工序、事项、路线。

（3）对网络计划技术的评价。① 能把整个工程的各个项目的时间顺序和相互关系清晰地表明，并指出完成任务的关键环节和路线；② 可对工程的时间进度与资源利用实施优化；③ 可事先评价达到目标的可能性；④ 便于组织与控制；⑤ 易于操作，适用于各行各业和各种任务。

3. 滚动方式计划有何基本特点？

答案：这种方法是根据计划的执行情况和环境变化情况定期修订未来的计划，并逐期向前推移，使短期计划、中期计划有机结合起来。滚动计划法可以避免这种不确定性可能带来的不良后果。滚动计划法虽然使得计划编制和实施工作的任务量加大，但优点十分明显：（1）滚动计划更加实际，并且使战略性计划的实施也更加切合实际；（2）滚动计划方法使长期计划和中期计划与短期计划相互衔接；（3）滚动计划方法加强了计划的弹性，这对于环境剧烈变化的时代来说尤为重要。

4. 何谓开环 MRP？其基本构成及其逻辑关系是什么？

答案：20 世纪 60 年代开环的物料需求计划 MRP 的基本任务：（1）从最终产品的生产计划（独立需求）导出相关物料（原材料、零部件）的需求量和需求时间；（2）根据物料的需求时间和生产周期来确定其开始生产的时间。MRP 的基本内容：编制零件的生产计划和采购计划。

5. 何谓闭环 MRP？其与开环 MRP 有何区别？

答案：20 世纪 70 年代提出闭环的物料需求计划 MRP。闭环 MRP 系统除了物料需求计划外，还将生产能力需求计划、车间作业计划和采购作业计划纳入MRP，形成一个封闭的系统。

6. 与物料需求计划相比，制造资源计划（MRPⅡ）有何改进？

答案：20世纪80年代提出制造资源计划（MPRII）。80年代，人们把销售、采购、生产、财务、工程技术、信息等各个系统进行集成，并称该系统为制造资源计划。MRPII最大的成就在于把企业经营的主要信息进行集成。（1）在物料需求的基础上向物料管理延伸，实施对物料的采购管理，包括采购计划、进货计划等。（2）由于系统已经记录了大量的制造信息，包括物料消耗等，在此基础上扩展到产品成本核算、成本分析。MRPII在企业实践中取得了显著的效果。

7. 与MRPⅡ相比，ERP有何进步？

答案：（1）在ERP中，企业资源的内涵是：在企业发展中，人员、基础设施、工作环境、信息、自然资源以及财务资源等相互作用构成了企业的资源系统。ERP系统的管理对象就是上述的各种资源及生产要素。通过ERP的使用，使企业的生产过程能及时、高质量地完成最大限度发挥资源的作用。我们从管理思想、软件产品、管理系统三个层次理解ERP：① ERP是一套企业管理系统体系标准，其实质是在MRPII基础上进一步发展而成的面向供应链的管理思想。② ERP综合应用客户机、关系数据库结构、图形用户界面、第四代语言，以管理企业整体资源的管理思想为灵魂的软件产品。③ ERP是整合了企业管理理念、业务流程、基础数据，使人力物力于一体的企业资源管理系统。

（2）ERP的管理思想：体现了对整个供应链资源进行管理的思想，体现精益生产、同步工程和敏捷制造的思想及体现事先计划与事中控制的思想。

（3）ERP包括以下模块：

① 财务管理模块。会计核算：总账模块、应收账款模块、应付账款模块、现金管理模块、固定资产核算模块、多币制模块和工资核算模块；② 财务管理侧重于财务计划、控制分析和预测。

② 生产控制管理模块。这部分是ERP系统的核心所在，它将企业的整个生产过程有机地结合在一起：主生产计划、物料需求计划、能力需求计划、车间控制及制造标准。

③ 物流管理。

第一，分销管理。应体现三大功能：对于客户信息的管理和服务，对于销售订单的管理以及对于销售的统计与分析。

第二，库存控制。主要内容：为所有的物料建立库存，决定何时订货采购，同时作为生产部门生产计划的依据。收到订购物料，经过质量检验入库，产品检验入库，收发料的日常业务处理。

第三，采购管理 ERP 与 MRPII 在资源管理范围的差别：a. MRPII 主要侧重对企业内部人、财、物等资源的管理。ERP 系统在 MRPII 的基础上扩展了范围；b. 在生产方式管理方面的差别：ERP 能很好地支持和管理混合型制造环境，满足了企业这种多角化经营需求；c. 在管理功能方面的差别：ERP 除了 MRPII 的功能外还增加了支持整个供应链上物料流通体系中的供、产、需各个环节之间的运输和仓库管理功能；d. 在事务处理控制方面的差别：MRPII 的时效性很差，ERP 系统支持在线处理系统、售后服务；e. 在跨国经营事务处理方面的差别：ERP 系统应用完整的组织架构，可以支持跨国地区的应用需求。

8. 何谓业务流程再造？简述业务流程再造的基本过程。

答案：（1）业务流程再造，BPR 又称业务流程重组。七个原则：① 围绕结果而不是任务进行组织；② 让使用流程最终产品的人参与流程的进行；③ 将信息加工工作合并到真正产生信息的工作中去；④ 对于地理上分散的资源，按照集中在一起的情况来看待处理；⑤ 将并行的活动联系起来而不是将任务完成；⑥ 在工作被完成的地方进行决策，将控制融入流程中；⑦ 在信息源及时掌握信息。

（2）ERP 实施中进行业务流程再造的必要性。第一，ERP 软件的功能实现要求企业进行一定的业务流程再造；第二，ERP 软件的应用目的要求企业实施业务流程再造；第三，ERP 软件的设计背景要求企业进行相应的业务流程再造过程。

① 观念再造：组建 BPR 下组；制定计划和开展必要的培训和宣传；找出核心流程；设立合理目标；建立项目实施团队。

② 流程再造：培训团队；找出流程的结果和联系；分析并量化、度量现有流程；再造活动效益判断和标杆，瞄准最佳实践；业务流程的再设计。

③ 组织再造：审评组织的人力资源：结构、能力和动机；审评技术结构与技术能力；设计新的组织形式；建立新的技术基础结构和技术应用。

④ 试点和切换：选定试点流程和组建试点流程团队；约定参见试点流程的顾客和供应商；启动试点，对试点监督并提供支持；审评试点和来自其他流程团队的反馈。

⑤ 实现远景目标。

第九章

组 织 设 计

学习要点

第一节　组织设计的概述

一、问题的提出

组织设计的实质是对管理人员的管理劳动进行横向和纵向的分工。

（一）个人活动与集体活动

组织结构的必要性和重要性是随着组织活动内容的复杂和参与活动的人员数量的增加而不断提高的。

（二）管理幅度、管理层次与组织结构的基本形态

“管理层次”与“管理幅度”的反比关系决定了两种基本管理组织的结构形态：扁平结构形态、锥形结构形态。

扁平结构：指组织规模已定，管理幅度较大，管理层次较少的一种组织结构形态。

优点：层次少，信息传递速度快，尽早发现信息反馈的问题，尽早解决，信息失真可能性小。

缺点：a. 主管不能对每位下属有充分的了解；b. 主管得到的信息太多，不利于及时利用。

锥形结构：指管理幅度较小，从而管理层次较多的高、尖、细型的金字塔形态。

优点与局限性正好与“扁平结构”相反。

（三）影响管理幅度的因素

1. 管理者和被管理者的工作能力。

2. 工作内容和性质。（1）主管所处的管理层次；（2）下属工作的相似性；（3）计划的完善程度；（4）非管理事物的多少。

3. 工作条件。（1）助手的配备情况；（2）信息手段的配备情况；（3）工作地点的相近性。

4. 工作环境。

（四）组织设计的任务

组织设计要完成以下三个步骤的工作：（1）职务设计与分析；（2）部门划分；（3）结构的形成。

二、组织设计的原则

（一）因事设职和因人设职相结合的原则

1. 组织设计往往不是全新的，进行再度调整时，要考虑“事事有人做”，而非“人人有事做”。

2. 组织中的工作最终是要靠人完成的，不能完全招聘社会上的人员来满足企业的所有需要。

3. 任何组织首先是人的集合，而非是事和物的集合。

（二）权责对等的原则（职权和职责对等）

（三）命令统一的原则

“组织中的成员只能接受一个上司的领导”，但是这种原则也经常会受到破坏。

第二节 组织设计的影响因素分析

一、经营环境对企业组织设计的影响

环境——“任务环境”和“一般环境”。不确定性是企业外部经营环境的主要特点，不确定性取决于环境的“复杂性”和“变动性”。

环境特点及其变化对企业组织的影响主要表现在以下三个方面：

1. 对职务和部门设计的影响。

2. 对各部门关系的影响。

3. 对组织结构总体特征的影响。

二、经营战略对企业组织设计的影响

1. “保守型战略”的企业领导可能认为，企业面临的环境是较为稳定的，需求不再有大的增长变化。在组织设计上强调管理和生产的规范化程度。具体表现如下：

（1）实行以严格分工为特征的组织结构。

（2）高度的集权控制。

（3）规范化的规章和程序。

（4）以成本和效率为中心的严格的计划体制。

（5）生产专家和成本控制专家在管理中，特别是在高层管理中占重要地位。

（6）信息沟通以纵向为主。

2. “选择风险型战略”的领导则可能认为环境复杂多变，需求高速增长，市场变化很快，机遇和挑战并存。

组织结构特点：

（1）规范化较低的组织结构。（2）分权的控制。

（3）计划较广泛而灵活。（4）信息的沟通以横向为主。

（5）高层管理主要由市场营销专家和产品开发研究专家支配。

3. “分析型战略”介于前两者之间，它力求在两者之间保持适当的平衡，所以其组织结构设计兼具有刚性和柔性的特征。

三、技术及其变化对企业组织设计的影响

（一）生产技术对企业组织的影响

1. 经营成功的企业的组织结构，与其所属的技术类型有着相互对应的关系。

2. 成功的单件小批生产和连续生产的组织具有柔性结构而成功的大批量生产的组织具有刚性结构。

（二）信息技术对企业组织的影响

1. 使组织结构呈现扁平化趋势。

2. 对集权化和分权化可能带来双重影响。

3. 加强或改善了企业内部各部门间以及各部门内工作人员间的协调。

4. 要求给下属以较大的工作自主权。

5. 提高专业人员比率。

四、企业发展阶段对企业组织设计的影响

1. 创业阶段——组织结构不正规，协调降低到最低限度。

2. 职能发展阶段——组织结构建立在职能专业化的基础上。

3. 分析阶段——组织结构以产品或地区事业部为基础来建立，目的是在企业内部建立“小企业”，使后者按创业阶段的特点来管理。

4. 参谋激增阶段——行政管理增加了许多参谋助手，会影响组织中的统一命令。

5. 再集权阶段。

五、规模对企业组织设计的影响

考察规模对组织设计的影响要从以下几个方面考虑：

（1）规范化；（2）分权化；（3）复杂性；（4）专职管理人员的数量。

第三节 部 门 化

组织结构中经常运用的部门划分标准是：职能、产品、地区。

一、职能部门化（传统的、普遍的组织形式）

优点：（1）职能是划分活动类型，从而设立部门的最自然、最方便、最符合逻辑的标准。

（2）有利于维护最高行政指挥的权威，有利于维护组织的统一性。

（3）由于各部门只负责一种类型的业务活动，有利于工作人员培训，相互交流。

局限性：（1）不易知道产品结构的调整。

（2）由于部门的负责人只从事某种专门业务的管理，缺乏总体的眼光，不利于高级管理人才的培养。

（3）由于各部门的性质不同，使各部门之间的活动不协调，影响组织整体目标的实现。

二、产品部门化

优势：（1）能使企业将多元化经营和专业化经营结合起来。

（2）有利于企业及时调整生产方向。

(3) 有利于促进企业的内部竞争。
(4) 有利于高层管理人才的培养。
局限性：(1) 要有多个人去管理各个产品部门。
(2) 影响企业的统一指挥。
(3) 各职能部门与总部管理机构重叠，管理费用增加，成本增加。

三、区域部门化

根据地理因素设立管理部门，按不同地区的经营业务和职责划分不同部门的经理。

四、综合标准与矩阵组织

矩阵组织有很大的弹性和适应性。
优势：(1) 可在短期内完成重要的任务。
(2) 由于在项目中集中了各种人才，便于知识和意见的交流。
(3) 成员来自于各部门，可促进部门间的协调和沟通。
局限性：(1) 职员可能会产生临时观念，影响工作责任心。
(2) 要接受命令，在工作中可能有时会感到无所适从。

第四节　分权和集权

一、权利的性质与结构

定义为影响力的权力主要包括：(1) 专长权；(2) 个人影响力；(3) 制度权。

专长权：指因管理者具备某种专门知识或技能而产生的影响力。

个人影响力：指因个人的品质、社会背景等因素而赢得别人的尊重与服从的能力。

制度权：与管理的职务有关，由管理者在组织中地位所决定的影响力，实质是决策的权力。

二、集权与分权的相对性

集权：指决策权在组织系统中较高层次的一定程度上的集中。
分权：指决策权在组织系统中较低管理层次的程度上分散。

三、组织中的集权倾向

（一）集权倾向产生的原因

集权倾向主要与组织的历史和领导的个性有关，但有时也可能是为了追求行政上的水平，具体原因：

（1）组织的历史。（2）领导的个性。（3）政策的统一与行政的效率。

（二）过分集权的弊端

（1）降低决策的质量。（2）降低组织的适应能力。（3）降低组织成员的工作热情。

四、分权及其实现的途径

（一）分权的标志

1. 决策的频度：频度越大，分权越高。

2. 决策的幅度：涉及范围、职能越多，分权越高。

3. 决策的重要性（决策的影响程度和决策涉及的费用）。

4. 对决策的控制程度。

（二）分权的影响因素

1. 组织中有利于分权的因素

（1）组织的规模。（2）活动的分散性。（3）培训管理人员的需要。

2. 不利于分权的因素

（1）政策的统一性。（2）缺乏受过良好训练的管理人员。

（三）分权的途径

权力分散的两个途径：（1）组织设计的制度分配——制度分权。

（2）主管人员在工作中的授权。

制度分权与授权的区别：（1）制度分权是在详细分析、认真论证的基础上进行的，有一定的必然性，而授权则根据管理者的能力、下属的特长而定，具有一定的伴随性。

（2）制度分权是将权力分配给某一职位，而授权是将权力委任给某个下属。

（3）制度分权主要是一条组织工作中的原则，以及在此原则指导下组织设计的纵向分工，而授权则主要是领导者在管理工作中的一种艺术。

（4）制度分权相对比较稳定。

练习与详解

问题：

1. 管理幅度问题是如何提出的？如何确定有效的管理幅度和合理的管理层次？

2. 组织的基本结构形态有哪两种类型？这两种结构形态各有何特点？

3. 组织设计的任务是什么？设计时要考虑哪些因素的影响？依据哪些基本原则？

4. 为什么说部门化是横向分工的结果？职能部门化、产品部门化、区域部门化有哪些优势和局限性？

5. 矩阵组织有何特点？又如何运用之？

6. 谈谈组织分权的两个主要途径（制度分权和授权）的内涵及其区别。

参考答案：

1. 管理幅度问题是如何提出的？如何确定有效的管理幅度和合理的管理层次？

答案：（1）管理幅度、管理层次与组织结构的基本形态。"管理层次"与"管理幅度"的反比关系决定了两种基本管理组织的结构形态：扁平结构形态、锥形结构形态。

① 扁平结构：指组织规模已定，管理幅度较大，管理层次较少的一种组织结构形态。

优点：层次少，信息传递速度快，尽早发现信息反馈的问题，尽早解决，信息失真可能性小。缺点：a. 主管不能对每位下属有充分的了解；b. 主管得到的信息太多，不利于及时利用。

② 锥形结构：指管理幅度较小，从而管理层次较多的高、尖、细型的金字塔形态。优点与局限性正好与"扁平结构"相反。

（2）影响管理幅度的因素：① 管理者和被管理者的工作能力；② 工作内容和性质：a. 主管所处的管理层次；b. 下属工作的相似性；c. 计划的完善程度；d. 非管理事物的多少；③ 工作条件：a. 助手的配备情况；b. 信息手段的配备情况；c. 工作地点的相近性；④ 工作环境。有效的管理幅度和管理层次取决于企业组织所处的状态和他们的影响因素。

2. 组织的基本结构形态有哪两种类型？这两种结构形态各有何特点？

答案：两种基本的管理组织的结构形态：扁平结构形态、锥形结构形态。

（1）扁平结构：指组织规模已定，管理幅度较大，管理层次较少的一种组织结构形态。

优点：层次少，信息传递速度快，尽早发现信息反馈的问题，尽早解决，信息失真可能性小。缺点：a. 主管不能对每位下属有充分的了解；b. 主管得到的信息太多，不利于及时利用。

（2）锥形结构：指管理幅度较小，从而管理层次较多的高、尖、细型的金字塔形态。优点与局限性正好与“扁平结构”相反。

3. 组织设计的任务是什么？设计时要考虑哪些因素的影响？依据哪些基本原则？

答案：（1）组织设计的任务：组织设计要完成以下三个步骤的工作：职务设计与分析；部门划分；结构的形成。

（2）企业组织设计的影响：①“保守型战略”的企业领导可能认为，企业面临的环境是较为稳定的，需求不再有大的增长变化。在组织设计上强调管理和生产的规范化程度。②“选择风险型战略”的领导则可能认为环境复杂多变，需求高速增长，市场变化很快，机遇和挑战并存。③“分析型战略”介于前两者之间，它力求在两者之间保持适当的平衡。

（3）组织设计的原则：① 因事设职和因人设职相结合的原则。a. 组织设计往往不是全新的，进行再度调整时，要考虑“事事有人做”而非“人人有事做”；b. 组织中的工作最终是要靠人完成的，不能完全招聘社会上的人员来满足企业的所有需要；c. 任何组织首先是人的集合，而非是事和物的集合。② 权责对等的原则（职权和职责对等）。③ 命令统一的原则。

4. 为什么说部门化是横向分工的结果？职能部门化、产品部门化、区域部门化有哪些优势和局限性？

答案：组织结构中经常运用的部门划分的标准是：职能、产品、地区。

（1）职能部门化是一种传统的、普遍的组织形式。

优点：① 职能是划分活动类型，从而设立部门的最自然、最方便、最符合逻辑的标准。② 有利于维护最高行政指挥的权威，有利于维护组织的统一性。③ 由于各部门只负责一种类型的业务活动，有利于工作人员培训，相互交流。

局限性：① 不易知道产品结构的调整。② 由于部门的负责人只从事某种专门业务的管理，缺乏总体的眼光，不利于高级管理人才的培养。由于各部门的性质不同，使各部门之间的活动不协调，影响组织整体目标的实现。

（2）产品部门化。

优势：① 能使企业将多元化经营和专业化经营结合起来。② 有利于企业及时调整生产方式。③ 有利于促进企业的内部竞争。④ 有利于高层管理人才的培养。

局限性：① 要有多个人去管理各个产品部门。② 影响企业的统一指挥。③ 各职能部门与总部管理机构重叠，管理费用增加，成本增加。

（3）区域部门化——根据地理因素设立管理部门，按不同地区的经营业务和职责划分不同部门的经理。

5. 矩阵组织有何特点？又如何运用之？

答案：矩阵组织有很大的弹性和适应性。

优势：① 可在短期内完成重要的任务。② 由于在项目中集中了各种人才，便于知识和意见的交流。③ 成员来自于各部门，可促进部门间的协调和沟通。

局限性：① 职员可能会产生临时观念，影响工作责任心。② 要接受命令，工作中可能有时会感到无所适从。

6. 谈谈组织分权的两个主要途径（制度分权和授权）的内涵及其区别。

答案：分权的途径。权力分散的两个途径：① 组织设计的制度分配——制度分权；② 主管人员在工作中的授权。

区别：① 制度分权是在详细分析、认真论证的基础上进行的，有一定的必然性，而授权则根据管理者的能力、下属的特长而定，具有一定的伴随性。② 制度分权是将权力分配给某一职位，而授权是将权力委任给某个下属。③ 制度分权主要是一条组织工作中的原则，以及在此原则指导下组织设计的纵向分工，而授权则主要是领导者在管理工作中的一种艺术。④ 制度分权相对比较稳定。

第十章

人员配备

学习要点

第一节　人员配备的任务、程序和原则

一、人员配备的任务

人员配备是为每个岗位配备适当的人，人员配备的任务可以从组织和个人这两个不同的角度去考察。

（一）从组织需要的角度考察

1. 通过人员配备使组织系统开发运转。2. 为组织发展准备干部力量。3. 维持成员对组织的忠诚。

（二）从组织成员配备的角度考察

1. 通过人员配备，使每个人的知识和能力得到公正的评价。

2. 通过人员配备，使每个人的知识和能力不断发展，素质不断提高。

二、人员配备的工作内容和程序

（一）确定人员需要——主要以设计“职务数量和类型”为依据

（二）选配人员

（三）制度和实施人员培训计划

三、人员配备的原则

1. 因事择人的原则。2. 因材器使的原则。3. 人事动态平衡的原则。

第二节　管理人员的选聘

一、管理人员需要量的确定

1. 组织现有的规模、机构和岗位。
2. 管理人员的流动性。
3. 组织发展的需要。

二、管理人员的来源

（一）外部招聘

优点：1. 被聘干部具有“外来优势”——没有历史包袱，组织成员只知道目前的工作能力和实质。

2. 有利于平息和缓和内部竞争者之间的紧张关系。

3. 能够为组织带来新鲜空气。

缺点：1. 不熟悉组织的内部情况，缺乏一定的人事基础。

2. 组织对应聘者的情况不能深入了解。

3. 外聘干部的最大局限性莫过于对内部成员的打击。

（二）内部提升

优点：1. 利于鼓舞士气，提高工作热情，调动组织成员的积极性。

2. 有利于吸引外部人才。

3. 有利于保证选拔工作的正确性。

4. 有利于受聘者迅速开展工作。

缺点：1. 引起同事的不满。2. 可能造成“近亲繁殖”的现象。

三、管理人员选聘的标准

1. 有两点需要说明

（1）组织中不同层次、不同职能的机构管理职务，需要完成不同的工作，要求职务担任者具备不同的知识和技能。

（2）选聘管理干部的主要依据是贡献还是能力。

2. 管理人员选聘基本要求

（1）管理的欲望。（2）正直诚信的品质。（3）冒险的精神。

（4）决策的能力。（5）沟通的能力。

四、管理人员的选聘程序与方法

1. 公开选聘。

2. 初选。

3. 对初选合格者进行知识与能力的考核：(1) 智力与知识测验；(2) 竞聘演讲与答辩；(3) 案例分析与候选人实际能力考核。

4. 民意测验。

5. 选定管理人员。

第三节 管理人员的考评

一、管理人员考评的目的和作用

1. 为确定管理人员的工作报酬提供依据。2. 为人事调整提供依据。

3. 为管理人员的培训提供依据。4. 有利于促进组织内部的沟通。

二、管理人员考评的内容

(一) 关于贡献考评

贡献考评指考核和评估管理人员在一定时期内担任某个职务的过程中对实现企业目标的贡献。

注意：(1) 应尽可能把个人的努力和部门的成就区别开来。(2) 贡献考评既是对下属的考评也是对上级的考评。

(二) 关于能力考评

应从管理人员的决策能力、用人能力、沟通能力、创新精神和作风等方面进行考评。

三、考评工作对管理人员的影响

考评工作对管理人员积极性影响

1. 考评结论直接反映了组织、上级、部属、同行对自己的评价，从而反映了组织对自己努力的承认程度。

2. 组织根据考评结论而进行的分配或晋升方面的决策，会影响自己在组织中的地位和发展前景。

(1) 确定考评内容。(2) 选择考评者。(3) 分析考评结果，辨识误差。

（4）传达考评结果。（5）根据考评结论，建立企业的人才档案。

第四节　管理人员的培训

一、培训与管理队伍的稳定（相互促进）

1. 培训提供了个人发展的机会，能够减少管理人员的离职。
2. 管理干部的稳定性，又能促进企业放心地进行人力投资。

二、管理人员的培训目标

旨在提高管理队伍素质，促进个人发展的培训工作，必须实现以下四个方面的具体目标：

（1）传递信息；（2）改变态度；（3）更新知识；（4）发展能力。

三、管理人员的培训方法

（1）工作轮换；（2）设置助理职务；（3）临时职务与“彼得原理”。

练习与详解

问题：

1. 工作分析的作用和内容是什么？如何在此基础上评估组织对管理人员的需要量？

2. 怎样评估现有人员的能力和素质？外部招聘的优缺点？

3. 如何使人员的稳定与流动合理地组合，从而在帮助每个管理人员找到最恰当的工作岗位，使人才得到最充分、最合理的使用的同时，保持组织的稳定性？

4. 为什么不仅要考评管理人员的贡献，还要考评其能力？管理人员考评的目的和作用是什么？

5. 何谓彼得现象？如何防止彼得现象的出现？

参考答案：

1. 工作分析的作用和内容是什么？如何在此基础上评估组织对管理人员的需要量？

答案：工作分析的内容：

（1）确定人员需要主要以设计“职务数量和类型”为依据。

（2）选配人员。

（3）制度和实施人员培训计划。企业组织应根据以下因素确定管理人员需要量：① 组织现有的规模、机构和岗位；② 管理人员的流动性；③ 组织发展的需要。

2. 怎样评估现有人员的能力和素质？外部招聘的优缺点？

答案：管理人员考评的工作程序：① 确定考评内容。② 选择考评者。③ 分析考评结果，辨识误差。④ 传达考评结果。⑤ 根据考评结论，建立企业的人才档案。

外部招聘（外聘）的优点：① 被聘干部具有“外来优势”——没有历史包袱，组织成员只知道目前的工作能力和实质；② 有利于平息和缓和内部竞争者之间的紧张关系；③ 能够为组织带来新鲜空气。

外部招聘（外聘）的缺点：① 不熟悉组织的内部情况，缺乏一定的人事基础；② 组织对应聘者的情况不能深入了解；③ 外聘干部的最大局限性莫过于对内部成员的打击。

3. 如何使人员的稳定与流动合理地组合，从而在帮助每个管理人员找到最恰当的工作岗位，使人才得到最充分、最合理的使用的同时，保持组织的稳定性？

答案：培训与管理队伍的稳定相互促进。（1）培训提供了个人发展的机会，能够减少管理人员的离职。（2）管理干部的稳定性，又能促进企业放心地进行人力投资。

4. 为什么不仅要考评管理人员的贡献，还要考评其能力？管理人员考评的目的和作用是什么？

答案：（1）管理人员选聘的标准有两点需要说明：① 组织中不同层次、不同职能的机构管理职务，需要完成不同的工作，要求职务担任者具备不同的知识和技能；② 选聘管理干部的主要依据是贡献还是能力？

考评管理人员主要从以下几个方面进行考评：管理的欲望、正直诚信的品质、冒险的精神、决策的能力及沟通的能力等。

（2）管理人员考评的目的和作用：① 为确定管理人员的工作报酬提供依据；② 为人事调整提供依据；③ 为管理人员的培训提供依据；④ 有利于促进组织内部的沟通。

5. 何谓彼得现象？如何防止彼得现象的出现？

答案：（1）彼得现象是指在实行等级制度的组织里，每个人都崇尚爬到能力所不逮的层次，由于组织中经常有些管理人员在提升后不能保持原来的成绩，因此可能给组织带来效率的滑坡。

（2）防止“彼得现象”，积极的方法应从彼得现象产生的原因出发。我们提拔的管理人员往往主要根据过去的工作成绩和能力。在较低层次上表现优秀，能力突出的管理者能否胜任较高层次的管理工作？答案是不肯定的。检验某个管理人员是否具备担任较高职务的条件的可行方法，是安排他临时担任某个职务的“代理”职务。通过对代理者的考察，组织可以更好地了解他独立工作的能力。如果在“代理”过程中，遇事不做主，惊慌失措，将“代理”转化为“正式”，显然是不对的。由于代理只是临时的工作，取消代理不会对本人造成太大的打击，也可以帮助组织避免一次错误的提拔。

第十一章

组织力量的整合

学习要点

第一节　正式组织和非正式组织

一、正式组织与非正式概念

正式组织的活动以成本和效率为标准，要求组织成员为了提高活动效率和降低成本而确保形式上的合作，并以正式的物质与精神奖励或惩罚来引导他们的行为。维系正式组织的是一种理性原则。

非正式组织：主要以感情和融洽的关系为标准。

二、非正式组织的影响

（一）非正式组织的积极作用

1. 可以满足职工的需要。

2. 人们在非正式组织中的接触会使相互之间的关系更为和谐、融洽，从而易于产生和加强合作的精神。

3. 非正式组织是一种非工作性的关系，但是他们对其成员在正式组织中的工作情况也往往是非常重视的。

4. 非正式组织也是某种社会环境中存在的。

（二）非正式组织可能造成的危害

1. 非正式组织的目标与正式组织的冲突，可能对正式组织的工作产生极为不利的影响。

2. 非正式组织要求成员一致性的压力，往往会束缚成员的发展。

3. 非正式组织的压力还会影响正式组织的变革，引发组织的惰性。

三、积极发挥非正式组织的作用

1. 首先要认识到非正式组织存在的客观必要性和必然性，鼓励非正式组织存在。

2. 通过建立和宣传正确的文化来影响非正式组织的行为规范，引导非正式组织提供积极的贡献。

第二节　直线与参谋

一、直线、参谋及相互关系

直线关系：由管理幅度的限制而产生的管理层次之间的关系。

参谋关系：伴随着直线关系产生的，组织的规模越大，活动越复杂，参谋人员的作用就越重要。

直线关系是一种指挥命令关系，授予直线人员的是决策和行动的权力；而参谋关系是一种服务和协助的关系，授予参谋人员的是思考、筹划和建议的权力。

二、直线与参谋的矛盾

在实践中，直线与参谋的矛盾往往是组织缺乏效率的原因之一，考察这些低效率组织的活动，有两种倾向：

1. 虽然保持了命令的统一性，但参谋作用不能充分发挥。

2. 参谋作用发挥失当，破坏了统一指挥的原则。

三、正确发挥参谋的作用

（一）明确职权关系

（二）授予必要的职能权力

授予职能权力：指直线下属主管把原本属于自己的指挥和命令直线下属的某些权力授予有关的参谋部门或参谋人员行使，从而这些参谋部门不仅具有研究、咨询和服务的责任，而且在某种职能范围内具有一定的决策、监督、控制权。方式如下：

1. 参谋专家向他们的直线上司提出意见和建议，然后把建议作为指示传达下级。

2. 参谋向直线下级传达信息，并告诉后者如何利用信息。

（三）向参谋人员提供必要的条件

使他们能及时了解直线部门的活动进展情况，从而提出建议。

第三节 委 员 会

一、运用委员会的理由

1. 综合各种意见，提高决策的正确性。

（1）集体讨论可以产生数量更多的方案。

（2）委员会工作可以综合各种不同的专门的知识。

（3）集体讨论可以相互启发，从而可以完善各种设想，以及决策的质量。

2. 代表各方利益，诱导成员的贡献。

3. 协调各种职能，加强部门间的合作。

4. 组织参与管理，调动执行者的积极性。

二、委员会的局限性

1. 时间上的延续。2. 决策的折中性。3. 权力和责任分离。

三、提高委员会的工作效率

1. 审慎使用委员会工作的形式。2. 选择合格的委员会成员。

3. 确定适当的委员会规模。4. 发挥委员会主席的作用。

5. 考核委员会的工作：$c=a\times b\times t$（c 表示会议的直接成本；a 表示与会者平均小时工资率；b 表示表示与会人数；t 表示会议延续的时间）。

练习与详解

1. 正式组织与非正式组织的区别？非正式组织的存在及其活动对组织目标的实现可能产生何种影响？如何有效地利用非正式组织？

2. 组织中为什么会存在参谋关系？直线关系与参谋关系的角色是什么？如何恰当处理直线与参谋间的矛盾，从而有效发挥参谋人员的作用？

3. 委员会工作方式有何贡献和局限性？如何提高委员会的工作效率？

1. 正式组织与非正式组织的区别？非正式组织的存在及其活动对组织目标

的实现可能产生何种影响？如何有效地利用非正式组织？

答案：(1) 正式组织的活动以成本和效率为标准，要求组织成员为了提高活动效率和降低成本而确保形式上的合作，并以正式的物质与精神奖励或惩罚来引导他们的行为。维系正式组织的是一种理性原则。非正式组织主要以感情和融洽的关系为标准。

(2) 非正式组织的影响。非正式组织的积极作用：① 可以满足职工的需要；② 人们在非正式组织中的接触会使相互之间的关系更为和谐、融洽，从而易于产生和加强合作的精神；③ 非正式组织是一种非工作性的关系，但是他们对其成员在正式组织中的工作情况也往往是非常重视的；④ 非正式组织也是某种社会环境中存在的。

非正式组织可能造成的危害：① 非正式组织的目标与正式组织的冲突，可能对正式组织的工作产生极为不利的影响；② 非正式组织要求成员一致性的压力，往往会束缚成员的发展；③ 非正式组织的压力还会影响正式组织的变革，引发组织的惰性。

(3) 积极发挥非正式组织的作用：① 首先要认识到非正式组织存在的客观必要性和必然性，鼓励非正式组织存在；② 通过建立和宣传正确的文化来影响非正式组织的行为规范，引导非正式组织提供积极的行为标准。

2. 组织中为什么会存在参谋关系？直线关系与参谋关系的角色是什么？如何恰当处理直线与参谋间的矛盾，从而有效发挥参谋人员的作用？

答案：直线关系：由管理幅度的限制而产生管理层次之间的关系。参谋关系：伴随着直线关系产生的，组织的规模越大，活动越复杂，参谋人员的作用就越重要。直线关系是一种指挥命令关系，授予直线人员的是决策和行动的权力，而参谋关系是一种服务和协助的关系，授予参谋人员的是思考、筹划和建议的权力。

在实践中，直线与参谋的矛盾往往是组织缺乏效率的原因之一，考察这些低效率组织的活动，有两种倾向：① 虽然保持了命令的统一性，但参谋作用不能充分发挥；② 参谋作用发挥失当，破坏了统一指挥的原则。

正确发挥参谋的作用：① 明确职权关系。② 授予必要的职能权力：参谋专家向他们的直线上司提出意见和建议，然后把建议作为指示传达下级；参谋向直线下级传达信息，并告诉后者如何利用信息。③ 向参谋人员提供必要的条件，使他们能及时了解直线部门的活动进展情况，从而提出建议。

3. 委员会工作方式有何贡献和局限性？如何提高委员会的工作效率？

答案：(1) 运用委员会的理由：① 综合各种意见，提高决策的正确性。集体讨论可以产生数量更多的方案；委员会工作可以综合各种不同的专门的知识；集体讨论可以相互启发，从而可以完善各种设想以及决策的质量；② 代表各方利益，诱导成员的贡献；③ 协调各种职能，加强部门间的合作；④ 组织参与管理，调动执行者的积极性。

（2）委员会的局限性：① 时间上的延续；② 决策的折中性、权力和责任分离。

（3）提高委员会的工作效率：① 审慎使用委员会工作的形式；② 选择合格的委员会成员；③ 确定适当的委员会规模；④ 发挥委员会主席的作用；⑤ 考核委员会的工作（$c=a\times b\times t$）。

第十二章

组织变革与组织文化

学习要点

第一节　组织变革的一般规律

一、组织变革的动因

（一）组织变革必要性的简要分析

影响市场竞争最重要的三种力量是：顾客（customers）、竞争（competition）、变革（change）。——《公司再造》（哈默 & 钱比曾）

组织变革：组织根据内外环境的变化，及时对组织中的要素进行结构性变革，以适应未来组织发展的要求。

组织变革的根本目的就是提高组织的效能。

（二）组织变革的动因

1. 外部环境因素：（1）整个宏观社会经济环境的变化；（2）科技进步的影响；（3）资源变化的影响；（4）竞争观念的改变。

2. 内部环境因素：（1）组织机构适时调整的要求；（2）保障信息畅通的要求；（3）克服组织低效率的要求；（4）快速决策的要求；（5）提高组织整体管理水平的要求。

二、组织变革的类型和目标

（一）组织变革的类型

1. 战略性变革：组织对其长期发展战略或使命所做的变革。

2. 结构性变革：指组织需要根据环境的变化适时对组织的结构进行变革，

并重新在组织中进行权力和责任的分配，使组织变得更为柔性灵活、易于合作。

3. 流程主导性变革：指组织紧密围绕其关键目标和核心能力，充分应用现代信息技术对业务流程进行重新构造。

4. 以人为中心的变革：组织通过对员工的培训、教育等引导，使他们能够在观念、态度和行为方面与组织保持一致。

（二）组织变革的目标

1. 使组织更具环境适应性；2. 使管理者更具环境适应性；3. 使员工更具环境适应性。

三、组织变革的内容

（一）对人员的变革：指员工在态度、技能、期望、认知和行为上的改变。

（二）对技术与任务的变革：包括对作业流程与方法的重新设计、修正和组合，包括更换机器设备，采用新工艺、新技术和新方法等等。

（三）对结构的变革：包括权力关系、协调机制、集权程度、职务与工作再设计等其他结构参数的变化。

第二节　管理组织变革

一、组织变革的过程和程序

（一）组织变革的过程

组织变革的过程包括解冻——变革——再冻结三个阶段。

1. 解冻阶段：变革前的心理准备阶段。

2. 变革阶段：变革过程中的行为转换阶段。

3. 再冻结阶段：变革后的行为强化阶段。

（二）组织变革的程序

1. 通过诊断发现那个征兆；2. 分析变革因素；3. 选择正确方案；4. 评价变革成果。

二、组织变革的阻力及其管理

（一）组织变革的阻力

1. 个人阻力（利益影响，心理影响）；2. 团体阻力（结构变动，人际关系调整）。

（二）管理对策

1. 分析动力和阻力的强弱；2. 创新组织文化；3. 创新策略方法和手段。

三、组织变革中的压力及其管理

1. 压力的定义：在动态的环境条件下，个人面对种种机遇、规定以及追求的不确定性所造成的一种心理负担。

2. 压力的起因：组织因素，个人因素。

3. 压力的特征：生理、心理、行为上的反应。

4. 压力的释解。

（1）对员工而言：如何对待因工作要求和组织结构的变革而产生的压力是重要的；如何减轻和消除不适的压力则是更为重要的。

（2）对组织而言：改善组织沟通；减少不确定性；建构强势的文化，使员工的目标和组织的目标尽可能趋于一致。

四、组织冲突及其管理

冲突的定义：指组织内部成员之间、不同部门之间、个人与组织之间由于在工作方式、利益、性格、文化价值观等方面的不一致导致彼此相抵触、争执甚至攻击等行为。

冲突是组织中常见的，特别是在变革中不可避免的；对冲突不能一概排斥和反对；重要的是研究导致这种冲突的原因，区分冲突的性质，并有效地加以管理。

（一）组织冲突的影响

1. 竞争胜利对组织的影响：

（1）组织内部更加团结，成员对团体更加忠诚，这有利于加强和保持团体的凝聚力。

（2）组织内部气氛更为轻松，紧张的情绪有所消除，但容易失去继续奋斗的意志，滋生骄傲和得意忘形的情绪。

（3）强化组织内部的协作，组织更为关心成员的心理需求，但对于完成工作及任务的关心则有减少的趋势。

（4）组织成员容易感到满足和舒畅，不愿对其自身的不足重作估计和弥补，也不想重新反思团体是否还需要根据环境的变化作进一步的改善。

2. 竞争失败对组织的影响：

（1）如果胜败的界限不是很分明，则团体会以种种借口和理由来掩饰自己的失败，团体之间容易产生偏见。

（2）当团体发现失败是毋庸置疑的事实时，团体内部发生混乱与斗争，团体最终趋于瓦解；全体成员知耻而奋起，以求走出失败。

（3）组织中的组织性和纪律性明显增强，组织有集权化的倾向。

（4）成员以往的自信心会受到极大的打击，这也正给了组织一个自我检讨和改革的机会。

3. 建设性冲突和破坏性冲突：

（1）建设性冲突：指组织成员从组织利益角度出发，对组织中存在的不合理之处提出意见等。

（2）破坏性冲突：指由于认识上的不一致、组织资源和利益分配方面的矛盾，员工发生相互抵触、争执甚至攻击等行为，从而导致组织效率下降，并最终影响到组织的发展。

（二）组织冲突的类型

常见的组织冲突来源于组织目标不相容、资源的相对稀缺、层级结构关系的差异以及信息沟通上的失真等。几种最为典型的冲突：

（1）正式组织与非正式组织之间的冲突。

（2）直线与参谋之间的冲突。

（3）委员会成员之间的冲突。

（三）组织冲突的避免

1. 把建设性冲突和破坏性冲突区分开来。

2. 促进和保护有益的建设性冲突。

首先，应当创造一种组织气氛，使成员敢于发表不同意见；其次，要保持信息的完整性和畅通性，把组织冲突控制在一定的范围之内。同时，要避免和改正组织中压制民主、束缚成员创新的机械式的规章制度，以保持组织旺盛的活力。

第三节　组织文化及其发展

一、组织文化的概念与特征

（一）组织文化的概念

广义的文化：人类在社会历史实践过程中所创造的物质财富和精神财富的总和。狭义的文化：社会的意识形态，以及与之相适应的礼仪制度、组织机构、行为方式等物化的精神。

组织文化：组织在长期的实践活动中所形成的并且为组织成员普遍认可和遵循的具有本组织特色的价值观念、团体意识、工作作风、行为规范和思维方式的总和。

（二）组织文化的主要特征

1. 超个体的独特性；2. 相对稳定性；3. 融合的继承性；4. 发展性。

二、组织文化的结构与内容

（一）组织文化的结构

1. 潜层次的精神层：指组织文化中的核心和主体，是广大员工共同潜在的意识形态。

2. 表层的制度系统：又称制度层，指体现某个具体组织的文化特色的各种规章制度、道德规范和员工行为准则的总和。

3. 显现层的组织文化载体：又称物质层，指凝聚着组织文化抽象内容的物质体的外在显现，是组织文化最直观的部分，也是人们最易于感知的部分。

（二）组织文化的内容

1. 组织的价值观：组织内部管理层和全体员工对该组织的生产、经营、服务等活动，以及指导这些活动的一般看法或基本观点。

2. 组织精神：组织经过共同努力奋斗和长期培养所逐步形成的，认识和看待事物的共同心理趋势、价值取向和主导意识。

3. 伦理规范：从道德意义上考虑的，由社会向人们提出并应当遵守的行为准则，它通过社会公众舆论规范人们的行为。

三、组织文化的功能与塑造

（一）组织文化的功能

1. 整合功能；2. 适应功能；3. 导向功能；4. 发展功能；5. 持续功能。

（二）组织文化的形成

1. 管理者倡导，言传身教、身体力行，自觉表现出与自己倡导的价值观和行为准则相当的行为，以求对组织成员潜移默化的影响；借助重大事件的成功处理，促进企业成员对重要价值观和行为准则的认同。

2. 组织成员的接受。社会化：组织通过一定形式不断向员工灌输某种特定的价值观念。

预社会化：招聘时判断影响应聘者的外显行为的内在价值观念与企业文化是否一致。

(三) 组织文化的塑造途径

组织文化塑造需要经过以下几个过程:

(1) 选择合适的组织价值观标准;(2) 强化员工的认同感;(3) 提炼定格;(4) 巩固落实;(5) 在发展中不断丰富完善。

练习与详解

问题:

1. 如何理解组织文化的概念?
2. 组织文化的基本特征有哪些?
3. 组织文化有哪些基本要素?
4. 组织文化有哪些重要功能?
5. 为什么说价值观是组织文化的核心?
6. 联系某企业,实际分析构建企业文化的途径?

参考答案:

1. 如何理解组织文化的概念?

答案:组织文化指组织在长期的实践活动中所形成的并且为组织成员普遍认可和遵循的具有本组织特色的价值观念、团体意识、行为规范和思维模式的总和。其任务是努力创造这些价值观念体系和共同的行为准则。

2. 组织文化的基本特征有哪些?

答案:组织文化在本质上属于“软文化”范畴,是组织自我意识所构成的文化体系。组织文化相比社会文化和民主文化,有共同属性,也有自己的不同之处。(1) 组织文化的核心是组织价值观;(2) 组织文化的中心是以人为主体的人本文化;(3) 组织文化的管理方式是以柔性管理为主;(4) 组织文化的重要任务是增强集体凝聚力。

3. 组织文化有哪些基本要素?

答案:组织文化的基本要素有:(1) 组织精神。经过经心培养和逐步形成的并为全体组织成员认同的思想境界、价值取向和主导意识,它反映了组织成员对本组织的特征、地位、形象等的认识。例:日本松下电器公司的“七精神”。(2) 组织的价值观。组织价值观是指组织评判事物和指导行为的基本信念、总体观点和选择方针。它具有调节性、评判性、驱动性。组织的价值观具有不同的层次和类型,优秀的组织总会追求崇高的目标、高尚的社会责任和卓越创新的信念。例:美国百事可乐公司认为“顺利是最重要的”。(3) 组织形象。组织形象指社会公众和组织成员对组织、组织行为与组织各种活动成果的总体印象和总体评价，反映的是社会公众对组织的承认程度，体现了组织的声誉和知名度。其中对组织形象影响较大的因素有六个：服务、产品形象、环境形象、成员形象、组织领导者形象、社会形象。

4. 组织文化有哪些重要功能？

答案：(1) 自我凝聚功能。(2) 自我改造功能。(3) 自我调控功能。(4) 自我完善功能。(5) 自我延续功能。

5. 为什么说价值观是组织文化的核心？

答案：所有的组织都会把其认为最有价值的对象作为本组织追求的最高目标、最高理想或最高宗旨，一旦这种最高目标和基本信念成为统一组织成员行为的共同价值观，就会构成组织内强烈的凝聚力和整合力，成为统领组织成员共同遵守的行动指南。因此组织价值观制约和支配着组织的宗旨、信念、行为规范，也可以说组织价值观是组织文化的核心。

6. 联系某企业，实际分析构建企业文化的途径？

答案：(1) 选择价值标准。组织价值观是组织文化的核心和灵魂，选择正确的组织价值观是塑造组织文化的首要问题。两个前提：① 要立足于本组织的具体特点。② 要把握住组织价值观与组织文化各要素之间的相互协调。选择正确的组织价值标准要抓住四点：① 组织价值标准要正确、明晰、科学、具有鲜明特点。② 组织价值观和组织文化要体现组织的宗旨、管理战略和发展方向。③ 要使得组织文化标准和员工的基本素质相和谐。④ 要坚持群众路线，充分发挥群众的创造精神。(2) 强化员工认同。① 充分利用一切宣传工具和手段。② 树立榜样人物。③ 培训教育。(3) 提炼定格。① 精心分析。② 全面归纳。③ 精炼定格。(4) 巩固落实。① 建立必要的制度。② 领导率先垂范。(5) 丰富发展。

第十三章

领导和领导者

学习要点

第一节　领导的性质和作用

一、领导的含义

领导就是指挥、带领、引导和鼓励部下为实现目标而努力的过程。

1. 领导者必须有部下或追随者。2. 领导者拥有影响追随者的能力。

3. 领导的目的是通过影响部下来达到企业的目标。

"管理"是建立在合法的、有报酬的和强制性的权力基础上的，但是"领导"更多的是建立在个人影响权和专长权以及模范作用的基础上。因此一个人可能既是管理者也是领导者。

二、领导的作用

1. 指挥作用。2. 协调作用。3. 激励作用。

具体作用：引导不同职工努力地朝同一目标前进，协调这些职工在不同时空的贡献，激发职工的工作热情，使他们在企业经营活动中保持高昂的积极性。

第二节　理想的领导者与领导集体

一、领导者素质及条件

个人品质或特征是决定领导效果的关键因素。

传统的领导特性理论：领导的品质是天生的，与实践无关。如：伟人说。

现代特性理论：品质特征是在后天的实践中培养的。

（一）思想素质

有强烈的事业心、责任感、创业精神。

（二）业务素质

1. 知识：（1）懂得市场经济的基本原理。

（2）懂得管理的基本原理、方法和各项专业管理的基本知识。

（3）懂得生产技术和有关的自然科学、技术科学的基本知识，熟知行业发展方向。

（4）懂得政治思想工作、心理学和人才学。

（5）熟练应用计算机、信息管理系统和网络。

2. 业务技能：（1）较强的分析、判断和概念能力。

（2）决策能力。（3）组织指挥和控制的能力。（4）知人善任的能力。

（5）沟通、协调企业内外各种关系的能力。（6）不断探索和创新的能力。

（三）身体素质

二、经济全球化对企业领导提出的新要求

建立远景、信息决策、配置资源、有效沟通、激励他人

人才培养、承担责任、诚实教育、事业导向、快速学习

三、领导集体的构成

（一）年龄结构

领导班子的年轻化是现代企业的客观要求，是组织现代化生产的需要。

（二）知识结构

领导班子中不同成员的知识水平构成。

（三）能力结构

领导的效能不仅与领导者的知识有关，而且与他运用知识的能力有很大的关系。

（四）专业结构

领导班子中各位成员应由各种专门的人才组成，形成一个合理的专业结构，从总体上强化这个班子的专业力量。

第三节 领导方式及其理论

一、领导方式的基本类型

1. 专权型领导——领导者个人决定一切，布置下属执行。
2. 民主型领导——领导者发动下属讨论，共同商量，集思广益，然后决策。
3. 放任型领导——领导者撒手不管，下属愿意怎样做就怎样做，完全自由。

二、领导方式的连续统一体理论

美国学者坦南·鲍姆提出了“领导方式的连续统一体理论”，理论的基本内容如下：

（1）经理作出并宣布决策。

（2）经理“销售”决策。

（3）经理提出计划并允许提出问题。

（4）经理提出可以修改的暂定的计划。

（5）经理提出问题，征求建议，作出决策。

（6）经理决定界限，让团体作出决策。

（7）经理允许下属在规定的界限内行使职权。

三、管理方格论——布莱克、穆顿提出

该理论用一张方格图来表示，每一轴划分为9个小格，第一格代表关心程度最低，最后一格代表关心程度最高。

五种典型的领导方式：

（1）任务型：只注重任务的完成，不重视人的因素。这种领导是一种专权式的领导。

（2）乡村俱乐部型：特别关心职工，持此方式的领导者认为只要职工精神愉快，生产自然会好。

（3）中庸之道型：既不过于注重人的因素，也不过于注重生产的因素，努力保持和谐和协调。

（4）贫乏型：对职工的关心和对生产的关心都很差，这种方式无疑会使企业失败。

（5）团队型：对生产的关心和对人的关心都达到了最高点，在此方式下，

职工在工作上希望相互协作、共同努力去实现企业的目标。领导者诚心诚意地关心职工，努力使职工完成工作目标，满足职工的要求。

四、权变理论

权变理论认为，不存在一种“普适”的领导方式，领导工作强烈地受到所处的各种客观环境的影响。

领导和领导者是既定环境下的产物。

$s=f(L、F、E)$

可以说领导方式是领导者特征、追随者特征和环境的函数。

领导者特征：主要指领导人的品质、价值观和工作经历。

追随者特征：主要指追随者的个人品质、工作能力、价值观等。

环境：主要指工作特性、组织特征、社会状况、文化影响等。

菲德勒的领导权变理论是比较具有代表性的一种权变理论。该理论认为各种领导方式都可能在一定的环境内有效，这种环境是多种外部和内部因素的综合作用体。

菲德勒把领导环境具体划分为三个方面，即职位权力、任务结构、上下级关系。

职位权力：领导者所处的职位具有的权威和权力的大小，或领导的决定权、强制权、奖励权的大小。

任务结构：任务的明确程度和部下对这些任务的负责程度。

上下级关系：群众和下属乐于追随的程度。

低 LPC 型——工作任务型的领导方式。

高 LPC 型——人际关系型的领导方式。

第四节　领导艺术

领导艺术是一门博大精深的学问，其内涵极为丰富。

一、做领导的本职工作

二、善于同下属交谈，倾听下属的意见

1. 即使你不相信对方说话的内容时，也要悉心倾听，善于分析。
2. 让对方把话说完，不要打断对方的谈话、打断对方的思路。

3. 鼓励对方做进一步的解释说明。

4. 仔细观察对方的神态，捉摸对方的意思。

5. 要态度诚恳地对问题作出回答。

6. 领导者要控制直接的情绪，不能感情用事。

三、争取众人的信任和合作

1. 平易近人。2. 信任对方。3. 关心他人。4. 一视同仁。

四、做自己时间的主人

1. 记录自己的时间消耗。2. 学会合理地使用时间。3. 提高开会的效率。

练习与详解

问题：

1. 领导的实质和作用是什么？如何实现这种作用？

2. 领导者的权力来源是什么？如何正确地使用这些权利？领导和管理是一回事吗？

3. 作为一名领导者，必需具备一些基本素质，这些素质是什么？

4. 中国企业家调查系统在 1997 年做的一次大型调查中显示（《管理世界》1998 年第 2 期），86.2% 的企业经营者们认为提高企业竞争力的关键是“好的领导班子”、“高素质职工队伍”、“强有力的技术创新能力”。何谓领导班子？好的领导班子基本要求是什么？

5. 领导有效性的实质是什么？领导者应培训哪些方面的心理习惯以获得领导班子有效性？

6. 从所学的领导方式理论中，你得到哪些启示？

参考答案：

1. 领导的实质和作用是什么？如何实现这种作用？

答案：领导就是指挥、带领、引导和鼓励部下为实现目标而努力的过程。

(1) 领导者必须有部下或追随者；

(2) 领导者拥有影响追随者的能力；

(3) 领导的目的是通过影响部下来达到企业的目标。“管理”是建立在合法的、有报酬的和强制性的权力基础上的，但是“领导”更多地是建立在个人影响权和专长权以及模范作用的基础上。因此一个人可能既是管理者也是领导者。

领导的作用：（1）指挥作用；（2）协调作用；（3）激励作用。具体作用：引导不同职工努力地朝同一目标前进，协调这些职工在不同时空的贡献，激发职工的工作热情，使他们在企业经营活动中保持高昂的积极性。

2. 领导者的权力来源是什么？如何正确地使用这些权利？领导和管理是一回事吗？

答案：领导的权力来源是管理的职权和自身的影响力。领导就是指挥、带领、引导和鼓励部下为实现目标而努力的过程。（1）领导者必须有部下或追随者。（2）领导者拥有影响追随者的能力。（3）领导的目的是通过影响部下来达到企业的目标。

"管理"是建立在合法的、有报酬的和强制性的权力基础上的，但是"领导"更多地是建立在个人影响权和专长权以及模范作用的基础上。因此一个人可能既是管理者也是领导者。

3. 作为一名领导者，必需具备一些基本素质，这些素质是什么？

答案：（1）思想素质。有强烈的事业心、责任感、创业精神。

（2）业务素质知识：① 懂得市场经济的基本原理；② 懂得管理的基本原理、方法和各项专业管理的基本知识；③ 懂得生产技术和有关的自然科学、技术科学的基本知识，熟知行业发展方向；④ 懂得政治思想工作，心理学和人才学；⑤ 熟练应用计算机、信息管理系统和网络。

业务技能：① 较强的分析、判断和概念能力；② 决策能力；③ 组织指挥和控制的能力；④ 知人善任的能力；⑤ 沟通、协调企业内外各种关系的能力；⑥ 不断探索和创新的能力。

（3）身体素质。

4. 何谓领导班子？好的领导班子基本要求是什么？

答案："好的领导班子"的结构是：

（1）年龄结构。领导班子的年轻化是现代企业的客观要求，是组织现代化生产的需要。

（2）知识结构——领导班子中不同成员的知识水平构成。

（3）能力结构。领导的效能不仅与领导者的知识有关，而且与他运用知识的能力有很大的关系。

（4）专业结构——领导班子中各位成员的配备应由各种专门的人才组成，形成一个合理的专业结构，从总体上强化这个班子的专业力量。

5. 领导有效性的实质是什么？领导者应培训哪些方面的心理习惯以获得领导班子有效性？

答案：我们把领导定义为影响力，就是影响人们心甘情愿地和满怀热情地为实现群体的目标而努力的艺术或过程。领导者的行动即在于帮助一个群体尽其所能地实现目标。领导是管理的一个重要方面，有效地进行领导的本领是作为一名有效管理者的必要条件之一。领导的实质就是追随关系。换言之，正是人们愿意追随某人，从而使他成为一名领导者。人们往往追随那些他们认为可提供实现愿望、要求和需求手段的人。

作为一名有效的领导人，要具备四种能力：（1）有效并以负责的态度运用权力的能力。（2）能够了解人们在不同时间和不同情况下有不同的激励因素的能力。（3）鼓励人们的能力。（4）以某种活动方式来形成一种有利的气氛，以此引起激励并使人们响应激励的能力。领导者在管理过程中，应尽力使用上述四种能力，以保证领导的有效性。

6. 从所学的领导方式理论中，你得到哪些启示？

答案：领导艺术是一门博大精深的学问，其内涵极为丰富。

（1）做领导的本职工作。

（2）善于同下属交谈，倾听下属的意见：① 即使你不相信对方说话的内容时，也要悉心倾听，善于分析；② 让对方把话说完，不要打断对方的谈话，打断对方的思路；③ 鼓励对方做进一步的解释说明；④ 仔细观察对方的神态，捉摸对方的意思；⑤ 要态度诚恳地对问题作出回答；⑥ 领导者要控制直接的情绪，不能感情用事。

（3）争取众人的信任和合作：① 平易近人；② 信任对方；③ 关心他人；④ 一视同仁。

（4）做自己时间的主人：① 记录自己的时间消耗；② 学会合理地使用时间；③ 提高开会的效率。

第十四章

激　　励

学习要点

第一节　激励的性质

一、激励与行为

美国心理学家认为："一切内心要争取的条件、希望、愿望、动力等可构成对人的激励。"

心理学家认为：人类的一切行动都是由某种动机引起的。

激励力=某一行动结果的效价×期望值

效价：个人对达到某种预期成果的偏爱程度。

期望值：某一具体行动可带来某种预期成果的概率。

二、内因与外因

外因：是事物变化的条件。

内因：是事物变化的根据。

根据此观点，可以把人的行为（B）看成是其自身特点（P）及其所处环境（E）的函数：

$B=f\ (P、E)$

因此，为了引导人们的行为达到激励的目的，既要创造条件促进这些需要的满足，也要采取措施改变个人行动的环境。

第二节 激励理论

一、需求层次理论：马斯洛

美国心理学家马斯洛需求层次理论的两个基本观点：

(1) 人是有需要的动物，其需要取决于他已经得到了什么，还缺少什么，只有尚未满足的需要能影响行为。

(2) 人的需要都是有轻重的，某一层次得到满足后，另一层次需要才出现。

需要层次划分为五级：生理需要、安全需要、感情需要、尊重需要、自我实现需要。

生理需要——最基本的生活要素，如衣食住行等。

安全需要——(1) 现在的安全需要，如：就业保障。(2) 未来的安全需要，如：失业后的生活保障。

感情需要——人们希望在社会生活中受到别人的注意、接纳、关心、友爱，在感情上有所归属。

尊重需要——包括自尊和受别人尊重。

自我实现需要——这是更高层次的需要，这种需要希望工作上有所成就，在事业上有所建树，实现理想。

根据上述马斯洛的需求层次理论的研究，我们认为人类需要具有多样性、层次性、潜在性、可变性等特征。

二、期望理论：弗鲁姆

期望理论认为，只有当人们预期到某一行为能给个人带来有吸引力的结果时，个人才会采取这一特定行为。根据这一理论，人们对待工作的态度取决于对下述三种联系的判断：

1. 努力——绩效的关系。付出多大的努力才能达到绩效水平？
2. 绩效——奖赏的关系。当达到这一水平时，会得到什么样的奖赏？
3. 奖赏——个人目标的关系。这一奖赏能否满足个人的目标？

期望理论的基础：自我利益。

期望理论的核心：双向期望。

三、公平理论：亚当斯

公平理论认为，人们会通过两个方面来判断获得报酬的公平性：

横向比较：就是将“自己”与“别人”相比来判断自己所获得报酬的公平性。

纵向比较：自己的目前和过去的比较。

四、强化理论：美国心理学家斯金纳

强化理论认为，人的行为是其所获得刺激的函数，如果这种行为对他有利，这种行为就会重复出现；若对他不利，这种行为会减弱直至消失。

1. 正强化——奖励那些符合组织目标的行为，以便使这些行为得到进一步加强，从而有利于组织目标的实现。

(1) 连续的，固定的强化；(2) 间断的，时间和数量不固定的强化。

2. 负强化——惩罚那些不符合组织目标的行为，以使这些行为削弱直至消失，从而保证组织目标的实现不受干扰。

五、激励模式——波特、劳勤

1. 个人是否努力以及努力的程度不仅取决于奖励的价值，还受到个人觉察出来的努力和受到奖励概率的影响。

2. 个人实际达到的绩效不仅取决于努力的程度，还受到个人能力大小，以及任务的了解和理解的程度的影响。

3. 个人所应得到的报酬应当以实际达到的工作绩效为价值标准。

4. 个人对于受到的奖励是否满意以及满意的程度如何，取决于受激励者对所获报酬公平性的感觉。

5. 个人是否满意以及满意的程度将会反馈到其完成下一个任务的努力过程中。

第三节 激励实务

其中常用的主要有四种：工作激励、成果激励、批评激励以及培训教育激励。

工作激励：通过分配恰当的工作来激发职工内在的工作热情。

成果激励：在正确评估工作成果的基础上，给职工以合理奖惩，保证职工行

为的良性循环。

批评激励：通过批评来激发职工改正错误行为的信心和决心。

培训教育激励：通过思想文化教育和技术知识培训，来增强其进取精神。

一、委任恰当工作，激发职工内在的工作热情。

1. 工作的分配要考虑到职工的特长和爱好。
2. 工作的分配要能激发职工的工作热情。

二、正确评价工作，合理给予报酬，形成良性循环

三、掌握批评武器，化消极为积极

1. 明确批评目的。2. 了解错误的事实。3. 注意批评的方法。4. 注意批评的效果。

四、加强教育培训，提高职工素质，增强进取精神

练习与详解

问题：

1. 说明激励的过程及动因。
2. 理解需求层次理论的主要内涵，谈谈对实际工作的启发。
3. 解释波特和劳勒的激励模式。
4. 解释公平理论、强化理论的主要观点，谈谈对实际工作的启发。
5. 以实例说明，如何运用好工作激励、成果激励和培训教育激励这三种常见的激励方法。

参考答案：

1. 说明激励的过程及动因。

答案：（1）美国心理学家认为："一切内心要争取的条件、希望、愿望、动力等可构成对人的激励"。心理学家认为：人类的一切行动都是由某种动机引起的。激励力=某一行动结果的效价×期望值。效价：个人对达到某种预期成果的偏爱程度。期望值：某一具体行动可带来某种预期成果的概率。

（2）内因与外因。外因：是事物变化的条件。内因：是事物变化的根据。

根据此观点：可以把人的行为（B）看成是其自身特点（P）及其所处环境

(E) 的函数：B=f (P、E)。因此，为了引导人们的行为，达到激励的目的，既要创造条件促进这些需要的满足，也要采取措施改变个人行动的环境。

2. 理解需求层次理论的主要内涵，谈谈对实际工作的启发。

答案：美国心理学家马斯洛提出需求层次理论的两个基本观点：(1) 人是有需要的动物，其需要取决于他已经得到了什么，还缺少什么，只有尚未满足的需要能影响行为。(2) 人的需要都是有轻重的，某一层次得到满足后，另一层次需要才出现。

需要层次划分为五级：生理需要、安全需要、感情需要、尊重需要、自我实现需要。生理需要——最基本的生活要素，如衣食住行等。安全需要——① 现在的安全需要，如：就业保障。② 未来的安全需要，如：失业后的生活保障。感情需要——人们希望在社会生活中受到别人的注意、接纳、关心、友爱，在感情上有所归属。尊重需要——包括自尊和受别人尊重。自我实现需要——这是更高层次的需要，这种需要希望工作上有所成就，在事业上有所建树，实现理想。根据上述马斯洛的需求层次理论的研究，我们认为人类需要具有多样性、层次性、潜在性、可变性等特征。

3. 解释波特和劳勒的激励模式。

答案：波特和劳勒的激励模式比较全面地说明了各种理论的内容。

(1) 个人是否努力以及努力的程度不仅取决于奖励的价值，还受到个人觉察出来的努力和受到奖励概率的影响。

(2) 个人实际达到的绩效不仅取决于努力的程度，还受到个人能力大小，以及任务的了解和理解的程度的影响。

(3) 个人所应得到的报酬应当以实际达到的工作绩效为价值标准。

(4) 个人对于受到的奖励是否满意以及满意的程度如何，取决于受激励者对所获报酬公平性的感觉。

(5) 个人是否满意以及满意的程度将会反馈到其完成下一个任务的努力过程中。波特的理论告诉我们，激励和绩效之间并不是简单的因果关系。要使激励产生效果就必须考虑上述的很多方面。

4. 解释公平理论、强化理论的主要观点，谈谈对实际工作的启发。

答案：公平理论——亚当斯认为：人们会通过两个方面来判断获得报酬的公平性。横向比较：就是将“自己”与“别人”相比来判断自己所获得报酬的公平性。纵向比较：自己的目前和过去的比较。

强化理论——美国心理学家斯金纳认为：人的行为是其所获得刺激的函数，如果这种行为对他有利，这种行为就会重复出现；若对他不利，这种行为会减弱至消失。正强化——奖励那些符合组织目标的行为，以便使这些行为得到进一步加强，从而有利于组织目标的实现。一是连续的，固定的强化，二是间断的，时间和数量不固定的强化。负强化——惩罚那些不符合组织目标的行为，以使这些行为削弱直至消失，从而保证组织目标的实现不受干扰。

5. 以实例说明，如何运用好工作激励、成果激励和培训教育激励这三种常见的激励方法。

答案：工作激励：通过分配恰当的工作来激发职工内在的工作热情；

成果激励：在正确评估工作成果的基础上，给职工以合理奖惩，保证职工行为的良性循环；

批评激励：通过批评来激发职工改正错误行为的信心和决心；

培训教育激励：通过思想文化教育和技术知识培训，来增强其进取精神。

（1）委任恰当工作，激发职工内在的工作热情：① 工作的分配要考虑到职工的特长和爱好；② 工作的分配要能激发职工的工作热情。

（2）正确评价工作，合理给予报酬，形成良性循环。

（3）掌握批评武器，化消极为积极：① 明确批评目的；② 了解错误的事实；③ 注意批评的方法；④ 注意批评的效果。

（4）加强教育培训，提高职工素质，增强进取精神。

第十五章

沟　　通

学习要点

第一节　组织中的沟通

一、沟通的重要性

1. 沟通是协调各个体、各要素，使企业成为一个整体的凝聚剂。
2. 沟通是领导者激励下属，实现领导职能的基本途经。
3. 沟通是企业与外部建立联系的桥梁。

二、沟通过程

1. 发送者必须向接受者传达信息或者需要接受者提供信息。
2. 发送者将这些信息翻译成接受者可以理解的一系列符号。
3. 将上述符号传递给接受者。
4. 接受者接受这些符号。
5. 接受者将这些符号翻译成具有特定含义的信息。
6. 接受者理解信息的内容。
7. 发送者通过反馈来了解他想传递的信息是否被对方准确接受。

三、沟通的类别

（一）按照功能划分

工具式沟通和感情式沟通。

工具式沟通：发送者将信息、知识、想法、要求传达给接受者，目的是影响、改变接受者的行为。

感情式沟通：沟通双方表达感情，获得对方精神上的同情和谅解，最终改善相互间的关系。

（二）按照方法划分

口头沟通、书面沟通、非语言沟通、体态语言沟通、电子媒介沟通等。

（三）按照组织系统划分

正式沟通、非正式沟通。

正式沟通：以企业正式组织系统为渠道的信息传递。

非正式沟通：以企业非正式组织系统或个人为渠道的信息传递。

（四）按照方向划分

下行沟通、上行沟通、平行沟通。

（五）按是否进行反馈划分

单向沟通和双向沟通。

四、非正式沟通及其管理

（一）非正式沟通的特点

交流速度比较快，信息比较准确，效率高，可以满足职工的需要，有一定的片面性。

（二）应正确对待非正式沟通

1. 管理人员必须认识到它是一种重要的沟通方式，否认和消灭都是不可取的。

2. 可以充分利用非正式沟通为自己服务。

3. 非正式沟通中的错误信息必须“以其人之道，还治其人之身”，通过非正式渠道进行更正。

五、企业中的沟通网络

所谓沟通网络是指组织中沟通渠道的结构和类型。

其中最基本的是轮型和风车型。

一般来说，选择哪一种网络取决于外部环境和沟通的目的。

集权化的网络：（Y 型和轮型）适用于较简单的工作中，比分权化的网络有效。

分权化的网络：适用于完成比较复杂的任务，便于信息交换和充分利用资源。

第二节　沟通的障碍及如何克服

一、有效沟通的障碍

（一）个人因素

个人因素主要包括两类：（1）接受的有选择性；（2）沟通技巧的差异。

接受的有选择性：指人们拒绝或片面地接受与他们的期望不相一致的信息。

沟通技巧的差异：有些人不喜欢口头表述，或有些人不善于听别人的意见都会影响沟通的效果。

（二）人际因素

人际因素包括：沟通双方的相互信任、信息的可靠程度和表达者与接受者之间的相似程度。

信息来源的可靠性取决于四个因素：诚实、能力、热情、客观。

（三）结构因素

主要包括地位差别、信息传递链、团体规模和空间约束四个方面。

1. 地位的高低对沟通的方向和频率有很大的影响。

2. 信息通过的等级越多，它到达目的地的时间也越长，信息失真的概率越大。

3. 当团体的规模较大时，人与人之间的沟通也相应地变得较为困难。

4. 空间约束不仅不利于他们工作间的交流，而且还限制了他们的沟通。

（四）技术因素

主要包括：非语言暗示、媒介的有效性和信息过量。

二、如何克服沟通中的障碍

1. 认清沟通的重要性，正确对待沟通。

2. 要学会听。

3. 创造一个相互信任，有利于沟通的小环境。

4. 缩短信息传递链，拓宽沟通渠道，保证信息畅通无阻和完整性。

5. 职工代表大会可以为厂长汇报工作提供良机。

6. 成立非管理工作组。

7. 建立特别委员会，定期加强上下级的沟通。

8. 加强平行沟通，促进横向交流。

第三节　冲突与谈判

一、冲突的起源

人与人之间的差异是多种多样的，可以大体分为三类：

（一）沟通差异

文化背景不同，语义困难，误解及沟通过程中噪声的干扰都可能造成人们之间意见不一致。

（二）结构差异

管理中发生的冲突大多是由于组织结构的差异引起的。组织越庞大，组织分化越复杂，组织整合越困难。

（三）个体差异

每个人的社会背景、教育程度、修养等不同，塑造了每个人不同的性格和价值观，这些不同往往造成了合作和沟通的困难，成为冲突的根源。

二、冲突处理

1. 谨慎选择好你想处理的冲突。
2. 仔细研究冲突双方的代表人物。
3. 深入了解冲突的根源。
4. 妥善地选择处理的方法。

三、谈判

谈判是双方或多方为实现某种目标就有关条件达成协议的过程。

优秀管理者的谈判行为：（1）理性分析谈判的事。（2）理解你的谈判对手。（3）抱着诚意开始谈判。（4）坚定与灵活相结合。

练习与详解

问题：

1. 什么是沟通？为什么要沟通？沟通的基本步骤有哪些？
2. 区分沟通的类别，解释企业中的沟通网络。
3. 有效沟通的障碍有哪些？如何克服？

参考答案：

1. 什么是沟通？为什么要沟通？沟通的基本步骤有哪些？

答案：沟通是指可理解的信息或思想在两人或两人以上的人群中的传递或交换的过程。

沟通的重要性：① 沟通是协调各个体、各要素，使企业成为一个整体的凝聚剂；② 沟通是领导者激励下属，实现领导职能的基本途经；③ 沟通是企业与外部建立联系的桥梁。

沟通步骤：① 发送者必须向接受者传达信息或者需要接受者提供信息；② 发送者将这些信息翻译成接受者可以理解的一系列符号；③ 将上述符号传递给接受者；④ 接受者接受这些符号；⑤ 接受者将这些符号翻译成具有特定含义的信息；⑥ 接受者理解信息的内容；⑦ 发送者通过反馈来了解他想传递的信息是否被对方准确接受。

2. 区分沟通的类别，解释企业中的沟通网络。

答案：（1）沟通的类别按照功能划分为：工具式沟通和感情式沟通。工具式沟通是发送者将信息、知识、想法、要求传达给接受者，目的是影响、改变接受者的行为。感情式沟通是指沟通双方表达感情，获得对方精神上的同情和谅解，最终改善相互间的关系。

按照方法划分为口头沟通、书面沟通、非语言沟通、体态语言沟通、电子媒介沟通等。

按照组织系统分为：正式沟通、非正式沟通。正式沟通是以企业正式组织系统为渠道的信息传递。非正式沟通是以企业非正式组织系统或个人为渠道的信息传递。

按照方向分为：下行沟通、上行沟通、平行沟通。

按是否进行反馈分为：单向沟通和双向沟通。

（2）所谓沟通网络是指组织中沟通渠道的结构和类型。其中最基本的是轮型和风车型。一般来说，选择哪一种网络取决于外部环境和沟通的目的。集权化的网络（Y 型和轮型）在较简单的工作中比分权化的网络有效。分权化的网络适应于完成比较复杂的任务，便于信息交换和充分利用资源。

3. 有效沟通的障碍有哪些？如何克服？

答案：（1）有效沟通的障碍：

个人因素。个人因素主要包括两类：① 接受的有选择性。② 沟通技巧的差异。

人际因素：人际因素包括沟通双方的相互信任、信息的可靠程度和表达者与接受者之间的相似程度。信息来源的可靠性取决于四个因素：诚实、能力、热情、客观。

结构因素主要包括地位差别、信息传递链、团体规模和空间约束四个方面：① 地位的高低对沟通的方向和频率有很大的影响。② 信息通过的等级越多，它到达目的地的时间也越长，信息失真的概率越大。③ 当团体的规模较大时，人与人之间的沟通也相应地变得较为困难。④ 空间约束不仅不利于他们工作间的交流，而且还限制了他们的沟通。

技术因素主要包括：非语言暗示、媒介的有效性和信息过量。

（2）如何克服沟通中的障碍：认清沟通的重要性，正确对待沟通；要学会听；创造一个相互信任，有利于沟通的小环境；缩短信息传递链，拓宽沟通渠道，保证信息畅通无阻和完整性；职工代表大会可以为厂长汇报工作提供良机；成立非管理工作组；建立特别委员会，定期加强上下级的沟通；加强平行沟通，促进横向交流。

第十六章

管理信息

学习要点

第一节 管理信息及其特征

一、信息的定义

信息是数据经过加工处理后得到的结果。

数据是记录客观事物的性质、形态和数量特征的抽象符号。

信息和数据的区别不是绝对的。有时，同样的东西对一个人来说是信息，而对另一个人来说则是数据。

二、信息的评估

对信息的评估是对收集和处理数据需要支付的成本与信息所带来的收益进行权衡。

（一）成本

1. 有形成本：可被精确量化的成本。

2. 无形成本：很难或不能被量化的成本。

（二）收益

1. 有形收益：包括销售额的上升、存货成本的下降以及可度量的劳动生产率的提高等。

2. 无形收益：可能包括信息获取能力的提高、士气大振以及更好的顾客服务等。

三、信息的特征

（一）价值的不确定性

信息价值的不确定性体现在三个方面：

1. 信息在不同时间的有用性是不同的。

2. 同一信息在不同地区的有用性是不一样的。

3. 同一信息对不同企业有用性也是不一样的。

此外，信息价值的不确定性往往与使用者的数量有关。同一信息使用者越多，对单个使用者的价值就越小。

（二）信息内容的干扰性

这种干扰可能首先来自其他信息的存在，但其他信息的存在不是人们认识信息的唯一干扰源。

（三）形式和内容的更替性

作为反映客观事物的符号，管理信息的内容和形式是随着客观世界本身的变化而不断改变的。

第二节　管理信息系统的开发

一、概述

信息系统为管理者提供了一种在组织内收集、处理、维持和分配信息的系统方法。

信息系统未必需要计算机，其实，早在计算机出现之前，信息系统就已经存在了。

二、管理信息系统的要素

一般信息系统包括五个基本要素：输入、处理、输出、反馈和控制。

（1）输入是系统所要处理的原始数据。

（2）处理是把原始数据加工或转换成有意义和有用的信息的过程。

（3）输出是系统处理后的结果，即有意义和有用的信息。

（4）反馈是指当管理者对输出的结果不太满意或希望得到更好的结果时，对输入进行调整。

（5）控制是对输入、处理、输出和反馈等过程进行监视，使这些过程保持正常。

以计算机为基础的信息系统还包括硬件、软件和数据库。

三、管理信息系统的开发步骤

1. 系统调查：组织确定是否存在一个能被信息系统处理的问题或机会。

2. 系统分析：确定信息系统的功能要求。

3. 系统设计：考察系统的技术能力的第一步。

4. 系统实施：这一步骤的结果是产生一个运行系统。

5. 系统维护：使系统保持良好的状态并保证它不会遇到本来可以预防的问题。

第三节　管理信息技术的运用及发展

一、电子数据处理系统

电子数据处理系统（EDPS）也叫作事务处理系统（TPS）。它是在20世纪50年代初期，将计算机应用在经营管理工作中的数据处理，特别是会计和统计工作的数据，用来处理一些具体电子数据，主要用于运作层的控制管理。

二、管理信息系统

管理信息系统（MIS）是一个由人、计算机结合的对管理信息进行收集、传递、存储、加工、维护和使用的系统。

它是由大容量数据库支持、以数据处理为基础的计算机应用系统。

对管理信息系统而言，有狭义和广义两种理解：

狭义MIS：指那些能从内部和外部收集数据，经过加工处理，形成有用信息，以预定的形式提供给各管理层次（中层为主）使用的信息系统。

广义MIS：指凡是用于管理的信息系统。

（一）组织的管理信息系统的四个基本部分

1. EDPS部分：主要完成数据的收集、输入，数据库的管理、查询、基本运算、日常报表的输出等。

2. 分析部分：主要在EDPS基础之上，对数据进行深加工。

3. 决策部分：MIS的决策模型多限于以解决结构化的管理决策问题为主，其决策结果要为高层管理者提供一个最佳的决策方案。

4. 数据库部分：主要完成数据文件的存贮、组织、备份等功能，数据库是管理信息系统的核心部分。

（二）管理信息系统具有的特点

1. MIS 是一个人机结合的辅助管理系统，管理和决策的主体是人，计算机系统只是工具和辅助设备。

2. 主要应用于结构化问题的解决。

3. 主要考虑完成例行的信息处理业务。

4. 主要目标是要实现一个相对稳定的、协调的工作环境。

5. 数据信息成为系统运作的驱动力，只有保证完整的数据资料的采集，系统才有运作的前提。

（三）管理信息系统与电子数据处理系统的比较

1. 管理信息系统为各管理层提供信息，而电子数据处理系统仅仅为基层处理电子数据。

2. 管理信息系统使用户随时能得到及时的信息，而电子数据处理系统则只是定期输出可提供信息的报表，但管理信息系统也能以定期报表为主。

3. 管理信息系统涉及各个职能部门，涉及综合职能，而电子数据处理系统仅仅面向单一职能。

4. 管理信息系统的操作有一定的灵活性，而电子数据处理系统却没有这种灵活性。

三、决策支持系统

决策支持系统（DSS）是 20 世纪 70 年代提出，20 世纪 80 年代迅速发展起来的管理控制系统，它产生的原因主要是 MIS 系统只能解决结构性问题，处理例行的信息业务，决策支持系统是以管理科学、运筹学、控制论和行为科学为基础，以计算机技术、仿真技术和信息技术为手段，针对半结构化的决策问题，支持决策活动的具有智能作用的人机系统，会话系统、控制系统、运行及操作系统、数据库系统、模型库系统、规则库系统和用户共同构成 DSS 逻辑结构图。

DSS 系统的主要特点：

1. 系统的使用面向决策者，在运用 DSS 的过程中，参与者都是决策者。

2. 系统解决的问题是针对半结构化的决策问题。

3. 系统强调的是支持的概念，帮助加强决策者作出科学决策的能力。

4. 系统的驱动力来自模型和用户，人是系统运行的发起者，模型是系统完成各环节转换的核心。

5. 系统运行强调交互式的处理方式，一个问题的决策要经过反复的、大量的、经常的人机对话。

常见的决策支持系统：

1. 群体决策系统：在系统环境中，多个决策参与者共同进行思想和信息的交流，群策群力，寻找一个令人满意和可行的方案，但在决策过程中只由某个特定的人作出最终决策，并对决策结果负责。

2. 智能决策系统：人工智能和 DSS 相结合，应用专家系统（ES）技术，使 DSS 能够更充分地应用人类的知识，如关于决策问题的描述性知识，决策过程中的过程性知识，求解问题的推理性知识，通过逻辑推理来帮助解决复杂的决策问题的辅助决策系统。

四、经理信息系统

20 世纪 80 年代后期开始，信息控制系统又出现了为高层领导服务的经理信息系统（EIS）和经理支持系统（ESS），它向高层领导提供的是汇总的、综合的信息，不仅是单位内部的信息，还有外部的信息，由于 EIS 和 ESS 是一个比较新的领域，到目前为止，还没有一个被大家普遍接受的定义，Watson 等学者认为 EIS 是一个计算机化的系统，它能够帮助经理方便地存取与他们的关键成功因素有关的企业内部和外部的信息，ESS 除了信息支持外，它还包括：支持电子通信；具有数据分析能力，如查询语言支持系统等；拥有组织工具，如电子日历、自动记事簿等。

练习与详解

问题：

1. 信息与数据之间有何区别和联系？

2. 组织中的管理人员怎样去评估信息？

3. 管理信息具有哪些特征？

4. 信息系统的构成要素有哪些？信息系统的开发步骤包括哪几个阶段？以计算机为基础的信息系统在组织中得到了什么样的应用？

参考答案：

1. 信息与数据之间有何区别和联系？

答案：信息：数据经过加工处理后的结果。信息和数据既有区别也有联系。数据：记录客观事物的性质、形态和数量特征的抽象符号。信息由数据生成，是数据经过加工处理后的结果。数据——加工处理——信息。

2. 组织中的管理人员怎样去评估信息?

答案：有两类信息不值得管理者去获得：① 信息的收益较高，而其获得成本更高；② 信息的获取成本较低，但其收益更低。信息评估的关键在于信息的收益和获取成本进行预先估计，即进行成本——收益分析。

在考察数据和信息的成本时需从两方面着手：① 有形成本：可被精确量化的成本；② 无形成本：很难或不能被量化的成本。

考察数据和信息的收益时也要从两方面着手：① 有形收益：包括销售额的上升、存活成本的下降以及可度量的劳动生产率的提高等；② 无形收益：可能包括获得信息能力的提高、士气大振以及更好的顾客服务等。

3. 管理信息具有哪些特征?

答案：高质量、及时、安全的信息是对管理人员有用信息的特征。

4. 信息系统的构成要素有哪些? 信息系统的开发步骤包括哪几个阶段? 以计算机为基础的信息系统在组织中得到了什么样的应用?

答案：(1) 信息系统的要素有五个：输入：系统所要处理的原始数据。处理：把原始数据加工或转换成有用的信息的过程。输出：系统处理后的结果。反馈：当管理者对输出的结果不大满意时，对输入进行调整。控制：对输入、处理、输出、反馈进行监视，使得这些过程正常进行。

(2) 信息系统的开发步骤：① 系统调查：组织确定是否存在一个能被信息系统处理的问题或机会。② 系统分析：目的是确定信息系统的功能要求。考察分析当前使用的系统，评估组织的外部环境和组织的内部条件，评估最终用户的要求。③ 系统设计：系统设计人员确定一系列功能要求；设计用户界面或人员和信息的交互点。④ 产生数据及其属性和结构以及系统实施。⑤ 系统维护。

(3) 以计算机为基础的信息系统在组织中的应用：电子数据处理和业务控制；管理信息系统和功能控制；决策支持系统和战略计划。

第十七章

控制与控制过程

学习要点

第一节 控制原理

一、控制的必要性和基本原理

1. 控制的必要性

（1）环境的变化——企业外部的一切环境都在无时无刻发生着变化。

（2）管理权力的分散——企业的分权程度越高，控制就越有必要。

（3）工作能力的差异——即使企业制定了全面完善的计划，经营环境在一定时期内也相对稳定，对经营活动的控制也仍是必要的。

2. 控制的基本原理

（1）任何系统都是由因果关系联结在一起的元素的集合。元素之间的这种关系叫作“耦合”。

（2）为了控制耦合系统的运行，必须确定系统的控制标准Z。

（3）可以通过对系统的调节来纠正系统输出与标准Z值之间的偏差，从而实现对系统的控制。

二、控制的类型

（一）确定控制标准Z值的方法，控制过程分为四类

1. 程序控制。特点：控制标准 Z 值是时间 t 的函数。

$$Z=f(t)$$

2. 跟踪控制。特点：控制标准 Z 值是控制对象所跟踪的先行量的函数。假设“先行量”为 W，则

$$Z=f(W)$$

3. 自适应控制。特点：没有明确的先行量，控制标准 Z 值是过去时刻（或时期）已达状态 K 的函数。

$$Z=f(Kt)$$

4. 最佳控制。特点：控制标准 Z 值由某一目标函数的最大值或最小值构成。这种函数通常含有输入量 X、传递因子 S 和 K 及各种附加参数 C。

$$Z=\max f\ (X、S、K、C)$$
$$Z=\min f\ (X、S、K、C)$$

（二）按生产经营活动时间分类，控制有三类

1. 预先控制。企业在生产经营活动开始之前进行的控制。控制的内容包括检查资源的筹备情况，预测其利用效果等。

2. 现场控制。企业经营过程开始以后，对活动中的人和事进行指导和监督。

作用：（1）可以指导下属以正确的方法进行工作。

（2）可以保证计划的执行和计划目标的实现。

3. 成果控制。事后控制，指在一个时期的生产经营活动已经结束以后，对本期的资源利用状况及其结果进行总结。成果控制主要包括：财务分析、成本分析、质量分析和职工成绩评定等内容。

第二节　控制的要求

一、适时控制

二、适度控制

1. 防止控制过多或控制不足。
2. 处理好全面控制与重点控制的关系。
3. 使花费一定费用的控制得到足够的控制收益。

三、客观控制

控制工作应根据企业的实际状况，采取必要的措施，促进企业活动沿着原先的轨道继续前进。因此有效的控制必须是客观的、符合实际的。

1. 控制过程中采用的检查、测量的技术手段必须能正确地反映企业经营在时空上的变化程度与分布状况，准确地判断和评价企业各部门。

2. 企业还必须定期检查过去规定的标准和计量规范，使之符合现时的要求。

四、弹性控制

弹性控制一般与控制的标准有关。一般来说，弹性控制要求企业有弹性的计划和弹性的衡量标准。

第三节 控制过程

控制工作的三个基本的环节：1. 确立标准。2. 衡量工作成效。3. 纠正偏差。

一、确立标准

标准：人们检查工作及其结果的规范。制定标准是控制的基础。

（一）确定控制对象

（二）选择控制的重点

美国通用电器公司对于关键绩效领域，选择了对企业经营成败起决定作用的八个方面：

1. 获利能力。2. 市场地位。3. 生产率。4. 产品领导地位。

5. 人员发展。6. 员工态度。7. 公共责任。8. 短期目标和长期目标的平衡。

（三）制定标准的方法

企业可以使用的建立标准的方法有三种：

1. 利用统计方法来确定预期结果。

2. 根据评估建立标准。

3. 工程标准。

二、衡量工作成效

1. 通过衡量成绩，检验标准的客观性和有效性。

2. 确定适宜的衡量频度。

3. 建立信息反馈系统。

三、纠正偏差

1. 找出偏差产生的主要原因。在找出原因之前，要判断偏差的严重程度是否足以构成对组织活动效率的威胁，从而值得去分析原因，采取纠正措施。

2. 确定纠偏措施的实施对象。需要纠正的可能是企业的活动也可能是组织的计划标准。

3. 选择恰当的纠偏措施。

（1）使纠偏方案双重优化。（2）充分考虑原先计划实施的影响。

（3）注意消除人们对纠偏措施的疑虑。

练习与详解

问题：

1. 什么是控制？在管理学中控制的作用是什么？

2. 描述控制的过程。

3. 计划与控制是如何产生联系的？为什么在控制的过程中“衡量什么”比“如何衡量”更关键？

4. “调整性纠偏”与“彻底性纠偏”的差别是什么？

5. 比较不同类型控制的优缺点。

6. 一个有效控制系统应具备哪些条件？

参考答案：

1. 什么是控制？在管理学中控制的作用是什么？

答案：（1）控制是为了保证企业计划与实际作业动态适应的管理职能。

（2）作用：① 控制是完成计划任务，实现组织目标的保证。

② 是及时改正缺点，提高组织效率的重要手段。

③ 是组织创新的推动力。

2. 描述控制的过程。

答案：控制的三个基本环节的工作：确立标准、衡量工作成效、纠正偏差。

（1）确立标准。标准是人们检查工作及其结果的规范。制定标准是控制的基础。① 确定控制对象；② 选择控制的重点；③ 制定标准的方法。企业可以使用的建立标准的方法有三种：利用统计方法来确定预期结果，根据评估建立标准及工程标准。

（2）衡量工作成效：通过衡量成绩，检验标准的客观性和有效性；确定适宜的衡量频度；建立信息反馈系统。

（3）纠正偏差：① 找出偏差产生的主要原因。在找出原因之前，要判断偏差的严重程度是否足以构成对组织活动效率的威胁，从而值得去分析原因，采取纠正措施。② 确定纠偏措施的实施对象。需要纠正的可能是企业的活动，也可能是组织的计划标准。③ 选择恰当的纠偏措施：a 使纠偏方案双重优化；b. 充分考虑原先计划实施的影响；c. 注意消除人们对纠偏措施的疑虑。

3. 计划与控制是如何产生联系的？为什么在控制的过程中“衡量什么”比“如何衡量”更关键？

答案：控制和计划的关系：控制的任务就是保证计划的实施。在实施计划时，控制必须反映计划，而计划工作必须先于控制；在实际的控制中，“衡量什么”比“如何衡量”更关键，因为，如果错误地选择了标准，将会导致严重的不良后果。我们衡量什么将会在很大程度上决定组织中的员工追求什么。

4. “调整性纠偏”与“彻底性纠偏”的差别是什么？

答案：“调整性纠偏”是指在控制过程中，将出现问题的工作矫正到正确的轨道上。“彻底性纠偏”是指首先要弄清工作中的偏差是如何产生的，为什么会产生，然后再从产生偏差的地方开始进行纠正行动。许多管理者常常以没有时间为借口而不采取彻底纠正活动，并满足于不断的救火式的调整纠偏行动。然而事实证明，作为一个有效的管理者，对偏差进行认真的分析，并花时间永久性纠正实际工作绩效与标准之间的偏差是非常必要的。

5. 比较不同类型控制的优缺点。

答案：按照确定控制标准 Z 值的方法，控制过程分为四类：

（1）程序控制。特点：控制标准 Z 值是时间 t 的函数 $Z=f(t)$。

（2）跟踪控制。特点：控制标准 Z 值是控制对象所跟踪的先行量的函数。假设“先行量”为 W，则 $Z=f(W)$。

（3）自适应控制。特点：没有明确的先行量，控制标准 Z 值是过去时刻（或时期）已达状态 K 的函数。$Z=f(Kt)$。

（4）最佳控制。特点：控制标准 Z 值由某一目标函数的最大值或最小值构成。这种函数通常含有输入量 X、传递因子 S 和 K 及各种附加参数 C。$Z=\max f(X、S、K、C)$；$Z=\min f(X、S、K、C)$。

该生产经营活动时间分类：（1）预先控制。企业在生产经营活动开始之前进行的控制。控制的内容包括检查资源的筹备情况，预测其利用效果等。（2）现场控制。企业经营过程开始以后，对活动中的人和事进行指导和监督。可以指导下属以正确的方法进行工作，以保证计划的执行和计划目标的实现。（3）成果控制。事后控制，指在一个时期的生产经营活动已经结束以后，对本期的资源利用状况及其结果进行总结。成果控制主要包括：财务分析、成本分析、质量分析和职工成绩评定等内容。

6. 一个有效控制系统应具备哪些条件？

答案：一个有效的控制系统应具备的条件是：① 能够提供正确的数据；② 必须能够提供正确的信息；③ 从经济的角度看，一个控制系统必须是合理的；④ 必须具备足够的灵活性以适应各种不利的变化；⑤ 必须是容易理解而且有价值的系统；⑥ 系统的标准必须是合理而且能够达到的；⑦ 控制应该包括组织中关键的活动、作业和事件；⑧ 控制系统应该涉及例外的事件发生；⑨ 应该具有多重标准；⑩ 一个有效的系统不仅应该能够指出一个显著的偏差发生，还应该可以建议如何纠正这种偏差。

第十八章

控制方法

学习要点

第一节　预算控制

一、预算的形式

（一）静态预算与弹性预算

1. 静态预算是指为特定的作业水平编制的预算。

2. 弹性预算是指在成本按性质分类的基础上，以业务量、成本和利润之间的相互关系为依据，按照预算期内可能实现的各种业务水平编制的有伸缩性的预算。

弹性预算编制的步骤：

① 选择业务量的计量单位。

② 确定适用的业务量范围。

③ 确定成本与产量之间的相互关系，应用多水平法、公式法和图式法等把企业成本分解为固定、变动、半变动成本。

④ 确定预算期内各业务活动水平。

⑤ 编制预算，若企业事后按实际业务量编制弹性预算，可按实际业务水平编制。

⑥ 分析、评价、考核预算控制的执行情况。

（二）增量预算与零基预算

1. 增量预算。传统的预算方法，又叫“基线预算法”，是以上年度的实际发生数为基础，再结合预算期的具体情况加以调整，很少考虑某项费用是否必须发生，或预算的数额是否正确。

在增量预算法下，预算编制单位的负责人常常竭力用完全年的预算指标。

2. 零基预算。不受前一年预算水平的影响。它对现有的各项作业进行分析，并根据其对组织的需要和用途，决定作业的轻重缓急，每项费用进行成本——效益分析，评定等级，确定其开支的必要性、合理性和优先顺序，并根据企业的资金可能，在预算中对各个项目进行综合性费用预算。

缺点：费时费力。现实中每 3~5 年编制一次零基预算，以减少浪费和低效。

二、预算的内容

（一）收入预算

主要内容是销售预算——通过分析企业过去的销售情况，目前和未来的市场需求特点及其发展趋势，比较竞争对手和本企业的经营实力，确定企业在未来时期内为了实现目标利润必须达到的销售水平。

（二）支出预算

收入预算和支出预算都是从财务角度计划和预测未来活动的成果以及为取得这些成果所付出的费用。

主要包括：(1) 直接材料预算。(2) 直接人工预算。(3) 附加费用预算。

（三）现金预算

现金预算是对企业未来生产与销售活动中现金的流入与流出进行预测，通常由财务部门编制。

收入预算、支出预算和现金预算都属于短期预算。

（四）资金支出预算——长期预算

主要包括：

(1) 用于新改造或扩充生产设施的支出。

(2) 用于增加品种、完善产品性能或改进工艺的研究与开发支出。

(3) 用于广告宣传、寻找顾客的市场支出等。

（五）资产负债预算——是对企业会计年度末期的财务状况进行预测

1. 通过分析流动资产与流动负债的比率，可以发现企业的财务安全性和偿债能力的大小。

2. 通过将本期预算与上期实际发生的资产负债情况进行对比，可以发现企业财务状况发生的变化，从而进行事前控制。

三、预算的作用及其局限性

作用：（1）使企业在不同时期的活动效果和不同部门的经营绩效具有可比性。

（2）预算的编制为企业的各项活动确立了财务标准。

（3）通过为不同职能部门和职能活动编制预算，为协调企业活动提供了依据。

（4）数量形式的预算标准大大方便了控制过程中的绩效衡量工作。

局限性：（1）只能帮助企业控制那些可以用货币计量的活动，对那些不能计量的企业文化、企业形象的改善没有帮助。

（2）编制预算通常参照上期的预算项目和标准，从而会忽视本期活动的实际需要。

（3）在企业的外部环境不断变化中，编制收入和支出的预算有点不合时宜。

（4）对于项目预算和部门预算一般限制了费用的支出，使得主管在活动中精打细算，不可超支，因此不能做任何想做的事情。

第二节　非预算控制

非预算控制主要有：比率分析、审计分析、损益控制、投资报酬率控制等。

一、比率分析

（一）财务比率

1. 流动比率——企业流动资产和流动负债的比率。反映了企业流动负债的能力。

2. 负债比率——企业负债总额和资产总额的比率。反映了企业所有者提供的资金与外部债权人提供的资金的比率关系。

3. 盈利比率——企业利润与销售额或全部资金等相关因素的比例关系。反映了企业在一定时期从事某种经营活动的盈利程度。主要包括：销售利润率、资金利润率。

（二）经营比率——活力比率

经营比率是与资源利用有关的几种比例关系，反映了企业经营效率的高低和各种资源是否得到了充分利用。

1. 库存周转率——销售总额与库存平均价值的比例关系。反映了与销售收入相比，库存数量是否合理。

2. 固定资产周转率——销售总额与固定资产之比。反映了单位固定资产能够提供的销售收入，表明了企业固定资产的利用程度。

3. 销售收入与销售费用的比率。表明单位销售费用能够实现的销售收入，反映了企业营销活动的效率。

二、审计控制

审计——对反映资金运动过程及其结果的会计记录及财务报表进行审核、鉴定，以判断其真实性和可靠性，从而为控制和决策提供依据。

根据审查主体和内容的不同，分为：外部审计、内部审计、管理审计。

1. 外部审计——由外部机构选派的审计人员对企业的财务报表及其反映的财务状况进行独立的评估。外部审计实际上是对企业内部虚假、欺骗行为的一个重要而系统的检查。

优点：审计人员与管理当局不存在行政上的依附关系，因而可以保证审计的独立性和公正性。

缺点：外来审计人员不了解企业的流程，可能产生困难。被审计的内部成员可能产生抵触心情。

2. 内部审计——是由企业内部的机构或由财务部门的专职人员来独立地进行，内部审计兼有许多外部审计的目的。

作用：（1）提供了检查现有控制程序和方法能否有效地保证既定目标的手段。

（2）内部审计人员可以提供有关改进公司政策、工作程序和方法的意见。

（3）内部审计有助于推行分权化管理。

缺点：（1）可能需要很多费用。

（2）内部审计不仅要搜集事实，而且需要解释事实，并指出事实与计划的偏差。

（3）员工可能认为审计是一种“密探”或“查整性”的工作。

3. 管理审计——是一种对企业所有管理工作及其绩效进行全面系统的评价和鉴定的方法。通常聘用外部的专家来进行。

三、损益控制

根据企业或企业中的独立核算部门的损益表，对其管理活动及其成效进行综合控制的方法。

缺点：(1) 是一种事后控制。

(2) 由于许多事项不一定能反映在当期的损益表上，损益表上不能准确地判断利润发生偏差的原因。

四、投资报酬率控制

投资报酬率=利润总额/投资总额

=销售利润率×投资周转率

投资报酬率主要适用于事业部或其他分权制的部门。

五、亲自观察控制

六、报告分析法

用二手资料对企业运行状况进行分析，衡量实际绩效并采取相应的纠偏措施。

报告分析法的关键是：报告内容的真实性、准确性、报告形式的扼要性。

第三节 成本控制

一、成本控制的基础：成本对象与成本分配

成本对象指需要对其进行成本计量和分配的项目，如：产品、顾客、部门等。

1. 直接成本分配方法。
2. 间接成本分配方法。

二、成本控制的步骤

1. 建立成本控制的标准。
2. 核算成本控制绩效及分析成本发生偏差的调查。
3. 采取纠偏措施。

三、成本控制的作用

成本控制可以不断地降低企业经营成本，是提高企业竞争力从而提高企业经

济效益的最直接有效的手段。

练习与详解

问题：

1. 解释预算控制的内容。

2. 解释比率分析的内容，并说明如何进行比率分析。

3. 解释审计控制的内容，并说明如何进行审计控制。

4. 简述损益控制、投资收益率控制、报告分析法、亲自观察法的基本内涵。

5. 解释成本控制的内容，并说明如何进行成本控制。

参考答案：

1. 解释预算控制的内容。

答案：预算预估了企业在未来时期的经营收入或现金流量，同时也为各部门或各项活动规定了在资金、劳动、材料、能源等方面的支出不能超过的额度。预算控制包括收入预算控制、支出预算控制、现金预算控制、资金支出预算控制、资产负债预算控制。

2. 解释比率分析的内容，并说明如何进行比率分析。

答案：比率分析是利用一公司已发表的财务信息，预测它能不能达成未来的利润预估值，分为财务比率和盈利比率。

比率分析包括资产负债表项目或损益表项目之间的比率，它们常常能在公司的风险水平、股东创造利润的能力等方面提供独特的视角。这些比率的简单计算（常常是用一个数据除以另一个数据）以及对它们的解释就是我们所说的比率分析。

3. 解释审计控制的内容，并说明如何进行审计控制。

答案：审计控制可分为：外部审计、内部审计和管理审计。

外部审计是由外部机构选派的审计人员对企业财务报表及其反映的财务状况进行独立的评估。

内部审计是由企业内部的机构或由财务部门的专职人员来独立地进行，内部审计兼有许多外部审计的目的。

管理审计是利用公开记录的信息，从反映企业管理绩效及其影响因素若干方面将企业同行业其他企业或其他行业的著名企业进行比较，以判断企业经营与管理的健康程度。

4. 简述损益控制、投资收益率控制、报告分析法、亲自观察法的基本内涵。

答案：损益控制是根据企业或企业中的独立核算部门的损益表，对其管理活动及其成效进行综合控制的方法。

投资收益率，又称投资利润率，是指投资收益（税后）占投资成本的比率，投资收益率控制指对其投资收益率进行控制的方法。

报告分析法是指通过对报告提供的信息资料进行系统分析来了解、掌握企业经营的实际情况，分析企业的行业地位、经营战略、主要产品的市场、企业技术创新、企业人力资源、社会价值分配等经营特性和企业的盈利能力、经营效率、偿债能力、发展能力等财务能力，并对企业作出综合分析与评价，预测企业未来的盈利情况与产生现金流量的能力，为相关经济决策提供科学的依据。

亲自观察法是指研究者根据一定的研究目的、研究提纲或观察表，用自己的感官和辅助工具去直接观察被研究对象，从而获得资料的一种方法。

5. 解释成本控制的内容，并说明如何进行成本控制。

答案：所谓成本控制，是企业根据一定时期预先建立的成本管理目标，由成本控制主体在其职权范围内，在生产耗费发生以前和成本控制过程中，对各种影响成本的因素和条件采取的一系列预防和调节措施，以保证成本管理目标实现的管理行为。

成本控制的过程是运用系统工程的原理对企业在生产经营过程中发生的各种耗费进行计算、调节和监督的过程，同时也是一个发现薄弱环节，挖掘内部潜力，寻找一切可能降低成本途径的过程。科学地组织实施成本控制，可以促进企业改善经营管理，转变经营机制，全面提高企业素质，使企业在市场竞争的环境下生存、发展和壮大。

第十九章

管理的创新职能

学习要点

组织、领导、控制是保证计划目标的实现所不可能缺少的，从某种角度看，它们是管理的“维持职能”。其任务是保证系统按预定的方向和规则进行，但是管理是在动态环境中生存的社会经济系统，仅维持是不够的，还必须不断调整系统活动的内容和目标，以适应环境变化的要求，这就是创新职能。

第一节　创新及其作用

一、作为管理基本职能的创新

创新首先是一种思想及在这种思想指导下的实践，是一种原则以及在这种原则指导下的具体活动，是管理的一种基本职能。任何组织系统的任何管理工作无不包含在“维持”或“创新”中，维持和创新是管理的本质内容，有效的管理在于适度的维持与适度的创新的组合。

二、“创新”与“维持”的关系及其作用

1. 维持是保证系统活动顺利进行的基本手段，也是系统中大部分管理人员，特别是中层和基层的管理人员所从事的工作。

2. 任何社会系统都是一个由众多要素组成的，与外部不断发生物质信息、能量交换的动态、开放的非平衡系统。

系统内部因素和外部因素都是不断变化的，这种为适应系统内外变化而进行的局部和全局的调整，便是管理的创新职能。

3. 系统的社会存在是以社会的接受为前提的，而社会之所以允许某个系统存在，又是因为该系统提供了社会需要的某种贡献，系统要向社会提供这种贡献，则必须首先以一定的方式从社会中取得某些资源并加以利用。

“维持”和“创新”作为管理的两个基本职能，系统的生存发展都是非常重要的，它们是相互联系，不可或缺的。

三、创新的类别与特征

1. 从创新的规模以及创新对系统的影响的程度划分：局部创新、整体创新。

2. 从创新与环境的关系来划分：消极防御型创新、积极进攻型创新。

防御型创新：为了避免威胁或由此造成的系统损失扩大，系统在内部展开的局部或全局性的调整。

进攻型创新：敏锐地预测到未来环境可能提供的某种有利机会，从而主动地调整系统的战略和技术，以积极地开发和利用这种机会，谋求系统的发展。

3. 从系统发生的时期划分：

系统初创期的创新——系统的创建者在一张白纸上绘制系统的目标、结构、运行规划等蓝图。

运行中的创新——在系统运行过程中，寻找、发现和利用新的创业机会，更新系统的活动内容等。

4. 从创新的组织程度上看：自发创新、有组织的创新。

系统内部自发调整产生的后果：

（1）各系统的调整都是正确的，从整体上说是相互协调的，从而给系统带来的效应是积极的，可使系统各部分的关系实现更高层次的平衡。——这种情况一般不会出现。

（2）各系统的调整有的是正确的，有的是错误的，因此整体上说，调整后的部分的关系不一定协调，带来的总效应有可能为正，也有可能为负。——这种情况很常见。

有组织的创新的含义：

（1）系统的管理人员根据创新的要求和创新活动本身的客观规律，研究外部环境状况和内部工作，寻求和利用创新机会，计划和组织创新活动。

（2）同时，系统的管理人员要积极引导和利用各要素的自发创新，使之相互协调和配合，使组织活动有计划地展开。

第二节　创新职能的基本内容

企业每一个具体的经营目标都需要适时地根据市场环境和消费需求的特点，及变化的趋势加以整合，每一次调整都是一次创新。

一、技术创新

主要内容：1. 要素创新与要素组合创新。要素创新包括材料创新和设备创新；要素组合创新包括生产工艺和生产过程的时空组织方面。

2. 产品创新：品种创新、产品结构创新。

品种创新：要求企业根据市场要求的变化，根据消费者偏好的转移，及时地调整企业的生产方向和生产结构，不断地开发出用户欢迎的适销的产品。

产品结构创新：不断地改变原有品种的基本性能，对现在生产的各种产品进行改进和改造，找出更加合理的产品结构，从而具有更强的市场竞争力。

产品创新是企业技术创新的核心内容。

二、制度创新

制度创新需要从社会经济角度分析企业各成员间的正式关系的调整和变革。应从以下三个方面去考虑：产权制度、经营制度、管理制度。

企业制度创新的方向是不断调整和优化企业所有者、经营者和劳动者之间的关系，使各个方面的权力和利益得到充分的体现。

三、组织机构和结构的创新

组织机构和结构的创新目的在于使组织管理人员的努力更合理，提高管理劳动的效率。

四、环境创新

环境创新不是指企业为适应外界变化而调整内部结构或活动，而是指通过企业积极的创新活动去改造环境，引导环境朝着有利于企业经营的方向发展。

第三节 创新的过程和组织

一、创新的过程

（一）寻找机会

1. 企业系统外部，可能成为创新契机的因素

（1）技术的变化——可能影响企业资源的获取、生产设备和产品的技术水平。

（2）人口的变化——可能影响劳动市场的供给和产品销售市场的需求。

（3）宏观经济环境的变化——迅速增长的经济背景可能给企业带来不断扩大的市场，经济萧条也可能降低市场需求量。

（4）文化与价值观念的转变——可能改变消费者的消费偏好或劳动者对工作的态度。

2. 企业系统内部，引发创新的不协调现象

（1）生产经营中的瓶颈可能影响劳动生产率的提高或劳动积极性的发挥。

（2）企业意外的成功与失败。

（二）提出构想

（三）迅速行动

（四）坚持不懈

二、新活动的组织

1. 正确理解和扮演“管理者”角色。

2. 创造促进创新的组织氛围。

3. 制定有弹性的计划。

4. 正确对待失败。

5. 建立合理的奖惩制度。

（1）注意物质奖励与精神奖励的结合。

（2）奖励不能视作“不犯错误的报酬”，而应是对作出特殊贡献的报酬，甚至是对希望作出特殊贡献的努力的报酬。

（3）奖励制度要既能促进内部的竞争，又能保证成员间的合作。

练习与详解

问题：

1. 为什么说“管理的本质内容是维持和创新，有效的管理在于适度的维持和适度的创新组合”？

2. 作为管理的本质内容，维持和创新的关系及其作用是什么？

3. 创新主要涉及哪些方面？企业中各类创新活动有何特点？

4. 创新过程包括哪几个阶段？

5. 企业家创新职能的基本内容是什么？

参考答案：

1. 为什么说“管理的本质内容是维持和创新，有效的管理在于适度的维持和适度的创新组合”？

答案：组织、领导、控制是保证计划目标的实现所不可能缺少的，从某种角度来说，它们是管理的“维持职能”。其任务是保证系统按预定的方向和规则进行。但是管理是在动态环境中生存的社会经济系统，仅维持是不够的，还必须不断调整系统活动的内容和目标，以适应环境变化的要求——创新职能。作为管理基本职能的创新，任何组织系统的任何管理工作无不包含在“维持”或“创新”中，维持和创新是管理的本质内容，有效的管理在于适度的维持与适度的创新的组合。

2. 作为管理的本质内容，维持和创新的关系及其作用是什么？

答案：“维持”与“创新”的关系及其作用：（1）维持是保证系统活动顺利进行的基本手段，也是系统中大部分管理人员，特别是中层和基层的管理人员所从事的工作。（2）任何社会系统都是一个由众多要素组成的，与外部不断发生物质信息、能量交换的动态、开放的非平衡系统。系统内部因素和外部因素都是不断变化的，这种为适应系统内外变化而进行的局部和全局的调整，便是管理的创新职能。（3）系统的社会存在是以社会的接受为前提的，而社会之所以允许某个系统存在，又是因为该系统提供了社会需要的某种贡献，系统要向社会提供这种贡献，则必须首先以一定的方式从社会中取得某些资源并加以利用。“维持”和“创新”作为管理的两个基本职能，系统的生存发展都是非常重要的，它们是相互联系，不可或缺的。

3. 创新主要涉及哪些方面？企业中各类创新活动有何特点？

答案：组织在运行中的创新包括了很多方面，如：目标创新、技术创新、制度创新、组织机构和结构的创新、环境创新等。组织内部的创新可以从不同的角度去考察：（1）从创新的规模以及从创新对系统的影响来考察，可将其分为局部创新和整体创新。局部创新是在系统性质和目标不变的前提下，对部分内容和部分要素或组合方式进行创新；整体创新是指改变系统的目标和使命，影响系统的社会贡献的性质。(2) 从创新和环境的关系来分析，分为：消极防御型创新和积极攻击型创新。防御型创新是指为了避免环境变化对系统造成的威胁，而在系统内部展开的局部或全局性的调整。攻击型创新是指敏锐地预测到未来环境可能提供的某种有利机会，而主动地调整系统的战略和技术，以积极地开发和利用这个机会。(3) 从创新发生的时期来划分：初见期的创新和运行中的创新。系统的组建活动本身就是社会的一种创新活动；在企业环境不断变化的过程中，必须以攻为守，要求不断地创新。(4) 从创新的组织程度来看，可分为自发创新和有组织的创新。

4. 创新过程包括哪几个阶段？

答案：创新的过程：(1) 寻找机会。① 企业系统外部，可能成为创新契机的因素有：a. 技术的变化。b. 人口的变化。c. 宏观经济环境的变化。d. 文化与价值观念的转变；② 企业系统内部，引发创新的不协调现象：a. 生产经营中的瓶颈，可能影响了劳动生产率的提高或劳动积极性的发挥。b. 企业意外的成功与失败。(2) 提出构想。(3) 迅速行动。(4) 坚持不懈。

5. 企业家创新职能的基本内容是什么？

答案：(1) 目标创新。企业每一个具体的经营目标需要适时地根据市场环境和消费需求的特点及变化的趋势加以整合，每一次调整都是一次创新。

(2) 技术创新。主要内容：① 要素创新与要素组合创新。包括材料创新和设备创新；要素组合创新包括生产工艺和生产过程的时空组织方面。② 产品创新：品种创新、产品结构创新。

(3) 制度创新。需要从社会经济角度分析企业各成员间的正式关系的调整和变革。应从以下三个方面去考虑：产权制度、经营制度、管理制度。企业制度创新的方向是不断调整和优化企业所有者、经营者和劳动者之间的关系，使各个方面的权力和利益得到充分的体现。

(4) 组织机构和结构的创新。目的在于更合理地组织管理人员的努力，提高管理劳动的效率。

(5) 环境创新。不是指企业为适应外界变化而调整内部结构或活动，而是指通过企业积极的创新活动去改造环境，引导环境朝着有利于企业经营的方向发展。

第二十章

企业技术创新

学习要点

第一节　技术创新的内涵和贡献

一、技术创新与技术创造

技术创新不等于技术创造。

技术创造是技术创新，但是技术创新不一定是技术创造。

二、技术创新的内涵

1. 要素创新

（1）材料创新——材料创新或迟或早地会引起整个技术水平的提高。

（2）手段创新——生产的物质手段的改造与创新。

两个方面内容：① 将先进的科学成果用于改造和革新原有的设备。

② 用更先进、更经济的手段，取代陈旧落后、过时的机器设备，以使企业生产建立在更加先进的物质基础之上。

2. 产品创新

产品创新包括：新产品的创新和老产品的改造。

3. 要素组合方式的创新

利用一定的方式将不同的生产要素加以组合。

（1）生产工艺创新：生产工艺的改革和操作方法的改造。

（2）生产过程的时空组织，包括设备、在制品以及劳动在空间上的布置和在时间上的组合。

上述几个方面的创新既相互区别又相互联系。

三、技术创新的贡献

技术创新一方面通过降低成本使企业产品在市场上更具价格竞争优势，另一方面通过增加用途、完善功能、改进质量以及保证使用而使产品对消费者更具有吸引力，从而在整体上推动企业竞争力不断提高。

第二节　技术创新的源泉

1. 意外的成功和失败

（1）意外的成功能够为企业创新提供丰富的机会，这些机会的利用要求企业投入的代价以及承担的风险相对比较小。

（2）意外的失败。

无论是意外的成功还是意外的失败，出现时，企业必须搞清以下几个方面问题：

（1）究竟发生了什么变化？

（2）为什么发生了这样的变化？

（3）这种变化会将企业引致何方？

（4）企业应该采取何种策略才能充分利用这种变化，成为企业的发展机会？

2. 企业内外的不协调

根据产生原因的不同，可分为：

（1）宏观或行业经济状况与企业经营绩效的不协调。

这种不协调反映了企业在产品的结构、原料利用、市场营销、产品特色等方面存在的问题。

（2）假设与实际的不协调。

及时发现假设与现实的不符，企业就可以及时地改变或调整努力的方向。

（3）消费者价值判断与实际的不协调。

这种不协调最常见，不利影响最为严重。

3. 过程改进的需要

4. 行业和市场结构的变化

5. 人口结构的变化

6. 观念的改变

7. 新知识的产生

第三节 技术创新的战略及其选择

技术创新战略是一系列选择的综合结果，一般涉及创新的基础、创新的对象、创新的水平、创新的方式以及创新的时机等。

一、创新基础的选择

创新基础的选择需要解决的问题是企业在何种层次上组织创新的问题：利用现有的知识，对目前的生产工艺、作业方法、产品结构进行创新。

1. 理论上的创新：需要企业中的有关科研人员长期地、持久地工作。可能带来成果，也可能一无所获。

企业选择此种战略风险比较大，而且需要企业长期提供资金和人力支持。

2. 应用性的研究：企业利用现有的知识和技术去开发一种新产品或新技术。

时间比较短、风险比较小，相应地对企业的竞争优势的贡献程度相对较小。

二、创新对象的选择

企业可供选择的创新对象包括：产品、工艺、生产手段等三个领域。

1. 产品创新：可以为消费者带来一种全新的享受，而且可以降低产品的成本。所以不仅给企业带来的是特色的形成，而且可能是成本的优势。

2. 工艺创新：可以为产品质量的形成提供更加可靠的保证，加强企业的特色优势。

产品与工艺的创新主要是由企业完成的，外部一般很难替代。

3. 生产手段创新：可借助外部的力量完成。外部厂家实现生产手段的改造，则可能促使企业与此相关的产品创新或技术创新。

三、创新水平的选择

创新水平是在行业内相对于其他企业而言的，需要解决的是在组织企业内部的技术创新时，是采取“先发制人”的战略还是“追随他人之后”、“后发制人”的策略。

（一）“先发制人”的贡献

1. 可给企业带来良好的声誉。

2. 可使企业占据有利的市场地位。

3. 可使企业进入最有利的销售渠道。

4. 可使企业获得有利的要素来源。
5. 可使企业获得高额的垄断利润。
(二)“先发制人”带来的问题
1. 要求企业付出高额的市场开发费用。
2. 需求的不确定性。
3. 技术的不确定性。

四、创新方式的选择

创新方式分为：独立开发与联合开发。

1. 独立开发不仅要求企业拥有数量众多、实力雄厚的技术人员，而且要求企业能够调动足够的资金。若能获得成功，企业可在一定时期内垄断利润。

2. 联合开发可以与合作伙伴集中更多的资源条件进行更为基础性的创新研究，并可以共同承担风险。

练习与详解

问题：

1. 何为技术创新？技术创新与技术发明是何关系？
2. 组织中可能存在哪些技术创新的源泉？
3. 技术创新包括哪些内容？其对企业生存和发展有何贡献？
4. 企业家如何选择创新基础、创新对象、创新水平以及创新方式，从而有效地组织企业技术创新？

参考答案：

1. 何为技术创新？技术创新与技术发明是何关系？

答案：技术创新不等于技术发明。技术发明是技术创新，但是技术创新不一定是技术发明。

2. 组织中可能存在哪些技术创新的源泉？

答案：(1) 意外的成功和失败：① 意外的成功能够为企业创新提供丰富的机会，这些机会的利用要求企业投入的代价以及承担的风险相对比较小。② 意外的失败。无论是意外的成功还是意外的失败，出现时，企业必须搞清以下几个方面问题：① 究竟发生了什么变化？② 为什么发生了这样的变化？③ 这种变化会将企业引致何方？④ 企业应该采取何种策略才能充分利用这种变化，成为企业的发展机会？

(2) 企业内外的不协调。根据产生原因的不同，可分为：① 宏观或行业经济状况与企业经营绩效的不协调。这种不协调反映了企业在产品的结构、原料利用、市场营销、产品特色等方面存在的问题。② 假设与实际的不协调。及时发现假设与现实的不符，企业就可以及时改变或调整努力的方向。

（3）过程改进的需要。

（4）行业和市场结构的变化。

（5）人口结构的变化。

（6）观念的改变。

（7）新知识的产生。

3. 技术创新包括哪些内容？其对企业生存和发展有何贡献？

答案：技术创新的内容：（1）要素创新。① 材料创新——材料创新或迟或早会引致整个技术水平的提高；② 手段创新——生产物质手段的改造与创新。两个方面内容：a. 将先进的科学成果用于改造和革新原有的设备。b. 用更先进、更经济的手段，取代陈旧落后、过时的机器设备，以使企业生产建立在更加先进的物质基础之上。（2）产品创新。产品创新包括：新产品的创新和老产品的改造。（3）要素组合方式的创新。利用一定的方式将不同的生产要素加以组合。① 生产工艺创新：生产工艺的改革和操作方法的改造。② 生产过程的时空组织。包括设备、在制品以及劳动在空间上和在时间上的组合。上述几个方面的创新既相互区别又相互联系。

技术创新的贡献：技术创新一方面通过降低成本而使企业产品在市场上更具价格竞争优势，另一方面通过增加用途、完善功能、改进质量以及保证使用而使产品对消费者更具有吸引力，从而在整体上推动着企业竞争力不断提高。

4. 企业家如何选择创新基础、创新对象、创新水平以及创新方式，从而有效地组织企业技术创新？

答案：技术创新战略是一系列选择的综合结果，一般涉及创新的基础、创新的对象、创新的水平、创新的方式以及创新的时机等。

创新基础的选择需要解决的问题是企业在何种层次上组织创新的问题。利用现有的知识，对目前的生产工艺、作业方法、产品结构进行创新。① 理论上的创新：需要企业中的有关科研人员长期地、持久地工作。可能带来结果，也可能一无所获。企业选择此种战略风险比较大，而且需要企业长期提供资金和人力支持。② 应用性的研究：企业利用现有的知识和技术去开发一种新产品或新技术。时间比较短、风险比较小，相应地对企业的竞争优势的贡献程度也相对较小。

创新对象的选择。企业可供选择的创新对象包括：产品、工艺、生产手段等三个领域。① 产品创新：可以为消费者带来一种全新的享受，而且可以降低产品的成本。所以不仅给企业带来的是特色的且可能是成本的优势。② 工艺创新：可以为产品质量的形成提供更加可靠的保证，加强企业的特色优势。产品与工艺的创新主要是由企业完成的，外部一般很难替代。③ 生产手段创新：可借助外部的力量完成。外部厂家实现生产手段的改造，则可能促使企业与此相关的产品创新或技术创新。

创新水平的选择。这是在行业内相对于其他企业而言的，需要解决的是在组织企业内部的技术创新时，是采取“先发制人”的战略还是“追随他人之后”，“后发制人”的策略。

第二十一章

企业组织创新

学习要点

知识经济的基本特点：

1. 知识要素在企业生产经营中的相对重要性大大提高。

2. 生产者与最重要的生产要素的重新结合。

3. 由于信息技术的广泛运用，知识创新和传播的速度大大加快。

根据以上特点，我们从制度结构、层级结构以及文化结构等三个层面分析知识经济对企业组织创新可能产生的影响。

第一节 企业制度创新

一、工业社会的企业制度结构特征及其原因

不同参与者是通过提供企业经营必须的某种要素来实现他们对企业的贡献的。这些要素的相对重要性决定了要素供应者在企业活动中相对的权力地位，决定了企业活动的权力与利益分配的格局，从而决定了企业制度结构的特点。稀缺资源从资本转向知识，将导致知识参与者在企业权利关系中地位的提高。原因：工业生产过程主要是资本与劳动结合的过程。在这个过程中，资本的所有者通过提供一定数量的资本形成一定的生产能力，集中一定的物质条件，雇佣一定数量的劳动者加工和组合利用这些资源以形成一定的产品。在这种背景的企业中，“知识”特别是“管理知识”虽已开始居一席之地，但主要是作为资本的附属而存在的。

二、知识经济条件下的企业制度创新

知识经济条件下的企业制度的逻辑：知识正变成最重要的资源，企业内部的权利关系正朝向知识拥有者的方向变化，企业的制度结构正从“资本的逻辑”转向我们所称的“知识逻辑”。权力派生于知识（特别是协调知识）的供应，利益（经营成果的分配）由知识的拥有者所控制正逐渐成为后工业社会或知识社会的基本特征。

第二节 企业层级机构创新

一、工业社会的企业层级结构及其特征

层级结构曾是人类组织结构的伟大创新，19 世纪下半叶以后，在工业社会中开始广泛运用，目前仍是企业的主要特征。

作为工业企业的主要组织形式，层级结构曾表现出以下主要特征：

(1) 直线指挥、分层授权。(2) 分工细致，权责明确。(3) 标准统一，关系正式。

二、知识经济与企业层级结构的改造

在知识经济到来的今天，层级结构赖以成功的上述背景正在或已经发生变化。企业的结构变得“弹性化、分权化”，网络组织成为了一种适应知识经济条件的新组织结构类型。

其特征：(1) 它的构成是由各工作单位组成的联盟，而非严格的等级排列。

(2) 企业成员在网络中的角色不是固定的，而是动态变化的。

(3) 企业成员在网络结构中的权力地位不是取决于其职位，而是取决于他们拥有的不同知识。

网络化的组织应该是三个相互对立的特点的统一：

(1) 集权和分权的统一。(2) 稳定与变化的统一。(3) 一元性和多元性的统一。

第三节 企业文化创新

一、工业社会中企业文化的功能与特点

1. 企业文化是作为企业经营的一种副产品出现的。

2. 企业文化基本上反映了企业组织的记忆。

3. 企业文化是作为一种辅助手段而发挥作用的。

4. 企业文化是一元的。

二、知识经济与企业文化创新

1. 企业文化将成为知识经济条件下企业管理的重要的，甚至是主要的手段。

2. 企业文化将是人们自觉创造的结果，而不是企业生产经营中的一种副产品。

3. 作为人们自觉行为结果的企业文化不仅是记忆型的，而且是学习型的。

4. 企业文化将在强调主导价值观与行为准则的同时，允许异质价值和行为准则的存在。

练习与详解

问题：

1. 请分析知识经济的基本特性。

2. 请解释工业社会的企业层级结构及其特征。

3. 网络化的层级组织的基本特征是什么？

4. 请解释工业社会中企业文化的功能及其特点，以及在知识经济条件下，如何进行文化创新。

参考答案：

1. 请分析知识经济的基本特性。

答案：（1）知识要素在企业生产经营活动中的相对重要性大大提高。

（2）生产者与最重要的生产要素的重新结合。

（3）由于信息技术的广泛运用，知识创新和传播的速度大大加快。

2. 请解释工业社会的企业层级结构及其特征。

答案：（1）直线指挥，分层授权。

（2）分工细致，权责明确。

（3）标准统一，关系正式。作业方法的标准化；标准统一还表现为企业政策的一致性，制约管理人员行动及其行为的政策和规则是由企业最高权力机构统一制定、统一推行的。

3. 网络化的层级组织的基本特征是什么？

答案：（1）它在构成上是由各工作单位组成的联盟，而非严格的等级排列。

（2）企业成员在网络组织中的角色不是固定的，而是动态变化的。

（3）企业成员在网络结构中的权力地位不是取决于其职位，而取决于他们拥有的不同知识。

4. 请解释工业社会中企业文化的功能及其特点，以及在知识经济条件下，如何进行文化创新。

答案：（1）企业文化是作为企业经营的一种副产品而出现的。

（2）企业文化基本上反映了企业组织的记忆。

（3）企业文化是作为一种辅助手段而发挥作用的。

（4）企业文化是一元的。

文化的多元化必然会促进企业文化的不断创新，从而必然会不断促进知识经济条件下的企业走向繁荣。

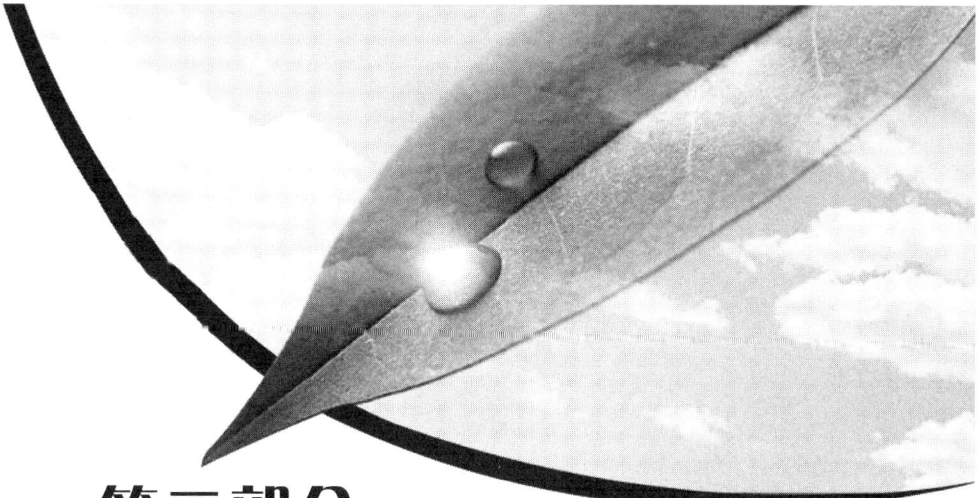

第二部分

案例实训

第一编

管理系统与管理思想

案例一：文化转型比战略转型更重要

《中国经济时报》2001年3月31日报道：由于受行业大环境的影响，康佳作为行业的排头兵感受到了沉重与无奈。年初康佳董事会作出决定，将新世纪的第一年定为战略转型年。记者在康佳采访时发现康佳在战略转型的同时，文化也在悄然转型。

企业文化的理念是一条流淌的河

在企业刚成立不久的20世纪80年代里，合资的康佳主要替外方做来料加工贴牌业务，当时康佳的主要人才结构是属于技术型、劳动密集型的，引进的是外资方的管理机制。这是一种高效的机制，但同时包含着一种过于严厉的管理方式，在这个问题上许多职工无法接受。为了解决这个矛盾，康佳提出“爱厂爱国，团结协作、遵纪守法、好学上进”的16字方针，把中国文化中最富有感情的内容加进了企业管理中，康佳的企业文化就在这时得以初步形成，并促进了企业稳定、高效地发展。

20世纪80年代末90年代初，康佳产品结构发生了改变，贴牌生产慢慢从康佳的产业中退出，技术开发力度的加大使大量高素质的人才被引进来，原有的企业文化不能适应这种需要。

给员工一个家的感觉

康佳应该尊重创造力，不论他是博士还是工人，他是一个创造者就应该爱护他、尊重他；康佳应该尊重人的思想，在这个企业里要能听到不同的声音，才能不断地激发人的创造力。康佳应该尊重人，无论你来自哪里，都是康佳人。

康佳为何取消工衣

企业应该包容一切对企业发展有利的人的个性，让他有发挥的空间。20 世纪 80 年代港商严厉、高效的管理为康佳的发展起了很大促进作用。未来的企业文化将是综合的文化，是吸收了最开放、最前卫、最高质的现代文化而形成的。康佳今年取消了统一的工衣，让每个人都能展示自己的个性，每个人根据自己的工作性质及个性选择着装，使他在工作过程中感觉舒适。

让员工自己来感受文化

康佳在员工的福利设施上进行了很大投入，用文化留住了一部分人，却也养成了一部分人的安逸心理。安逸着的人如何来接受变动着的公司文化？对于企业文化来说，要能够创造一种开放式的氛围，让员工知道企业缺少什么，从而自觉、自愿为企业发展贡献力量。这次康佳的文化转型其本质就是从一种比较封闭的文化状态转到一种开放的文化状态。

[**思考题**]

1. 如何理解企业文化是分层次的？
2. 为何文化转型比战略转型更重要？

案例二：血案与危机

某日晚，某省著名女企业家，B 公司总经理王女士，被该企业工人李某杀害，血案引起很大震动。

材料一：李某，21 岁，B 公司员工。记者在案发后采访时十分惊讶：该人一米八的个子，五官端正，衣冠楚楚，哪像个杀人犯！他为何对总经理起了杀机呢？

李某，单身，急于交女友。但由于企业内部引入竞争机制，重奖重罚，优胜劣汰，李因竞争不利，被挤到车间搬运工的岗位，报酬少，地位低，自觉没面子。他多次申请调换工种均被拒绝。后来直接找到王总经理也被断然拒绝。他开始消沉，认为女朋友找不到，是因为“搬运工”没面子、没地位、没金钱。他还逐渐染上酗酒的恶习。某日，在企业的舞会上借酒壮胆，对某女工说脏话还动手动脚，受到扣发一个月奖金的处罚。

此后，李某工作不守规章，装卸物料乱扔，严重影响了生产秩序。车间严主任要其整理好混乱的现场，他便说："给多少奖金？人家领班一个月数千元奖金，我怎么没奖金？"严主任说："清洁现场是你份内工作，要嘛奖金？"李大骂："放屁！"严主任说："你敢骂人？"李说："骂算什么，我还揍你呢！"抓起茶杯向严头上砸去，严闪过。茶杯打在墙上反弹回来的碎片却将其头部划出一道口子鲜血直流。为此，王总决定扣李三个月的奖金，以示惩处，此后，李又找王总要求调到有面子、奖金高的岗位。王总以企业的有关规定予以拒绝。案发当天，李某与几个朋友喝酒，边喝边发泄怨气，喝到几分醉，竟冲进企业办公室找正在开会的王总经理等领导理论："王头，给不给调工作！"王总说 ："现在正研究重大问题，今天不谈。"几位到会的领导七手八脚将李赶出办公室。李气愤不过，跑去抓来一把刀，硬闯进办公室："姓王的，今天你不给我调工作，就叫你白刀子进，红刀子出！"王总还是那句话："今天不谈。"叫大家进去继续开会。大家软硬兼施又把李某赶出办公室。为防万一，报告了派出所。派出所迅速采取措施，将李某拘留。李某不服，提出申诉。于是派出所按法律规定，限他第二天把申诉书和保金送来，李某同意后被放回。李当即直奔总经理室，借车间有事叫走严主任之后，总经理室只剩市场部主任和王总两人，李乘机抽出刀向王总头部猛砍九刀，当场致死。

材料二： 王总曾就读于某大学企业管理系，受过西方管理学理论系统教育。对西方管理十分偏爱，特别是泰勒的"胡萝卜+大棒"的名言常不离口。王总相信，"管理必须是非分明，黑是黑，白是白，该奖的奖，该罚的罚。严格管理是不能让步，不能退却的"。王总对下属不但要求严，而且对下属一视同仁，依章办事，从不徇私，人称"铁女人"。

材料三： B 公司是生产某种工业零部件的企业，引进了国外先进技术，多年来生产、销售均比较顺利，王总认为成功的主要经验是对生产主要操作者按生产数量和质量科学计算奖金。主工序奖金与次工序的奖金，生产好的班次与差的班次的奖金额拉开了很大的距离。管理人员的奖金也远低于主工序工人的奖金，真正做到了"向第一线倾斜"。同时保持了激烈的竞争机制，生产线的领班或操作工，生产绩效最后一名要降职，并提升绩效最好的操作者取而代之，真正做到了优胜劣汰，竞争上岗。

材料四： 案发之时，企业正面临一个意外的危机，由于韩国的同类产品大量涌入市场（据说是走私入境），价格十分低廉，企业许多老主顾相继失去，出现突发性的销售危机。当时厂领导正日夜研究对策，但一时尚无有效的方法。近期，管理层内部的摩擦时有发生，工人脱班现象也不断出现。由于订单减少，存货量迅速上升；如果减少产量，工人奖金必然大幅度下降，企业已处于进退两难的境地。

[思考题]

假如在上述血案与危机发生之后，你临危受命，受聘为该公司总经理，面对如此局面，你将做何思考，并采取何种对策？

案例三：恩与威——从古罗马军威到现代管理

在第一次服役时，古罗马的士兵要在庄严的仪式中宣誓，保证永不背离规范，服从上级指挥，为皇帝和帝国的安全而牺牲自己的生命。宗教信仰和荣誉感的双重影响使罗马军队遵守规范。队伍金光闪闪的金鹰徽是他们最愿意为之献身的目标；在危险的时刻抛弃神圣的金鹰徽既是邪恶的又是可鄙的。某种更有实质内容的敬畏和希望加强了这种来源于想象的力量的动机，在指定的服役期满之后享有固定的军饷、不定期的赏赐以及一定的酬报等减轻了军队生活的困苦程度。当然，另一方面，由于懦怯或不服从命令而企图逃避最严厉的处罚，那也是办不到的。军团百人队队长有权用拳打作惩罚，司令官则有权处决违令者。古罗马军队的一句最固定不变的格言是，好的士兵害怕长官的程度应该远远超过害怕敌人的程度。这样的值得夸奖的做法使古罗马军团的勇猛得到一定程度的顺服和坚定，凭野蛮人一时的冲动是做不到这一点的。

在西方，这种管理方法最终总结为一句格言："胡萝卜加大棒"。拿破仑说得更形象："我有时像狮子，有时像绵羊。我的全部成功秘密在于：我知道什么时候我应当是前者，什么时候是后者。"在东方，则有"滴水之恩，涌泉相报"，"视卒如爱子，可与之俱死"等等说法。又说："将使士卒赴汤蹈火而不违者，是威使然也。""爱设于先，威严在后，不可反是也。"孙子兵法总结说："故令之以文，齐之以武，是为必取。"总之一句话："软硬兼施，恩威并济。"

[思考题]

1. 在现代管理中，这些说法是否还有意义？该不该使用这些手段（譬如"大棒加胡萝卜"、施恩、威慑等等）？

2. 如果你当领导，用不用这些手法？或者还有哪些更高明的替代办法？

案例四：职工积极　企业生辉

1. 把握职工的需求变化，抓住奖励的主动权，职工的积极性才能持之以恒。

人的需要是行为的动力，企业主管人员要激发员工的积极性，就要适当地满足他们一些内在的需要。在职工的温饱问题解决之前，增加收入改善生产条件是其需要，这时奖金的多少、收入的高低就是极其重要的事情，奖金的效果也就十分显著。当职工的生活水平提高以后，这种需要的强烈程度就会逐渐减弱，进而追求知识的发展、社会的尊重等精神上的需要，如果我们仍然沿用以前的奖励办法，奖金的激励作用将必然减弱。因此，就要求我们深入了解职工需要，对症下药。例如：某烟厂根据一线生产工人年轻人居多，没有集中休假时间，却又很想看看祖国大好河山的心理，规定从 1988 年 6 月份起，凡能按厂定计划完成生产任务量，且连续 12 个月无次品的机台人员，每人给 10 天“光荣”假，可携带家属及其一名子女实地去登泰山，爬长城，逛上海，游西湖，来往路费及住宿费由厂里报销，受到了广大职工的普遍欢迎，连续 4 年平均每年有 48 人次擂鼓报捷。主管人员了解职工的需要层次，采取相应的措施，调动职工的积极性，并不一定要很高的成本，如当职工完成工作之后，立即对他的工作进行肯定或表示赞赏，并感谢他圆满地完成了任务，然后由单位领导或上级领导署名向职工家庭发信，对其取得的成绩表示祝贺，对家庭的大力支持表示感谢等。

2. 淡化精神鼓励与物质奖励的界限，发挥两者的合力作用，职工的积极性才能充分发挥，才能激发蕴藏在职工当中的极大潜能。

现有的管理实践已有意无意地表现出对物质和金钱的过分相信和信赖，有的人甚至认为，除了金钱外再没有什么能调动职工的积极性，这实际上是把我们所追求的现代化管理激励机制推进了误区。人的需要是多种多样的，不仅有物质方面的需要，还有精神方面的需要，职工不但需要从企业获得改善物质生活的报酬，还需要从企业中得到关怀、友爱和信任，得到施展身手、表现自我的机遇。在国外的一些企业中，对职工的奖励，大致有奖金、晋级和赏识三种方法。所谓赏识就是对完成任务的工作者表示感谢，同时赠予相应的礼物，这种奖励方法很值得借鉴，因为这种融精神、物质奖励为一体的方法，既能使职工得到应得的报酬，又能使其感受到领导者的关怀和信任，得到精神上的享受，从而起到双重激励的作用。

3. 强化负向激励，建立激励与约束于一体的分配制度，才能全方位调动职工的潜在智能。

在企业内，临时工的积极性高于合同工，而合同工的工作效率又远远超过全民国营工人。原因在于临时工、合同工都有怕丢掉工作的负向压力，而且临时工的负向压力系数要大于合同工，固定工与之相比则没有这种压力或压力极小。在企业深化改革，转换经营机制的新形势下，必须强化负向激励的作用，应大张旗鼓地坚决反对企业内部存在的剥削现象。同时，在奖金分配上要坚持“按劳分配、奖勤罚懒”的原则。例如：这个厂在企业内部分配上，采取“干什么工作，承包什么指标”按岗位设定奖金系数的办法（一线、二线、三线奖金系数，分别设定为10∶7∶4），并且每人每月都要拿出70%的基本工资以及全部浮级，和奖金捆在一起，作为活工资进行再分配，在分配上不划定固定工、合同工、临时工界限，原则上不干活不拿奖金；主要指标任务完不成，也不拿奖金，只按完成工作任务情况拿一定比例的基本工资。同时，规定连续3个月都完不成任务的，影响年终奖励、晋级奖励等。而对完成任务好、贡献大的职工，提高其待遇、改善其形象，造成尽可能明显的差别境界。

4. 用情感慰藉增进职工集体的归属感和温暖感，是职工积极性得以发挥的必要条件。

日本索尼公司主要领导人盛田昭夫在总结公司成功的秘诀时说：“企业家最重要的任务是培养起与职工共命运的情感。”人非一般的血肉之躯，是有情感的，需要有可靠的归属，渴望情感的温暖、爱的抚慰。因而，有时情感慰藉比物质激励能收到更好的效果。在中国古代，正因为有刘备的“三顾茅庐天下计”，才有诸葛亮的“两朝开济老臣心”。例如：某厂几十年来都能立于不败之地，最主要是因为他们用情感唤起了职工的潜力。厂里一位女工的儿子在市内某中学上学，因功课跟不上而不愿上学，这位职工一下子急出病来，精神恍惚，家庭矛盾激化。得知这一情况后，企业领导找到该校的领导，阐明情况并说通有关部门给其办了转学手续，又委托党办同志找到这位职工爱人，希望他们对孩子要正确对待，不能期望太高，后来这个孩子转学后学习成绩上去了，得病的职工解除思想负担后，病情得到较快恢复。

[思考题]

1. 运用马斯洛的需求层次理论，分析卷烟厂把握职工需求变化的具体做法。

2. 在工资和奖金的分配上，如何才能做到公平？

案例五：双汇春都——两种管理两种结果

我国两大肉类加工企业双汇集团和春都集团在市场竞争中因管理不同呈现出不同景观：双汇集团去年实现利税5.02亿元，比上年增长69.5%，步入快速发展轨道；春都集团去年亏损6 982万元，连续两年出现巨额亏损，企业陷入困境。

同是国务院确定的全国520家重点企业，同是中国名牌，同是地处中原的肉类加工企业，双汇的迅速崛起和春都的严重滑坡引起社会各界的广泛关注。

双汇集团和春都集团的前身分别是漯河肉联厂和洛阳肉联厂，都始建于1958年，又都是1984年由省管下放到地方。不同的是，1984年漯河肉联厂的资产总额是468万元，企业累计亏损534万元，而洛阳肉联厂当时的资产总额是2 000万元，当年实现利税200万元。1986年，中国第一根火腿肠在洛阳肉联厂诞生，而漯河肉联厂生产出第一根火腿肠已经是6年之后的1992年。1993年，春都集团实现工业总产值、利税分别达到11.599亿元、1.082亿元，而双汇集团仅为8.57亿元和7 045万元。各方面都处于劣势的双汇集团为什么在短短几年内成了同行业的排头兵，而春都集团却在市场竞争中败下阵来？

双汇集团注重决策管理，而春都集团却多次失误。同是企业扩张，双汇集团紧紧围绕肉类加工主业项目扩大规模，使企业迅速形成了以肉类加工为主，养殖、屠宰、包装、彩印等紧密联系的产业群体，1998年集团实现利税2.95亿元，去年又突破了5亿元大关。而春都集团在发展中盲目贪大求快，不仅收购和兼并了洛阳市旋宫大厦、平顶山肉联厂、重庆万州区食品公司等10多家扭亏无望的企业，使春都背上了沉重的包袱，而且在条件不成熟的情况下，还投巨资上了茶饮料项目等10多个大型项目，由于缺乏流动资金，这些项目大都无法启动。

在资金管理上，双汇集团对项目精心运作，最大限度地压缩银行存款、减少仓库存货，实行产品销售一律现款现货制度，对原料采购实行生产试用合格后付款制度。双汇集团靠严格的资金管理取得了良好的经营业绩，投资者的回报率高达35%至70%。而春都集团的12亿元贷款中，有6.6亿元被项目占用，2.3亿元用于购买或兼并亏损企业，2亿元是长期外欠货款，也就是说有10.9亿元资金退出了市场，用于生产经营的不足1/10。春都集团在成本管理、人事管理、营销管理、质量管理、基础管理等方面与双汇集团的差距更大。在营销管理上，双汇集团提出了“踏遍千山万水、历尽千辛万苦、走进千家万户、说尽千言万语”的找市场营销策略，而春都集团则“在全国不设一兵一卒”。在基础管理上，双汇集团建立、健全了财务部垂直管理、审计部日常监督的财务管理体制，使财务管理走上了规范化、制度化、法制化轨道。而春都集团财务上报数据虚假，该集团债转股情况汇报上显示 1998 年集团实现利润 4 994 万元，而上报省贸易厅的数字是实现利润 2 055 万元。对春都集团目前的状况，集团新任总裁赵海均坦言：“现在看来，春都在发展中确实是轻视了管理。”而双汇总裁万隆也不避讳，他说：“管理是企业的生命，双汇赢就赢在管理上。”

[思考题]

两种管理指什么？它们有何区别？

案例六：输入管理模式，催醒“休克鱼”

海尔选择的兼并目标很有特点：主要选择技术、设备、人才素质均优良，只是管理不善，处于休克亏损状态的企业，海尔人称之为“吃休克鱼”。海尔选择“休克鱼”是基于以下两个考虑：首先，体制不顺使效益好的企业没有被兼并的动力，真正以资本为纽带的强强联合，在国内条件尚不成熟；其次，资金匮乏，使优势企业无力兼并那些需要巨大投资的亏损企业。在我国，企业出现亏损的原因多种多样，但企业经营机制不健全、管理不善是普遍的根本原因。对被兼并的企业，注入资金、技术固然重要，但这只是外部条件的优化，可治标，却不能治本。因此，关键在于解决企业发展动力和经营机制问题，变输血为造血。海尔选择那些硬件不错，只是管理不善的企业，通过输入海尔的管理和文化模式，可以很快使它起死回生，从休克状态苏醒，变得很有活力。

顺德海尔电器有限公司是海尔 1997 年实施低成本扩张的成功之作，被购并的顺德爱德洗衣机厂符合海尔“吃休克鱼”的兼并策略。该公司硬件设施良好，因管理不善造成企业停产一年多。合资后，海尔集团洗衣机本部仅派去了 3 名管理干部，但带去的却是海尔倾心培育多年的管理模式、企业文化及雄厚的科研开发能力。6 周后，新公司第一台洗衣机诞生，随后大批高质量的洗衣机走下生产线，曾目睹“深圳速度”的顺德人不得不惊叹海尔集团的“海尔速度”。而值得一提的是，盘活这条“休克鱼”的洗衣机本部，正是 2 年前被海尔集团认作是“休克鱼”的红星电器厂。短短2年时间，在海尔管理文化模式浸润下，昔日“休克鱼”不仅自己苏醒，在市场中纵横驰骋，而且又催醒了另一条“休克鱼”。

[思考题]

1. 你认为企业亏损的原因有哪些？

2. “休克鱼”选择的原则是什么？为何遵循这样的原则？

第二编

管理职能——计划

案例一：乔森家具公司五年目标

乔森家具公司是乔森先生在20世纪中期创建的，开始时主要经营卧室和会客室家具，取得了相当大的成功，随着规模的扩大，自20世纪70年代开始，公司又进一步经营餐桌和儿童家具。1975年，乔森退休，他的儿子约翰继承父业，不断拓展卧室家具业务，扩大市场占有率，使得公司产品深受顾客欢迎。到1985年，公司卧室家具方面的销售量比1975年增长了近两倍，但公司在餐桌和儿童家具的经营方面一直不得利，面临着严重的困难。

一、董事长提出的五年发展目标

乔森家具公司自创建之日起便规定，每年12月份召开一次公司中、高层管理人员会议，研究讨论战略和有关的政策。1985年12月14日，公司又召开了每年一次的例会，会议由董事长兼总经理约翰先生主持。约翰先生在会上首先指出了公司存在的员工思想懒散、生产效率不高的问题，并对此进行了严厉的批评，要求迅速扭转这种局面。与此同时，他还为公司制定了今后五年的发展目标。具体包括：

（1）卧室和会客室家具销售量增加20%；

（2）餐桌和儿童家具销售量增长100%；

（3）总生产费用降低10%；

（4）减少补缺职工人数3%；

（5）建立一条庭院金属桌椅生产线，争取五年内达到年销售额500万美元。

这些目标主要是想增加公司收入，降低成本，获取更大的利润，但公司副总经理托马斯跟随乔森先生工作多年，了解约翰董事长制定这些目标的真实意图。尽管约翰开始承接父业时，对家具经营还颇感兴趣。但后来，他的兴趣开始转移，试图经营房地产业。为此，他努力寻找机会想以一个好价钱将公司卖掉。为了能提高公司的声望和价值，他准备在近几年狠抓一下经营，改善公司的绩效。

托马斯副总经理意识到自己历来与约翰董事长的意见不一致，因此在会议上没有发表什么意见。会议很快就结束了，大部分与会者都带着反应冷淡的表情离开了会场。托马斯有些垂头丧气，但他仍想会后找董事长就公司发展目标问题谈谈自己的看法。

二、副总经理对公司发展目标的质疑

公司副总经理托马斯觉得，董事长根本就不了解公司的具体情况，不知道他所制定的目标意味着什么。这些目标听起来很好，但托马斯认为并不适合本公司的情况。他心里这样分析道：第一项目标太容易了——这是本公司最强的业务，用不着花什么力气就可以使销售量增加 20%；第二项目标很不现实——在这领域的市场上，本公司不如竞争对手，绝不可能实现 100% 的增长；第三项目标亦难以实现——由于要扩大生产，又要降低成本，这无疑会对工人施加更大的压力，从而迫使更多的工人离开公司，这样空缺的岗位就越来越多，在这种情况下，怎么可能降低补缺职工人数 3% 呢？第四项目标倒有些意义，可改变本公司现有产品线都是以木材为主的经营格局，但未经市场调查和预测，怎么能确定五年内我们的年销售额达到 500 万美元呢？

经过这样的分析后，托马斯认为他有足够的理由对董事长所制定的目标提出质问。除此之外，还有另外一些问题使他困扰不解，一段时期以来，发现董事长似乎对公司已失去了兴趣；他已 50 多岁，快要退休了。他独身一人，也从未提起他家族将由谁来接替他的工作。如果他退休以后，那该怎么办呢？托马斯毫不怀疑约翰先生要把这家公司卖掉。董事长企图通过扩大销售量，开辟新的生产线，增加利润收入，使公司具有更大的吸引力，以便在出卖中捞个好价钱。“如董事长真是这样的话，我也无话可说了。他退休以后，公司将会变成什么样子，他是不会在乎的。他自己愿意在短期内葬送掉自己的公司，我有什么办法呢？”

［思考题］

1. 你认为约翰董事长为公司制定的发展目标合理吗？为什么？你能否从本案例中概括出制定目标需注意哪些基本要求？

2. 约翰董事长的目标制定体现了何种决策和领导方式？其利弊如何？

3. 假如你是托马斯，如果董事长在听取了你的意见后同意重新考虑公司目标的制定，并责成你提出更合理的公司发展目标，你将怎么做？

案例二：开发新产品与改进现有产品

袁先生是南机公司的总裁。这是一家生产和销售农业机械的企业。1992 年产品销售额为 3 000 万元，1993 年达到 3 400 万元。每当坐在办公桌前翻看那些数字、报表时，袁先生都会感到踌躇满志。

这天下午又是业务会议时间，袁先生召集了公司在各地的经销负责人，分析目前和今后的销售形势。在会议上，有些经销负责人指出，农业机械产品虽有市场潜力，但消费者的需求趋向已有所改变，公司应针对新的需求，增加新的产品种类，来适应这些消费者新需求。

身为机械工程师的袁先生，对新产品研制、开发工作非常内行。因此，他听完了各经销负责人的意见之后，心里便很快算了一下，新产品的开发首先要增加研究与开发投资，然后需要花钱改造公司现有的自动化生产线，这两项工作约耗时 3~6 个月。增加生产品种同时意味着必须储备更多的备用零件，并根据需要对工人进行新技术的培训，投资又进一步增加。

袁先生认为，从事经销工作的人总是喜欢以自己业务是否方便来考虑，不断提出各种新产品的要求，却全然不顾品种更新必须投入的成本情况，就像以往的会议一样。而事实上公司目前的这几种产品，经营效果还很不错。结果，他决定仍不考虑新品种的建议，目前的策略仍是改进现有的品种，以进一步降低成本和销售价格。他相信，改进产品成本、提高产品质量并开出具有吸引力的价格，将是提高公司产品竞争力最有效的法宝。因为，客户们实际考虑的还是产品的价值。尽管他已作出了决策，但他还是愿意听一听顾问专家的意见。

[思考题]

1. 你认为该企业的外部环境中有哪些机会与威胁？
2. 如果你是顾问专家，你会对袁先生的决策如何评价？

案例三：通用与福特迥异的跨国并购战略及成效

美国《财富》杂志公布的 1999 年度的美国 500 强企业的排名显示，通用汽车公司连续12年名列500强之首，年收入达到1 890亿美元。1998年排在第二位的福特汽车公司以年收入1 625亿美元跌到第四位。

1999年亚洲经济开始复苏，去年美国500家大公司的销售总额比前年增加了10.2%，盈利增加了28.7%。通用汽车缘何能连续12年屹立在龙头老大的位置不动摇？而福特汽车不仅未保住以往的经营业绩，反而跌落到第四位，这与他们迥异的跨国经营战略是紧密相关的。

1. 通用：尊重被并购方的优势及自主权

通用汽车公司早就在摸索如何在全球实行最佳的并购战略。它最初收购了欧宝汽车公司，后来入股五十铃、铃木汽车公司。它谋求在美国的生产上与丰田汽车公司在引擎方面进行合作。就是说，它实行的摸着石头过河的并购战略，尊重各家公司的自主经营，充分发挥各自的长处。从微型汽车、商用汽车到中高级汽车，通用汽车公司各种类型的汽车几乎都生产，但与福特汽车公司相比，在高级轿车的生产上却略逊一筹。

通用汽车公司推行的并购战略，在确立各自的品牌优势、最大限度地发挥企业自主经营能力上取得了显著效果。但目前还不能说在共享汽车底盘和基础设施等资源上取得了很大的整体效果。

2. 福特：统一树立自己品牌

与通用汽车公司相比，福特汽车公司的战略却大不相同。除了收购美洲虎、阿斯顿马丁等汽车公司之外，福特汽车公司的战略是树立自己的品牌形象，走批量生产之路。它收购马自达汽车公司也是为了全面统一事业，比如开发利用福特汽车底盘和引擎，实现零部件采购的全球化等。与此同时，福特汽车公司还在管理上鲜明地打出了福特色彩。

在对欧洲福特公司和美国福特公司的组织与领导权实行统一之后，福特公司的这种战略更加明确，进一步加快了在全球实行统一的步伐。在产品开发上，美国福特公司、欧洲福特公司、美洲虎公司和马自达公司分工明确，立足于全球化的角度统一使用汽车底盘。福特汽车公司在实现零部件供应的全球化上也花费了很大气力，这几年大幅度降低了成本。此外，福特汽车公司还对错综复杂的经营体制、开发工序和生产线进行了调整和统一。

然而，最近福特汽车公司的战略也开始发生了变化：调整了方针，重新恢复了欧洲福特公司的组织，对各地区的经营进行区别对待；在收购沃尔沃汽车公司之后，建立了高级轿车部门；加强服务和金融等与汽车相关的事业，向顾客提供全面服务；实行销售改革，计划建立为顾客着想的零售店网以及重建销售连锁店。

[思考题]

1. 请分别叙述通用、福特公司的并购战略。

3. 请分析通用、福特公司并购战略的不同之处，它们各有何利弊？

案例四："摸着石头过河"的决策方式

党的十一届三中全会以来，我国在邓小平同志的领导下，在社会主义建设的过程中大力发展经济，勇于创新，不断探索。在改革开放中，我们不断遇到各式各样的新问题，解决这些问题，既没有经验可以借鉴，也没有任何现成的理论做指导。用邓小平的话来说，一切都是"摸着石头过河"。30 多年来，在邓小平思想的指导下，中国经济取得了长足发展，不断踏上新的台阶。

[思考题]

试用渐进主义理论分析我国所采取的经济建设方针的正确性。

案例五："格兰仕" 进军空调业的决策可取吗

我国生产微波炉这种制"热"产品的龙头企业——格兰仕集团公司，于 2000 年 9 月 21 日在北京召开新闻发布会正式公布：将投入 20 亿元巨资进入空调制冷业，其空调产品将在国庆节前后批量投放市场，并将在短时间内使空调产品成为该公司的第二主导产品；还决定将进入电冰箱行业。格兰仕公司为什么要进入空调业、电冰箱行业等两个制冷行业？

该公司一位负责人说：

（1）格兰仕在微波炉市场上拥有绝对优势，但在微波炉这一单一产品上，生产规模已达 1 200 万台/年，格兰仕很难再有大的发展空间。

（2）空调产品正处于成长期，随着人民生活水平提高，市场容量将不断扩大，空调产品降价的余地很大，因而国内空调市场的需求量将变得十分巨大。

（3）由于全球变暖，过去很少用空调的地区，如欧洲也开始大量使用空调。而欧洲空调生产厂家少，只能依赖进口。因此，拓展欧洲空调市场潜力很大，格兰仕有开拓国际市场的经验和渠道。

（4）格兰仕的微波炉产品是盈利产品，积累了雄厚的资本，另外有 40 亿元的银行授信贷款尚未动用，因而有能力对空调和电冰箱产品进行巨额投资。

[思考题]

1. 空调和电冰箱这两个行业竞争已很激烈，格兰仕进入这两个行业能站得住脚吗？

2. 该公司负责人对国内外的空调市场的预测准确吗？进入空调业能获得成功吗？

案例六：HT公司的跳跃腾飞与未来发展

HT公司创建于1958年，是直属邮电部的全民所有制骨干企业、中国邮电工业总公司（PTIC集团）的核心成员厂。经过多年的艰苦创业与不断探索，尤其是近年来，充分利用改革开放的大好时机，依托科技与人才的优势，积极调整产品结构，自觉深化企业改革，企业已从一家邮电设备的修配厂，一跃发展成为以研制、开发、生产经营移动通信、程控交换、激光照排、数字传输、无线通信为主的多种电子通信设备的专业厂家。

从1958年建厂到1979年，HT公司的经营是在计划经济模式下进行的，企业没有明确的经营战略，1980年后，邮电部的生产计划指标已远远不能满足企业的生产能力，拥有3 000多万元生产能力的HT公司只拿到了90万元的计划生产指标，此时HT公司的决策者决定开发产品档次不算太高但颇有市场需求的电视机、电风扇和电源接插件。这一决策充分利用了企业的资产存量，1984年企业的人均劳动生产率达到16 031元，销售收入为2 785万元，均比1980年增加了一倍。这一决策的重要性，还在于增强了HT公司全体员工的市场营销意识与营销能力。

在技术、资金有了一定积累的条件下，企业决策者认为，随着家电行业同行竞争者的增多，企业的产品如没有特色就很难获利，因此在1985年后，HT公司积极寻求有较高技术档次的新产品，其中主要是积极参加了电子部组织的激光照排项目的合作攻关，这一努力，使HT公司形成了“以激光照排为主、数字特高频与移动通信为辅”的“一主多辅”的经营格局，对提高HT公司的技术能力与今后的技术引进起点，起了较为关键的作用。

80年代末期，HT公司生产经营的产品大部分为模拟制式，尽管当时还拥有一定的市场，但从长远来看，产品结构已趋老化，市场面临衰退。在这关键时刻，HT公司的高层决策者清醒地看到，改革开放是大势所趋，随着世界经济的发展，通信必然要实现数字化、全球化。决策者还敏锐地预测到，作为国家重要基础设施的邮电建设将会以高新技术为发展方向。HT公司的高层决策者根据企业所拥有的技术水平与国内的大市场，果断地提出了“高新技术起点、多渠道技术引进、高速度形成规模经营”的经营战略，并由此作出了两个具有超凡胆识的决策：一是尽早与世界著名的无线通信产品制造商——美国的M公司签订蜂窝电话手持机与基站系统设备技术引进合同；二是冒险加盟HJD04型数字程控交换机的合作攻关。

这两项决策的制定与实现，从根本上改变了HT公司的产品结构，企业发展出现了新的生机，1992年就提前完成了“八五”原定计划，实现销售收入4亿元，1993年销售收入猛增到15亿元，1996年实现销售收入40亿元，全员劳动生产率高达86.2万元，与1958年建厂时相比，国有资产增加了200余倍。HT公司开拓了一条值得国有大中型骨干企业借鉴的自强奋进、跳跃发展的成功之路。

目前，HT公司在发展中面临着技术风险，HT公司的自主开发能力与跳跃发展的产业规模和经济指标不匹配。

其次，HT公司的经营风险也很大，随着市场经济的进一步发展，对通信设备的需求将会越来越大，而通信产品的高利润将吸引越来越多的国内企业加入通信行业；同时，国外大公司会进一步进入中国市场，因此，市场竞争会更加激烈。

[思考题]

1. HT公司决策成功的主要原因是什么？
2. 从本案例看，HT公司的经营风险主要是什么？
3. HT公司在未来发展中，最重要的战略行动是什么？

第三编

管理职能——组织

案例一：温特图书公司的组织改组

温特图书公司原是美国一家地方性的图书公司。近 10 年来，这家公司从一个中部小镇的书店发展成为一个跨越 7 个地区，拥有 47 家分店的图书公司。多年来，公司的经营管理基本上是成功的。下属各分店，除 7 个处于市镇的闹区外，其余分店都位于僻静的地区。除了少数分店也兼营一些其他商品外，绝大多数的分店都专营图书。每个分店的年销售量为 26 万美元，纯盈利达 2 万美元。但是近 3 年来公司的利润开始下降。

2 个月前，公司新聘苏珊任该图书公司的总经理。经过一段时间对公司历史和现状的调查了解，苏珊与公司的 3 位副总经理和 6 个地区经理共同讨论公司的形势。

苏珊认为，她首先要做的是对公司的组织进行改革。就目前来说，公司的 6 个地区经理都全权负责各自地区内的所有分店，并且掌握有关资金的借贷、各分店经理的任免、广告宣传和投资等权力。在阐述了自己的观点以后，苏珊便提出了改组公司的问题。

一位副总经理说道："我同意你改组的意见。但是，我认为我们需要的是分权而不是集权。就目前的情况来说，我们虽聘任了各分店的经理，但是我们却没有给他们进行控制指挥的权力，我们应该使他成为一个有职有权，名副其实的经理，而不是有名无实，只有经理的虚名，实际上却做销售员的工作。"

另一位副总经理抢着发言："你们认为应该对组织结构进行改革，这是对的。但是，在如何改的问题上，我认为你的看法是错误的。我认为，我们不需要设什么分店的业务经理。我们所需要的是更多的集权。我们公司的规模这么大，应该建立管理资讯系统。我们可以透过资讯系统在总部进行统一的控制指挥，广告工作也应由公司统一规划，而不是让各分店自行处理。如果统一集中的话，就用不着花这么多工夫去聘请这么多的分店经理了。"

"你们两位该不是忘记我们了吧？"一位地区经理插话说，"如果我们采用第一种计划，那么所有的工作都推到了分店经理的身上；如果采用第二种方案，那么总部就要包揽一切。我认为，如果不设立一些地区性的部门，要管理好这么多的分店是不可能的。""我们并不是要让你们失业。"苏珊插话说，"我们只是想把公司的工作做得更好。我要对组织进行改革，并不是要增加人手或是裁员。我只是认为，如果公司某些部门的组织能安排得更好，工作的效率就会提高。"

[思考题]

1. 有哪些因素促使该图书公司要进行组织改革？

2. 你认为该图书公司现有的组织形态和讨论会中两个副总经理所提出的计划怎么样？

案例二：克林顿的机构改革

1993年9月7日，克林顿总统在白宫宣布了一项"裁员、节约、高效"的政府机构改革计划。该项计划有以下几点：一是在5年内精简联邦现有210万政府雇员的12%；二是关闭某些部门设在地方的机构，合并职能重叠的政府机构；三是3年内所有政府机构都要进行清理，修改和重新制定各种规章制度，将其减少50%等。

[思考题]

请你针对以上资料，说明设计组织应该考虑哪些因素？

案例三：分权问题

最近一家公司的总裁感叹道："我们对地方分权长期、坚定和近乎狂热的承诺，造成与产品相关的不同部门为争取客户而彼此竞争。结果造成一股有悖整体的力量，和一种人人为我，却无我为人人的精神。"他还说："表面上把企业分成较小的单位，应该能够鼓励地方主动性和承担风险，事实上恰巧相反，部门分立与自治产生了更短期导向的管理者，他们比以前更受利润的影响。"

[思考题]

请你针对以上这段话，谈一谈组织的分权和扁平式组织的缺点？

案例四：三九企业的组织设计与变革

三九企业是中国目前五大制药工业企业之一，是一家特殊形式的国家所有制　　军队所有制企业。其直接行政主管单位1987~1991年间是第一军医大学，从1992年开始脱离军医大，归属中国人民解放军总后勤部生产部管理。作为一家军队开办的经营有方的药品生产企业，它从1987年建成投产，截止到1994年底，共为国家上缴2.541亿元的所有权收益。

三九企业在迅速发展过程中产生了引进外资，扩大再生产规模的需要。1992年8月1日，经上级主管部门批准，并通过深圳会计师事务所的资产审计评估后，同泰国正大集团合资成立了三九正大药业有限公司，三九企业占51%的股份，正大集团投入2 000万美元，占49%的股份。这样组建起来的中外合资经营企业是一种混合型所有制形式，国有股份在其中居主体地位，企业在法律上的表现形式是有限责任公司。通过采用股份制方式来组建三九药业，初步解决了药品研制开发、生产和销售中存在的资金短缺和发展后劲不足问题，使三九企业在1992年至1994年全国国有企业普遍滑坡形势下仍保持了发展态势。这次三九企业内部药品生产经营主体业务在财产组织形态上的重大改组，被称作是三九药业“三级跳的第一跳”。

三九药业的第二跳是扩股。1993年下半年，在国务院有关机构联办主办下，经过各方协商努力，经世界最权威的香港毕马威会计师事务所重新对三九药业进行资产评估后，三九正大药业有限公司进一步改组为三九药业有限公司，股东由原来的2个扩大为9个，即在原三九企业和泰国正大集团基础上新增了美国默克制药公司、花旗银行、帕洛玛投资公司、图德投资公司、泰国光大国际公司、香港国泰财富基金等7个股东。扩股以后，三九企业的持股由原51%降为39%，正大集团由49%降为20%。虽然扩股后三九企业所持股份比例有所下降，但相对说来国有股份在三九药业中仍占有多数份额。通过这次扩增海外股份，三九药业获得了6 000万美元的扩展资金，为生产经营的上规模、上档次提供了更为可靠的物质保证。而且，将股东扩展到美国4家公司、泰国和中国香港地区各2家公司后，三九企业在财产组织上也初步演化成为国际性的跨国制药公司。三九企业还积极准备，争取三九药业股票在美国纽约上市，以进一步扩大海外股东规模，拓宽资金来源渠道。具体设想是，各股东均稀释让出25%的股份，九大股东内部持股比例不变，这样将引进1~1.5亿美元资金，使三九药业发展进入良性循环的轨道，并实现三九企业从“单纯产业型”向产业与金融业相结合的“高级组合型”跨国公司发展的战略部署。

三九企业在财产组织上的第三次变革是，它将作为全军22家现代企业制度试点企业之一进行股份制改造。目前三九集团内的企业，除了三九药业外，全都是单一的国有制独资企业。为了寻求军队公有制企业与社会主义市场经济接轨的更有效途径，探索军企职责分开的新路子，使企业从军事机构附属物中摆脱出来，真正成为自主地进行商品生产经营和资本经营的独立经济实体和市场竞争主体，这次改制拟采用中外合资、兼并私人企业和让员工参股等多种方式，把集团的核心企业逐步改组为以国有制为主、集体和私有制为辅、多种所有制并存的混合所有制形式的企业，并争取在将来条件具备时向股份有限公司转化乃至成为股票在国内外同时上市的公众公司。

三九企业在规模不断壮大发展过程中，其管理组织结构也在不断地调整和变化之中。概括起来，它经历了如下几个阶段：

（1）创业阶段。从1985年开始筹建到投产前的那一段时间，三九企业的中心任务是，尽快把科技成果转化为生产力，形成药品的批量生产能力。赵新先厂长带领5个年轻人在艰苦的创业过程中，不但没有给自己配副手，而且责成手下5人各自独立负责一摊子工作，各自也都没有配副手，这是一种权力高度集中、精干高效的组织形式。赵新先发现这种办法用人少、矛盾少、责任明确、效率很高，故将其归纳为“正职领导一人负责制”，并视为一条基本组织原则，在企业发展壮大后的日常生产经营管理系统的多次组织改组中都给予了坚持。

（2）投产阶段。三九企业于1987年9月建成投产以后，开始形成正式的直线职能制。这种组织形式的特点是，企业设立两套组织系统：一套是按统一指挥原则设立的直线管理系统；另一套是按专业化分工原则设立的参谋职能系统。职能管理人员作为直线指挥人员的参谋和助手，只对下一层次机构的工作进行业务指导，而无权发布命令进行指挥。这种组织结构形式可以避免多头领导，同时也实现了管理工作上的职能分工。三九企业投产初期的组织机构包括开发部、供应部、生产部、贸易部、企管部和后勤部。赵新先作为一厂之长，对药厂的工作全面负责，各位部长对所管辖领域的一切问题负责。为了避免各部门之间频繁地发生不必要的跨部门联系，三九企业在设置直线职能制组织结构时遵循了一条重要的原则——“大职能，小部门”原则，即在坚持少用人的前提下，尽可能把相关的工作归并在一个部门内。这样按部门系统组合相关的职能，可以使现场作业活动与其联系密切的专业管理活动紧密地结合起来，以便简化和减少跨部门的联系，使工作中的许多协调问题就在部门内获得基本解决。这种把相互关系比较密切的工作尽可能地组合到一起的做法，在三九企业日后的其他机构设计中都得到了遵循和体现。

(3) 强化经营阶段。三九企业经过几年的发展已经形成了一定的生产规模，并将三九胃泰、壮骨关节丸、正天丸、感冒灵冲剂等产品成功地推向了市场。鉴于全国医药市场从 1991 年底开始出现不利的变化及药厂的拳头产品出现了断层的现象，为加强经营工作，三九企业在原贸易部基础上组建了三九贸易公司（隶属于三九药业有限公司）。贸易公司着力进行销售网络建设，在全国各大城市建立了 62 个分支机构，销售网络共达 3 000 多个，并在 1994 年完成了对宁波、长沙、无锡三家营业额达 1 亿元以上的国营医药商业单位的收购（三九药业有限公司下设医药投资管理部，负责对购并来的医药经销渠道进行管理），使三九药业销售规模达到了 8.6 亿元的水平。

鉴于在发展过程中要投入大量的资金做产品宣传广告，三九企业投资建立了三九广告传播公司，一方面为药厂制作高水平的广告并形成独具特色的广告风格，有力地宣传三九系列药品；另一方面又通过承揽其他厂家的广告业务挣得额外收益。三九企业还完成了制药产业链上配套供应环节的纵向一体化经营，创设了九星印制包装中心、九辉实业有限公司等。

三九企业组织结构调整的再一步骤，是成立了“两部”、“两院”。

以往，药厂的产品质检是由开发部负责，考虑到药品质量是药品生产经营工作的关键，三九企业及时成立了质检中心，加强产品质量把关。后来，为将药品质检工作与药品质量管理工作有机地结合起来，1992 年 3 月成立了质量管理部，下设实验室质量检验和业务室质量管理两大机构。另外，由于药厂生产规模扩大、人员日益增多，对干部的考核和使用、企业的思想宣传工作和文化建设也显得日趋重要。为此，药厂成立了人事部和党务部（1994 年底合并为党务人事部）负责上述工作。

三九企业成立的“两院”，一是在撤销药厂开发部机构基础上设立的三九医药研究院，另一是新近着手筹建的三九医院。成立“两院”的目的，是建立药厂自己的科研基地和新药临床试验基地，以进一步增加产品储备，占领和扩大医药市场。

随着各类组织机构的建立和完善，内部联系也逐步变得复杂起来。为了理顺各种关系，三九企业逐渐形成了横向协调的机制。如企业每月制定生产计划，先是由贸易公司根据销售和库存情况与生产部协商确定，然后由生产部根据能力负荷情况作出计划安排，报请厂长批准后，下达具体生产任务到各车间并通知供应部和质量管理部。平常的工作联系，不用开会，而是主要通过电话，来实现销售、生产、供应和质检等环节的沟通与协调。这样灵活的、自主的协调机制，是三九企业组织设计的另一特色。

（4）以药品生产为主，实行多元化经营，开拓国际市场阶段。这一阶段的组织结构调整是伴随着三九企业集团的成立与发展进行的，主要包括如下几个方面：① 在加强中成药生产基地建设的同时，围绕医药关联产品建立了西药生产基地（九新药业有限公司）和生化制品生产基地（九升生物制品厂、九阳天然保健制品厂、九泰保健日用品厂等），目前正抓紧建设生物工程产品生产基地（如九先生物工程有限公司）。② 1990 年，三九企业得到了美国食品与药品管理局（FDA）同意“三九胃泰”在美国生产和销售的批文，并与外商合资建立了一个生产厂（九美企业），在美国就地加工和生产“三九胃泰”胶剂（英文名称 ST. MTAE）。同时，为协调三九系列药品的海外开拓工作，三九企业于 1995 年初成立了海外公司党委和海外公司管理部，以加强企业对海外业务的统一管理。③ 三九企业投资和联合了一些军队和地方企业，壮大了三九集团队伍，并在一段时间内与三九集团管理机关合署办公，实行“两个牌子，一套班子”，以更有效地精简机构和管理人员。三九企业集团自 1991 年底组建以来，截至 1994 年底，集团企业已由原来的 34 家发展到 90 余家，固定资产从 16 亿元增加到 43.33 亿元，经营领域从医药工业发展到汽车工业、食品工业等八大产业和八大综合性公司。三九集团成立 3 年来产值利税连年翻番，1994 年集团实现产值 32.08 亿元，利税 4.66 亿元，人均产值和利税分别为 138 万元和 20 万元。三九集团在短短的几年时间内获得这么迅速的发展，是同集团坚持以医药为主、科工贸并举、多元化和国际化经营的发展战略分不开的，同时也同集团合理的组织与管理密不可分。

三九企业在作业活动组织方面也形成了自己的特色。首先从药品生产经营的主体作业（“一线”）活动、辅助作业（“二线”）活动和附属性作业（“三线”）活动来看，“二线”和“三线”活动对“一线”活动的主从关系的处理是否妥当，是衡量企业作业组织水平的一个重要方面。三九企业在作业组织设计上一开始就注意其合理化的方向，并经过近年来力量配备的调整而得到不断优化。在三九药业现有的职工队伍中，销售一线上的队伍包括有 62 名负责各地销售分支机构工作的高级业务代表和 229 名负责各地市场推广工作的常驻业务代表，及另外 1 017 名负责当地医院等客户信息工作的编外的专职或兼职信息员。生产一线上的工人为 174 人，设备检修工人 103 人，医药研究院人员 37 人。这样的人员结构反映了三九企业“以市场为导向，以科技为动力，科工贸并举”的经营思想。

再从生产现场的组织来看，三九企业在建厂初期就力求破除传统的大锅煎熬的中药制剂工艺，用高技术和一流设备创造高质量、高效率和高效益。在研究开发“三九胃泰”生产工艺时，赵新先厂长亲自参加设计了一条 NF-A 型现代化生产线，将提取、浓缩、干燥三道工序集中在一个 450 平方米的车间里，从投料到出成品，全部工艺流程由中央操作室集中控制，达到自动化、管道化、密闭化。这条生产线的全套设备造价 110 万人民币，与传统的工艺和设备相比投入高出数倍，但它每天出厂的药量可供 20 万人日服两次，使生产效率提高 60%，而生产工人只需 9 人，每班 3 人。1989 年，药厂又投资 300 万元，设计制造了 NF-B 型新一代中药生产线，全部流程由电脑监控，比原来的 NF-A 型线技术更加先进，产品质量又有了新的改善。为了进一步拓展国际市场，增强产品的国际竞争能力，三九企业从 1992 年开始又投资 2 300 万元在国内率先对全厂 9 个生产车间进行了 GMP（世界卫生组织规定的药品生产和质量管理规范）改造，并投资 3 000 多万元从国外引进 80 年代先进的制药设备，装备了其中 5 个主要生产车间，从而使原有中成药生产基地改建成了符合 GMP 要求的现代化的中药生产基地，为药厂吸引外资及寻求国际合作创造了有利条件。也是遵循“高投入、高产出”的原则，三九企业新建的化学药生产基地（九新制药有限公司），全套设备由德国引进，达到 90 年代国际先进水平，生产的头孢类抗菌素产量逐年翻番，质量达到日本、瑞士等厂家的水平。对此，“九新”的前任总经理陈重深有体会地说：“长期以来，国内提‘投资少、见效快’的多。事实上，这是一种理想状态，在特定情况下是可能的，但不会是普遍的。中国医药界经过二十多年的发展，现在已经进入了高投入、高产出的阶段，这是历史的必然。只有面向 21 世纪，高起点、高投入，才能有高产出、高效益，企业才有发展后劲。”

[思考题]

1. 试析三九企业中集权与分权的关系？
2. 三九企业所形成的组织原则是否具有普遍适用性？为什么？
3. 请绘制一个组织图来概括反映三九企业各单位的地位和组织关系？

案例五：D 公司面向市场优化企业组织机构

不断改革企业管理体制，是适应不同产品结构、人才结构和科技结构，发挥企业各种资源效率的内在要求。D公司近年来在组织机构方面的改革主要有：

1. 推行事业部制。为了适应快速多变的市场需要，提高企业的应变能力与管理效率已势在必行。D公司精心研究和策划企业组织机构的改革方案，作出了先实行模拟事业部制，而后实行独立事业部制的决定，将厂部的八个职能部门重新合并成八部一室，压缩或分流102名处室人员。这一措施激发了各经营分厂的活力，管理效率得以提高，而厂部的工作则着重于制定企业的发展战略及协调各经营分厂的经营战略、技术战略等更高层次的决策。

2. 生产组织管理从工艺专业化转向产品专业化。早在20世纪80年代末期，D公司采用以工艺专业化为核心的生产组织形式，但常常出现如下问题：(1) 该种生产组织是跨行政部门的，在各生产工艺环节出现生产进度不一致时，有时难以协调；(2) 由于原料品种多，可能会引起原料组织不到位而出现停工待料现象，影响生产效率。D公司对该公司的产品的生产组织进行仔细研究后，发现其主导的三大类产品基本上是相对独立的，没有必要按照生产工艺划分车间，于是打破了原来低效率的工艺专业化生产格局，建立起产品专业化的新体系，一年内劳动生产率提高了50%。

3. 改革科研体制。1991年以前，D公司将研究所集中于总厂，负责全厂的技术开发，由于科研人员远离市场，缺乏市场意识，新产品开发的速度与品种均跟不上市场需求的变化。针对这一矛盾，D公司作出了把科技人员推向市场的决策，即解散远离市场的集中式新产品开发研究所，而将其转移到相关的经营分厂。这一措施取得了很好的效果，表现在：(1) 技术开发以市场为导向，消除了科研与生产、销售脱节的弊端；(2) 由于有了经济观念，产品开发中的不合理费用得以减少。

4. 引进多种经营机制，实行“一厂多制”。在市场经济条件下，各种所有制有其各自的优势，国有企业引进多种经营机制、提高自身活力是一种新的尝试，D公司对此进行了初步的探索。例如，D公司的传输分厂积极采用横向联合方式进行生产经营，一方面与某镇政府合办企业，解决了产业发展所必需的土地与厂房和企业富余人员的流向问题；另一方面与香港一家公司组建了合资企业——爱华达有限公司，生产具有当今国际先进水平的SDH同步数字传输光端机，既获得了必要的资金，又得到了先进的技术。

［思考题］

1. 公司推行事业部制的主要目的是什么？

2. 对D公司的组织创新效果进行评判。

案例六：通用电气公司管理制度的变迁

20 世纪 50 年代初，美国通用电气公司年销售额已超过 20 亿美元。公司规模大了，权力完全集中于美国纽约总部，已经不能适应公司的发展，需要改良组织结构。于是公司总裁卡迪纳先生决定实施分权制度，该分权制度由斯密迪一手策划，斯密迪行伍出身，非常强调纪律的作用。他认为，要实施新的制度时，肯定有阻力，所以，必须由他说了算，基层人员要绝对服从，不能有异议。

斯密迪的制度有以下几点：

第一点，一个经理自己所能管理的企业规模是有限的。

他认为，一个经理自己能胜任的经营规模，最大不能超过 5 000 万美元一年，再大就管不了了，按照他的观点，通用电气公司拆成了 150 个部门，各部门的经营规模不超过 5 000 万美元一年，各部门相对独立，各有各的经营业务，由各部门的经理负责管理，每个部门的经营直接对总裁负责，这样，通用电气公司就等于分成了 150 个“小公司”。这就导致了一个很不好的格局：当某部门的经营业务超过 5 000 万美元时，按照斯密迪的观点，必须分成两个相互独立的业务部门。

第二点，对部门经营的好坏要有具体的量化指标。

斯密迪在测评一个部门经营好坏时，设计了 8 项指标，其中，两个较为典型：一个是利润；一个是部门长期利益和短期利益的平稳，可实际工作中，利润是很容易测定的，是多少就是多少。而长期利益的平衡怎么测定呢？当时无法测定，实际情况也测定不了。

第三点，管理是一种职业，真正懂得管理的人，什么都能管理好。

他认为，能管理好一个钢铁厂的人，也能管理好一个大菜市场。因此，作为一个管理人员，应特别注重流动能力的训练。一个管理人员应有多方面的技能，能做许多方面的工作，要训练他做市场工作、工程工作、制造工作等。这样，通用电气公司的一个部门经理，这 3 年可能在做洗衣机生意，另外 3 年可能又去做核能的生意。让这些经理们流来流去，以训练他们的流动能力。

后来，斯密迪制度在公司的系统经营方面碰到了困难。1966 年通过竞争，通用电气获得了新加坡一发电厂的承建权。该业务要求电厂的设计、基建、设备和安装等所有业务全由承建方一家公司承包下来，搞系统经营。由于通用电气公司已经分成 150 多个相互独立的业务部门，其中，任何一个部门都不可能承包所有这些发电厂的业务，要参与这种国际竞争，公司不得不必须成立一个协调部门——通用电厂公司，来组织各个业务部门共同承接下这种系统业务。但是，由于各业务部门已经有了自己的责权利，互相独立，其开展工作的难度可想而知，当通用电厂公司到各部门去购买各种设备时，各部门为了最大限度地提高本部门的利润，就尽量提高设备的售价。最后，通用电厂公司发现，各部门提供设备的价格，往往比外公司的价格还高。

1970 年博希当上了通用电气公司的总裁，对这种情况进行了改进，采取有关措施对分权制度进行了完善。

[思考题]

1. 按照斯密迪的出发点，分权管理后最大的好处是什么？
2. 按照斯密迪的理论，要在通用公司实现什么类型结构？

案例七：英特尔公司不断推出新产品

1968 年，英特尔公司开始创业，在 70 年代末，英特尔公司的先导技术不可逆转地引起了电子计算机和通讯产业的革命。到了 80 年代，半导体成为影响社会变革与产业革命的基石。然而，连续不断、快速的技术变革与来自日本企业的强有力的竞争挑战，又使英特尔公司面临着前所未有的战略性挑战。

1985 年，英特尔决定关闭俄勒冈的 DRAM（动态存储器）第五实验室。同时，英特尔宣布开始供应 32 位的 80386。386 微处理器引起了电子工业界的极大兴趣。仅仅一年以后，在 1986 年秋，新的 386 系列的产品已开发完成，开始供应。386 对已有软件的强大促进能力使其成为英特尔历史上产量最大的微处理器。在 1987 年年底，也就是公布 386 两年之后，英特尔已供应了约 80 万片芯片，而 80286 在同期只供应了 50 万片。在 1988 年，386 的产值达 10 亿美元，约占英特尔全部收入的 30% ~40% 。

英特尔 80 年代早期的质量促进工作，已经促进生产线稳定性提高，产品整体质量上升。但作为 386 的唯一货源，英特尔需要努力满足市场对 386 不断增长的需求。英特尔开始开发 1 微米的 386，尝试将原来的 1.5 微米芯片大大缩小。更高的芯片功能与集成度，使缩小了的微处理器有更多空间去包含新的特性。缩小尺寸不仅提高了芯片性能，也大大增加了芯片产量。同时，在电子行业中客户与供应商的合作关系日益风行。英特尔提供给福特公司微控制器产品 8061，福特公司认为总成本比产品标价更重要，并要求与英特尔紧密合作，降低 8061 的生产成本。

1989 年 4 月，80486 诞生。486 微处理器有 100 多万个晶体管，包含的电路元件是 386 的 4 倍。486 的设计共耗费 130 人年，而 386 是 80 人年。486 得益于英特尔开发的专有设计工具的改进。486 开发的总投资在 2 亿美元以上。为了保证其兼容策略，英特尔设计了新的技术以运行旧版本软件。

1997 年，英特尔宣布推出 P6 系列的微处理器芯片。

[思考题]

1. 从经营环境角度来看，福特公司对于英特尔来说是什么？

2. 开发 486 需要大量的各种资源投入，对于英特尔来说，应采用哪种组织形式？

3. 80 年代早期，英特尔公司在 386 微处理器市场上处于何种位置？

案例八：布朗公司

20 世纪 60 年代，布朗公司曾经几乎被公认为是唯一的生产专业机械工具的工厂，80 年代却发展成既生产又销售，而且维修多样产品，如电力机械工具、民用工具和其他省力的家庭工具以及小型的机械工具的公司。它占据了世界机械工业化市场的大部分份额。

可是，在 1980 年前后，情况发生了变化。世界性的经济衰退波及布朗公司。该公司的机械工具销售量下降，收入降低。此外，世界经济的其他问题也增加了该公司的问题。例如，美元的比价和利率使得该公司的产品与其他国家的产品在竞争中遇到了障碍，降低了它在国际上的竞争能力。

就在这些不利因素产生之时，日本的一些电子工业公司开始占领布朗公司的市场份额。日本公司采取降低成本，使其产品价格处于全球最低水平的战略措施。他们认为不同的国家，消费者对产品的价格等要求差异不大，根据市场的这一行情，大规模生产某种规格的产品，从而降低生产成本，因此具有市场销售价低的优势。同时，日元和美元兑换率低也助了一臂之力，布朗公司的机械工具市场的一些失误更使日本公司快速发展。到 80 年代末 90 年代初，日本公司几乎占有了布朗公司的世界专业工具 20% 的市场份额。

1990 年前后，该公司在六大洲的 13 个国家（或地区）中开设了 25 个分厂，除了在马里兰的总指挥部以外，还有 3 个生产区域性办公室，每一个区域性办公室都有相当整齐的一套职能机构，拥有自己的职员。这些区域性办公室分别负责区域内的生产分厂的重大投资、重要人事和区域公关与协调工作。每一个分公司都有许多子公司，子公司有许多自主权。例如联邦德国分公司，在 50 个国家有销售和服务子公司，这些子公司都是自治的。布朗公司有一种哲学思想，各个不同的国家，其市场需求的价格等不一样，应让自己的产品及生产线去适应各个独特的市场的特征。例如，意大利生产的动力工具适应意大利的需要；英国公司则为英国市场的需求而生产专供英国人使用的动力工具。

公司之间不能充分的交流，产品不能横向流通。比较好的新型工具在某一个国家问世了，通常要过好几年才能被其他国家引用。例如畅销的 Dustbuster 在 70 年代末就在美国销售了，然而直至 1983 年才进入澳大利亚市场。当公司试图努力把该公司在美国本部生产的产品引进欧洲市场时，欧洲的分公司和管理者却拒不接受。在 80 年代早期，尽管销售不佳，但该公司仍然掌握了动力工具市场的大部分的销售比例。例如在美国本地市场占有率高达 50%，而英国高达 80%。

布朗公司在世界各地的生产工厂中的中层以上管理人员几乎都来自马里兰公司总部，他们每年都必须回公司总部学习两次，孩子的教育生活补贴也非常高昂。生产工人从当地雇用，雇用标准很高，但生产能力的使用率却相当低，每个雇员创造的价值也很低。

多年来，该公司把研究设计、生产和营销分成不同的部分，部门间的联系很弱，销售者不把消费者的要求反映给生产者，生产者也不根据消费者的需求进行生产和设计新的生产线。布朗公司的生产者一直认为，产品质量好，然后大规模生产来降低价格，消费者会购买的。所以布朗公司一直集中精力提高产品功能和质量，提高生产线的生产水平，扩大生产规模。然而日本公司却能够根据市场销售点和渠道来搜集行情，生产中等价格的工具。布朗公司在世界上有 8 个设计研究中心，一共设计与生产了 260 余种不同类型的马达，而事实上公司正常所需要的只有十个不到的类型。布朗公司的新产品开发出现了滞销状态。

90 年代初期，布朗公司的管理者认为他们必须采取措施，家庭用具和小型装置市场，日本人还没有明显插足，因为日本消费者不喜欢这种用具，所以日本和其他竞争者还没有建立起一个很强的可作为出口基地的本国市场。布朗公司想抓住这个市场，但由于该公司给外界的形象是动力工具市场，因此难以推销自己生产的家庭装置产品。结果在 1989 年该公司购买了通用电气公司的小型用具厂，通过这个厂，该公司就可获得销售家庭装置工具的销售架子，同时，通过大量提供各种产品，实现工厂经济效益。

[思考题]

假如你是布朗公司总经理，请你分析公司在组织方面存在的问题，并提出初步的对策思路。

第四编

管理职能——领导

案例一：哪种领导类型最有效

ABC 公司是一家中等规模的汽车配件生产集团。最近，对该公司的三个重要部门经理进行了一次有关领导类型的调查。

1. 安西尔

安西尔对他本部门的产出感到自豪。他总是强调对生产过程、产出产量控制的必要性，坚持下属人员必须很好地理解生产指令以得到迅速、完整、准确的反馈。安西尔当遇到小问题时，会放手交给下级去处理，当问题很严重时，他则委派几个有能力的下属人员去解决问题。通常情况下，他只是大致规定下属人员的工作方针、完成怎样的报告及完成期限。安西尔认为只有这样才能有更好的合作，避免重复工作。

安西尔认为对下属人员采取敬而远之的态度对一个经理来说是最好的行为方式，所谓的“亲密无间”会松懈纪律。他不主张公开谴责或表扬某个员工，相信他的每一个下属人员都有自知之明。

据安西尔说，在管理中的最大问题是下级不愿意接受责任。他讲道，他的下属人员可以有机会做许多事情，但他们并不是很努力去做。

他表示不能理解以前他的下属人员如何能与一个毫无能力的前任经理相处，他说，他的上司对他们现在的工作运转情况非常满意。

2. 鲍勃

鲍勃认为每个员工都有人权，他偏重于管理者有义务和责任去满足员工需要的学说，他说，他常为他的员工做一些小事，如给员工两张下月在伽利略城举行的艺术展览的入场券。他认为，每张门票才 15 美元，但对员工和他的妻子来说，其意义却远远超过 15 美元。通过这种方式，也是对员工过去几个月工作的肯定。

鲍勃说，他每天都要到工场去一趟，与至少 25% 的员工交谈。鲍勃不愿意为难别人。他认为如果管理方式过于死板，员工也许并不那么满意，但除了忍耐别无他法。

鲍勃说，他已经意识到在管理中有不利因素，但大都是由于生产压力造成的。他的想法是以一个友好、粗线条的管理方式对待员工。他承认尽管在生产率上不如其他单位，但他相信他的雇员有高度的忠诚与士气，并坚信他们会因他的开明领导而努力工作。

3. 查里

查里说他面临的基本问题是与其他部门的职责分工不清。他认为不论是否属于他们的任务都安排在他的部门，似乎上级并不清楚这些工作应该谁做。

查里承认他没有提出异议，他说这样做会使其他部门的经理产生反感。他们把查里看成是朋友，而查里却不这样认为。

查里说过去在不平等的分工会议上，他感到很窘迫，但现在适应了，其他部门的领导也不以为然了。

查里认为纪律就是使每个员工不停地工作，预测各种问题的发生。他认为作为一个好的管理者，没有时间像鲍勃那样握紧每一个员工的手，告诉他们正在从事一项伟大的工作。他相信如果一个经理声称为了决定将来的提薪与晋职而对员工的工作进行考核，那么，员工则会更多地考虑他们自己，由此而产生很多问题。

他主张，一旦给一个员工分配了工作，就让他以自己的方式去做，取消工作检查。他相信大多数员工知道自己把工作做得怎么样。

如果说存在问题，那就是他的工作范围和职责在生产过程中发生的混淆。查理的确想过，希望公司领导叫他到办公室听听他对某些工作的意见。然而，他并不能保证这样做不会引起风波而使情况有所改变。他说他正在考虑这些问题。

［思考题］

1. 你认为这三个部门经理各采取什么领导方式？这些模式都是建立在什么假设的基础上的？试预测这些模式各将产生什么结果？

2. 是否每一种领导方式在特定的环境下都有效？为什么？

案例二：提　　升

杰里·诺兰（Jerry Nolan）在环球摩托车公司总部工作，他的任务是处理正当的赔偿要求问题，同时指导分布在世界各地代销点的维修工程师的工作。后来他听说有一个现场工程师的空缺。

首先，杰里·诺兰去找了他的顶头上司唐纳德·布朗（Donald Brown），请求考虑调他到简·史密斯（Jane Smith）的部门担任现场工程师。“这事我们以后再说吧”，他的想法被拒绝了。在布朗出差时，杰里又找了国际业务部服务经理简·史密斯本人。史密斯不仅是布朗的上级还负责关于现场工程师的工作。史密斯女士主张从公司内部提拔年轻有为的人，在交谈中她认为杰里·诺兰很适合现场工程师的工作，答应等布朗出差回来后同他谈谈。

一星期后，布朗把杰里召到他的办公室，进行了以下这段谈话，“我听说你在我出差的时候同史密斯女士谈了有关现场工程师工作的事，我不能让你去担任这个工作。我们正在做转换到用计算机处理索赔系统的工作，我们需要你，因为你在我七个下级人员中经验最丰富。”杰里听了很吃惊，难道就因为他是小组中最出色的人就不给提升吗？两星期以后，从公司外招聘到了现场工程师，杰里不知道他下一步该做什么？

[思考题]

你认为布朗的人事工作做得如何？你建议采取什么政策？

案例三：宇航公司

吉姆·史密斯（Jim Smith）是宇航公司系统开发部经理，他在这家公司工作的 15 年间，训练了许多管理人员，他鼓励他们成长发展。但他看到的是，大多数人获得高级学位之后离开了公司。该公司实行一种开明的教育补偿政策（公司负担 75% 的学费和书费），工程师中大约有 50% 的人有技术方面的硕士学位，他们中的很多人得益于这种教育政策。

一位叫作琼·哈里斯（Joan Harris）的电气工程师来见她的上司吉姆·史密斯，史密斯祝贺她通过公司教育计划的帮助获得了工商管理硕士学位。

令史密斯吃惊的是，哈里斯女士说她要离开公司到这家公司的竞争对手那里去工作，因为她在宇航公司内看不到任何升职的机会。

史密斯先生大为恼火，因为这种事以前已经发生过好几次。他立即去见主管的副总经理，对公司的教育补偿和缺乏系统的人事管理方法表示不满。

[思考题]

1. 职员在通过教育补偿计划获得学位后离开公司的原因是什么？

3. 如果你是那个副总经理，你会采取什么行动？

案例四：比特丽公司的分权管理

比特丽公司是美国一家大型联合公司，总部设在芝加哥，下属有 450 个分公司，经营着 9 000 多种产品，其中许多产品都是名牌产品。公司每年的销售额达 90 多亿美元。

多年来，比特丽公司都采用购买其他公司来发展自己的积极进取战略，因而取得了迅速的发展。公司的传统做法是：每当购买一家公司或厂家以后，一般都保持其原来的产品，使其成为联合公司一个新产品的市场；对下属各分公司都采用分权的形式。允许新购买的分公司或工厂保持其原来的生产管理结构，这些都不受联合公司的限制和约束。由于实行了这种战略，公司变成由许多没有统一目标，彼此又没有什么联系的分公司组成的联合公司。

1976 年，负责这个发展战略的董事长退休以后，德姆在这种情况下被任命为董事长。新董事长德姆的意图是要使公司朝着他新制定的方向发展。根据他新制定的战略，德姆卖掉了下属 56 个分公司，但同时又买下了西北饮料工业公司。

据德姆的说法，公司除了面临发展方向方面的问题外，还面临着另外两个主要问题：一个是下属各分公司都面临着向社会介绍并推销新产品的问题，为了刺激各分公司的工作，德姆决定采用奖金制，对下属干得出色的分公司经理每年奖励 1 万美元。但是，对于这些收入远远超过 1 万元的分公司经理人员来说，1 万元奖金恐怕起不了多大的刺激作用。面临的另一个更严重问题是，在维持原来的分权制度下，应如何提高对增派参谋人员必要性的认识，应如何发挥直线与参谋人员的作用问题。德姆决定要给下属每个部门增派参谋人员，以更好地帮助各个小组开展工作。但是，有些管理人员则认为只增派参谋人员是不够的，有的人则认为，没有必要增派参谋人员，可以采用单一联络人联系几个单位的方法，即集权管理的方法。

公司专门设有一个财务部门，但是这个财务部门根本就无法控制这么多分公司的财务活动，因此造成联合公司总部甚至无法了解并掌握下属部门支付支票的情况等等。

[思考题]

1. 比特丽公司可以在分权方面做得更好吗？
2. 你对德姆的激励方法有何看法？
3. 参谋人员有何作用？如何协调直线与参谋人员之间的关系？

案例五：康涅狄格互助保险公司的苏·雷诺兹

苏·雷诺兹今年22岁，即将获得哈佛大学人力资源管理的本科学位。在过去的两年里，她每年暑假都在康涅狄格互助保险公司打工，填补去度假的员工的工作空缺，因此她在这里做过许多不同类型的工作。目前，她已经接受该公司的邀请，毕业后将加入互助保险公司，成为保险更换部主管。

康涅狄格互助保险公司是一家大型保险公司，仅苏所在的总部就有5 000多人。公司奉行员工的个人开发，这已成为公司的经营哲学，公司自上而下都对员工特别信任。

苏将要承担的工作要求她直接负责25名职工。他们的工作不需要什么培训而且具有高度的程序化，但员工的责任十分重要，因为更换通知要先送到原保险公司所在处，要列表显示保险费用与标准表格中的任何变化。如果某份保险单因无更换通知的答复而将取消，还需要通知销售部。苏工作的群体成员全部是女性，年龄从19岁到62岁，平均年龄为25岁。其中大部分人是高中学历，以前没有过工作经验，她们的薪金水平为每月1 420美元到2 070美元。苏将接替梅贝尔·芬彻的职位。梅贝尔为互助保险公司工作了37年，并在保险单更换部做了17年的主管工作，现在她退休了。苏去年夏天曾在梅贝尔的群体中工作过几周，因此比较熟悉她的工作风格，并认识大多数群体成员。她预计除了丽莲·兰兹之外，其他将成为下属的成员都不会有什么问题。丽莲今年50多岁，在保险单更换部工作了10多年。而且，作为一位“老太太”，她在员工群中很有分量。苏断定，如果她的工作得不到丽莲的支持，将会十分困难。苏决心以正确的步调开始她的职业生涯。因此，她一直在认真考虑：一名有效的领导者应具备什么样的素质？

[思考题]

1. 影响苏成功地成为领导者的关键因素是什么？
2. 为了帮助苏赢得丽莲支持，你有何建议？

案例六：华东输油管理的激励模式

华东输油管理局有8 000多名职工，10 000余名职工家属，管理着沧临、濮临和鲁宁三条输油管线，担负着华北、胜利、中原三大油田生产原油的输送任务。这样一条地下大动脉，在我国经济建设中有着重要的战略意义。但在管线建成投产后的一段时间内，出现了职工不安心泵站工作、劳动纪律松懈等问题。基层单位的领导常常花费很大气力做思想工作而收效并不大。通过调查、分析，找出了问题的原因。从客观原因上看，输油生产有着与其他企业不同的点多、线长和分散等特点，四个输油公司和 20 多个输油泵站，70% 以上建在远离城镇的乡村。正是这种特殊性，给生产第一线的职工带来了一系列困难，如购粮买菜、子女上学、幼儿入托、家属就业难，食堂伙食花样少和质量差，以及业余文化生活单调等等。从主观原因上看，一些单位的领导片面地强调“先生产，后生活”，甚至把生活后勤工作和生产对立起来，这样，就形成了落后的生活后勤和广大职工、家属生活方面的需要不能相适应的矛盾，并逐渐上升为影响职工思想情绪、影响生产的主要矛盾。例如在几个问题比较突出的泵站，有 20% 以上的职工向领导提出请调报告；有的由于食堂办得差，50 多个职工竟有 30 多个煤油炉，做小锅的人数远远超过了在食堂就餐的人数；有的由于吃菜困难，职工中脱岗买菜的现象时有发生；有的为了买一斤盐、一支牙膏也要跑几里路。通过分析知道，广大基层职工对搞好生活后勤工作，解除后顾之忧的需要是当时的主导需要。

华东输油管理局着重把握住职工及其家属主导需求的满足，采取一系列措施，要求各个单位必须把职工的生活后勤工作纳入议事日程；利用各泵站站内的空闲土地发展蔬菜生产，解决职工吃菜难的问题；选送了几批炊事员外出进行技术培训，提高烹调技术水平；选送了一批具有高中、初中文化水平，有一定特长的青年职工到师范学校培训，充实教师队伍，为各幼儿园、托儿所配备了必需的教具、玩具和用品，解决了入托难的问题；组织各单位的职工家属兴办集体福利事业，为职工生活提供方便；积极联系生活物资送货到基层；各单位积极进行绿化，为职工创造优美、舒适的工作、学习和生活环境。同时还积极丰富基层的文化生活，逐步解决基层业余文化生活单调、枯燥的问题。通过这一系列措施的落实，原来存在的问题陆续得到不同程度的解决，从而调动了职工的积极性，促进了工作，保证了生产。

[思考题]

请你根据需要和激励理论分析华东输油管理局的行为？

案例七：W 公 司

W 公司是一家民营企业。该公司的张总经理是 W 公司的创始人，他今年已经 60 岁了。平常使张总经理最感骄傲的就是 W 公司内部有如大家庭一样的团队精神，而且他也一向在公司中以“家长”的身份自居，经常表示公司有照顾员工如子弟的义务。除非员工犯了不可原谅的错误（如偷盗），W 公司几乎不会解雇任何员工。公司各级主管的离职率也很低，大部分管理人员都视 W 公司为终身服务的事业。他们之中有不少人是当年随张总经理“打天下”的老员工，其中有些人虽然岁数大、能力有限，但仍在公司中担任很重要的经营责任。

1997 年 1 月 10 日，W 公司召开了一年一度的经营会议。通常，经营会议的主要活动是颁奖和会后的盛大聚餐。今年与以往略有不同。在颁奖完毕后，张总经理起立向大家着重地宣布了两件事：第一，国内某大公司最近和 W 公司建立了密切合作关系，将共同携手创造美好的明天；第二，出现在张总经理座位旁的一位生面孔——范先生将要担任 W 公司的常务副总经理，负责公司的全盘经营责任。张总经理接着强调了范先生的高学历背景以及过去在企业界担任“专业管理人士”的丰富经验。张总经理号召大家在今后的工作中全力支持范副总经理。几天以后，在一个非正式的场合里，范总经理和几位部门经理广泛地交流了意见。他首先表示他对 W 公司过去成就的敬意，但他强调指出，“贯彻能力主义，排除万难，追求胜利”是他的一贯作风，过去他在其他企业的成就就是凭借这种精神干出来的。

过了一年，范副总经理虽然在 W 公司的经营业绩不错，但却不得不主动辞职。

[思考题]

1. 试分析范副总经理辞职的原因。

2. 结合案例说明年功序列制与能力制的差别与联系。

案例八：皮尔·卡丹的领导艺术

皮尔·卡丹既是举世闻名的时装设计师，又是杰出的企业家。皮尔·卡丹精力过人，设计、生产、经营、人事等一切重大问题都由他本人拍板定案。他从不召集会议，而是由他本人跟各主管经理直接对话，了解情况，作出决定，然后放手让主管经理去执行。

人才是企业的灵魂。一个企业不仅要有优秀的人才，而且还要考虑怎样运用这些人才。卡丹在用人上非常有眼光，他以用人之长作为标准。只要他发现某人在某一方面有专长，就会毫不犹豫地用其所长，完全没有年龄及资格作为限制。

卡丹的成功正在于他善于用人，敢于用人，并及时地纠正自己的偏差，使他能在激烈的市场竞争中站稳脚跟。北京崇文门外马克西姆餐厅开业的时候，卡丹从法国聘请了一名经理，但由于这位经理对中国的情况毫不了解，经营起色不大。卡丹发现后，把他调离了北京。新经理上任后，面貌很快大有改观。

[思考题]

请分析卡丹的领导风格。

案例九：乔科长是不是一个好科长

乔利民是一位工程师，他在技术方面有丰富的经验。在技术科，每一位科员都认为他的工作相当出色。不久前，原来的科长调到另一个厂去当技术副厂长了，领导任命乔利民为技术科科长。

乔利民上任后，下定决心要把技术科搞好，他以前在水平差的领导手下工作过，知道这是一种什么滋味。在头一个月内，全科室的人都领教了乔利民的“新官上任三把火”。在第二天，小张由于汽车脱班，赶到厂里迟到了三分钟，乔科长当众狠狠地批评了他一顿，并说“技术科不需要没有时间概念的人。”第二个星期，老李由于忙着接待外宾，一项技术改革提案晚交了一天，乔科长又大发雷霆，公开表示，再这样，要把老李调走。当乔科长要一份技术资料时，小林连着加了三个晚上班替他赶了出来，乔科长连一句表扬的话也没有。到了月底，乔科长还在厂部会议上说，小林不能胜任工作，建议把小林调到车间去。

一年过去了。厂领导发现，技术科似乎出问题了，缺勤的人很多，不少人要求调动工作，科室里没有一种和谐而团结的气氛。厂领导决定要解决技术科的问题了。

[思考题]

1. 乔利民的管理方法有什么问题？根据强化理论加以分析。

2. 厂领导是否应该把乔利民调离？为什么？

案例十：危机时刻裁员还是加薪

威罗比·马柯米克先生是个彻头彻尾的独裁经营者，而且是这类经营者中的精英，但他的管理方法已经远远落后于时代的潮流，加之经营不善，威罗比先生一手创办的世界著名香料公司——马柯米克公司终于面临这样的困境：除非将所有员工的薪水减去10%，否则，公司的收支将无法实现平衡。

雪上加霜的是，就在这个时候，威罗比先生眼看着面临危机的公司，撒手人寰。

临危受命的是老马柯米克的侄子查理斯·马柯米克先生。查理斯先生出任公司董事长，上任伊始，他召集公司全体员工，非常诚恳地说："从今天开始，所有员工的工资均增加 10%，工作时间缩短。我们公司的命运完全担负在诸位的双肩上了，希望大家努力工作，力挽狂澜，拯救自己的公司。"

在场的公司员工们简直不敢相信的自己的耳朵，个个呆若木鸡，百思不解。因为困难摆在眼前，就当时的恶劣情况而言，将公司员工的薪水砍掉 10% 尚不足以渡过难关，谁会想到新主管查理斯先生却给大家加薪 10%，而且工作时间大大缩短。

当员工们终于明白新主管加薪之举是为了表示他对全体员工的完全依赖时，公司上下立即士气高涨，结果在短短一年时间里，马柯米克公司就扭转了亏损局面。公司总会遇到挫折，每当此时，尤其是碰到较大的困难时，老板在悲观失望的思维定势中，首先想到的往往是减薪裁员，而减薪裁员将使员工那本就脆弱的心理再受打击，谁还会和老板同心同德呢？

查理斯·马柯米克先生的智慧在于，虽然面临危机，却没有武断作出减薪裁员的决定，反而加薪减时，设法激励员工高昂的士气，以期收到上下一心，同舟共济的效果。10% 的额外薪资成本，换来的是巨大的无形资产——企业士气，这不单单是金钱所能衡量的。裁员？加薪？相比之下，孰优孰劣，不言而明。公司面临危机时，老板用人是否高明于此可见一斑。

[思考题]

根据此例，简述领导的激励理论？

案例十一：人才难留，人才难招，企业领导怎么办

某开关设备厂生产的产品在全国有较高的知名度，尤其是中小型开关设备名列前茅。每年都有不少新产品投放市场，而且十分畅销，市场占有率较高，经济效益十分显著。但好景不长，最近几年投放市场的新产品逐渐减少，市场也在萎缩，经济效益也在滑坡。分析其原因是厂里一批技术尖子和管理骨干，受"三资"企业高薪的吸引，分别跳槽而去。厂里曾从每年的高校毕业生中招聘，补充技术开发队伍和经营管理队伍，由于工资收入与"三资"企业差距较大，很多高校毕业生，尤其是全国名牌高校的毕业生不愿应聘。企业人才流失严重，想招聘又招不进来。企业高层领导班子感到这是必须解决的一个重大问题，可多次

讨论，也束手无策。最近高层领导班子召开全厂干部扩大会议，动员大家想办法，出主意。劳资处长首先发言，提出“我们干脆也像‘三资’企业一样，以高薪来吸引人才，留住人才。‘三资’企业给招进来的大学毕业生，第一年学士3 000元，硕士4 000元，博士5 000元，我们也按这个标准给，凭着我厂的政治、经济区位优势，我就不信招不进人才”。生产处长对着劳资处长说：“你只给刚进来的大学毕业生这么高的报酬，那已经进厂工作多年的老大学毕业生，现在平均月薪1 500元左右，这部分人的工资要不要涨？其他员工的工资要不要涨？”财务处长接着发言说：“以高薪招聘大学毕业生，我不反对；其他员工的工资也不能不升。如果不涨，不升，肯定会引发一系列新的矛盾。要涨，要升，涨多少？需要多少钱，钱从哪里来？我这财务处长可不好当！”大家议论纷纷，你一言，我一语，讨论十分热烈。为了招进大学毕业生，解决技术开发和经营管理后继有人问题，可又引发了一系列矛盾。厂领导班子各成员也感到困难重重，怎么办？这时厂里也请来了咨询公司，正在对企业发展战略问题进行咨询。厂长也想听听咨询人员对企业解决人才问题的想法和建议。于是厂长向咨询小组各成员介绍了厂级扩大会议讨论的情况，并请咨询小组发表高见。

［**思考题**］

你作为咨询小组成员，你有什么见解，又有何高招解决开关设备厂的人才引进和留住人才问题？

第五编

管理职能——控制

案例一：客户服务质量控制

美国某信用卡公司的卡片分部认识到高质量客户服务是多么重要。客户服务不仅影响公司信誉，也和公司利润息息相关。比如，一张信用卡每早到客户手中一天，公司可获得 33 美分的额外销售收入，这样一年下来，公司将有 140 万美元的净利润，及时地将新办理的和更换的信用卡送到客户手中是客户服务质量的一个重要方面，但这远远不够。

决定对客户服务质量进行控制来反映其重要性的想法，最初是由卡片分部的一个地区副总裁凯西·帕克提出来的。她说，“一段时间以来，我们对传统的评价客户服务的方法不大满意。向管理部门提交的报告有偏差，因为它们很少包括有问题但没有抱怨的客户，或那些只是勉强满意公司服务的客户。”她相信，真正衡量客户服务的标准必须基于和反映持卡人的见解。这就意味着要对公司控制程序进行彻底检查。第一项工作就是确定用户对公司的期望。对抱怨信件的分析指出了客户服务的三个重要特点：及时性、准确性和反应灵敏性。持卡者希望准时收到账单、快速处理地址变动、采取行动解决抱怨。

了解了客户期望，公司质量保证人员开始建立控制客户服务质量的标准。所建立的 180 多个标准反映了诸如申请处理、信用卡发行、账单查询反应及账户服务费代理等服务项目的可接受的服务质量。这些标准都基于用户所期望的服务的及时性、准确性和反应灵敏性上。同时也考虑了其他一些因素。

除了客户见解，服务质量标准还反映了公司竞争性、能力和一些经济因素。比如：一些标准因竞争引入而变化，一些标准受组织现行处理能力影响，另一些标准反映了经济上的能力。考虑了每一个因素后，适当的标准就成型了，所以开始实施控制服务质量的计划。

计划实施效果很好，比如处理信用卡申请的时间由 35 天降到 15 天，更换信用卡从 15 天降到 2 天，回答用户查询时间从 16 天降到 10 天。这些改进给公司带来的潜在利润是巨大的。例如，办理新卡和更换旧卡节省的时间会给公司带来 1 750 万美元的额外收入。另外，如果用户能及时收到信用卡，他们就不会使用竞争者的卡片了。

该质量控制计划潜在的收入和利润对公司还有其他的益处，该计划使整个公司都注重客户期望。各部门都以自己的客户服务记录为骄傲，而且每个雇员都对改进客户服务作出了贡献，使员工士气大增。每个雇员在为客户服务时，都认为自己是公司的一部分，是公司的代表。信用卡部客户服务质量控制计划的成功，使公司其他部门纷纷效仿。无疑，它对该公司的贡献将是非常巨大的。

[思考题]

1. 该公司控制客户服务质量的计划是前馈控制、反馈控制还是现场控制？
2. 找出该公司对计划进行有效控制的三个因素？
3. 为什么该公司将标准设立在经济可行的水平上，而不是最高可能的水平上？

案例二：甲级烟车间的“点检制”

TCF 是一家国营老企业，始建于 1919 年，在 20 世纪 80 年代以前，一直处于行业的领先地位。“六五计划”期间，国家投资 6 000 多万元对其进行了技术改造，包括新建了一个生产高档产品（卷烟）的甲级烟车间（以下简称甲车间）。

企业的高层领导对甲车间的期望值非常高，认为 TCF 从此可以大展宏图。然而，甲车间在 1986 年投产后的情况大出高层领导的预料，并且成了此后 5 年间困扰 TCF 的一个痼疾。

1. 造成甲车间开局不利的主要原因

（1）甲车间的人员是从各部门抽调的。按照厂领导的要求，调往甲车间的人员必须是各方面的尖子、骨干。但是，事实并非如此。除了由厂领导直接点名的有限几名人员以外，其他的多属于部门淘汰的人员和走后门的人员，他们被一股脑地塞进了甲车间。

（2）甲车间的设备是分别从日本和意大利引进的，与原有老设备相比，技术复杂程度的提高跨度较大，人员掌握起来有困难。

（3）设备的零部件供应跟不上，使许多设备带病运转。

（4）缺乏管理、控制、驾驭新引进的先进设备的经验，造成管理滞后，甚至失控。

（5）由于甲车间生产的产品是市场上的紧俏商品，价值较高，一些员工将产品偷窃出厂后转手倒卖。因为有暴利可图，致使许多人员根本就无心干本职工作。

此后的几年里，甲车间的生产效率始终非常低下，平均不足30%。为了解决甲车间的问题，TCF的高层领导采取了许多措施，其中最多的就是撤换车间的领导，从1986年至1991年的5年间，一共调换了8位车间主任，而每任车间主任都把提高产量作为第一位的任务，他们采用得最多的方法就是向厂里争取更多的奖金，用以刺激员工的积极性。最终的结果是，增长的并不是产量，而是员工的“胃口”。在频繁地走马换将中，甲车间的管理每况愈下。

（1）生产过程中的消耗浪费惊人。车间处理废品的设备开足马力，仍然阻止不了堆积如山的废品一天天地增长，最终只能抽调运输车队和上百名科室干部加班搬运废品。

（2）部分员工为逃避工作故意毁坏设备，好端端的进口设备被破坏得面目全非。

（3）由于技术被少数人垄断，致使部分人员成了车间的“贵族”，他们凌驾于制度之上，不服从管理，甚至左右企业的政策取向。而历任领导，为了保当前平安，大多采取忍让的态度，维修工不来上班，他们就派车到家中去接。

（4）车间内盗窃成风，甚者在车间更衣室内就转手倒卖赃物，许多家庭在短时间内暴富起来。市、区两级司法机关先后两次在甲车间开展反盗工作，并将标准由赃款300元逮捕、500元判刑，提高到3 000元逮捕、50 000元判刑。几年间，被处理、判刑的有数十人。

（5）有一个日本代表团在参观甲车间时，看到脏乱的环境、混乱的秩序、残缺不全的设备、低劣的产品质量、完全处于失控状态的管理，痛心疾首，愤然向TCF的行业总公司上书，反映甲车间的情况，其中有一句话是这样写的：“看了中国的其他地方，中国或许还有希望；看了TCF的甲车间，中国没有希望了！”

2. 管理制度改革

（1）综合治理。1991年5月6日，第九任主任L先生到甲车间走马上任了。他决定从基础抓起。

从1991年到1992年的一年间，主要抓了被称之为“综合治理”的工作：整顿纪律，建立正常的管理和生产秩序；堵塞盗窃漏洞、树正气、刹歪风，使员工的精力集中到生产工作上，对不愿悔改者，采取严厉的手段予以打击，直至清除；恢复设备，建立正常的后勤供应服务保障系统，为生产线提供保障；通过培训提高员工的水平和技能；改革考核分配体制。

（2）“点检制”管理方法。通过一年的工作，甲车间的形势有了初步改变，但还是极不稳定，总是在低水平徘徊。L主任通过分析，认为主要原因是管理上控制不力，管理人员的工作职责没有到位。国营企业强调齐抓共管，但由于责任不明确，人人有责任变成了人人不负责。经过研究，决定推行一种后来被称之为“点检制”的管理方法。其核心内容是：

① 对车间的人、机、料、环等方面进行综合分析，按照以下3个原则选择控制点。

a. 容易出现问题的岗位（如计量、卫生、安全等方面的工作）；b. 对车间的生产管理影响较大的部位（设备的维修、保养交接班等）；c. 对产品质量影响较大的部位（如材料管理使用、工艺操作规程等）。

② 对每个点都制定具体的控制标准。

③ 将控制点按专业分工兼顾工作量平衡的原则，划分给4个管理人员，由管理人员按标准检查自己分工负责的点。虽然控制点最多时有196个，但分配给每个管理人员的点并不多，他们完全可以在每个班检查两次以上。

④ 将点检制的管理思想转化为计算机管理程序，利用计算机对点的检查、统计、考核、奖惩进行管理，让人们面对计算机只要输入的数据满足计算机管理程序，点检制的管理思想、制度就基本得到了贯彻。

⑤ 对控制点的增减和标准的调整根据具体情况的变化而变化，实行动态管理。控制点最多时达到196个，最少时有16个。这些“点”覆盖了车间管理的全方位，使车间各方面的工作都处于有效的控制之下。

整套管理制度制定完成以后，在如何进行贯彻的问题上产生了争论。大多数人认为，任何工作都必须循序渐进，点检制的标准要求与现实差距太大，恐怕难以执行。而L主任等人却认为，管理无定式，目前的甲车间需要一次产生重大震动的变革，以改变车间形象、振奋员工精神、树立自信心。

1992年9月，甲车间用一个月的时间，将点检制的管理制度进行了全方位的宣传和培训，使每一个人都清楚地掌握了与本岗位相关的点检制度。

1992年10月3日，甲车间全面推行了点检制管理制度，车间整体面貌发生了令所有人都意想不到的变化。消息传出后，许多人自发地到甲车间参观，对车间的变化感到惊讶。甲车间的全体员工也从中受到鼓舞，信心大增。由于整个车间的人、机、料、环都处于有效的受控状态，人流、物流、信息流畅通有序，由此而产生了一系列相关的变化：生产效率大幅度提高（70%以上）；物耗水平大幅度降低；产品质量明显改善。自1993年起，甲车间连续三年获得国家质量管理小组奖。

1992年年底，还是两年前的那个日本代表团再次来到甲车间时，看到整洁的生产环境、正常运转的生产线、整洁如新的机器、有序的管理，代表团的每个成员都对两年内发生的变化感到惊讶。

[思考题]

1. 目前人们一提到国有企业，往往把所有的问题都归结到体制上的原因。试讨论甲级烟车间开始出现的各种问题与体制有什么样的联系？

2. 借助频繁更换管理人员以求解决问题的办法，在很多企业都有所体现。请分析这种办法的优缺点。

3. L主任在选择控制点上的具体做法有什么可借鉴之处？

3. 请分析L主任所采取的"综合治理"与所实施的"点检制"之间是否具有内在必然联系？仅仅采取"点检制"是否也会奏效？

案例三：合资企业的经营

某中外合资企业于15年前建立，其所生产的3种主要产品都是从外方母公司引进的。其中，产品A的销售量目前占国内市场份额的60%左右（在公司初建的头3年里该比例一直保持在100%，后来随着进口产品的增加及国内其他企业的进入，该比例逐渐下降），获利量占公司利润总额的61%。A产品在外方母公司已经被淘汰，现在还有向外方母公司定购A产品的，外方母公司就需要向其海外生产A产品的各子公司订货。A产品在我国国内的需求量因为新的替代产品的出现近年也在逐渐下降。产品B是3年前从外方母公司引进的新产品。其销售量占中国国内市场份额的10%左右，近两年市场需求量逐渐上升。B产品的获利量占公司利润总额的32%。C产品约占国内市场总量的10%，获利量占公司利润总额的1%左右。B、C两产品与国内同类产品的竞争日趋激烈，进一步提高市场占有率已比较困难。外方母公司是一个跨国公司，该跨国公司规定，设在世界各国、各地区的所有跨国公司的合资企业，都是本跨国公司产品的唯一代理商，无论定购该跨国公司何处生产的产品均需通过该跨国公司的一个代理商，而且每个代理商产品的定价方式均采取跨国公司总部确定的统一价格，加上各子公司根据所在国物价水平确定的代办费率，再加上预先收取的维修费及服务费。

[思考题]

1. 合资企业的外方母公司是从哪方面控制其子公司的?
2. 公司的未来发展战略应该是什么?
3. 产品正处于其寿命周期的哪个阶段?

案例四:马格纳国际公司

马格纳国际公司(Magna Co International)是北美十大配件厂之一。这家加拿大公司生产 4 000 种零配件——从飞轮到挡泥板一应俱全,它为几乎所有在美国设有工厂的大汽车制造商提供配件。比如,它是克莱斯勒汽车公司的最大配件供应商。马格纳的高层管理人员长期以来力求使公司保持一种松散的结构,并给予各单位管理者充分的自主权。在 80 年代中期,该公司拥有 10 000 多名员工,年销售额近十亿加元。员工们被组织到 120 个独立的企业中,每个企业都以自己的名义开展活动,但只设有一个工厂。马格纳公司的宗旨是,使各单位保持较小规模(不超过 200 人)以鼓励创新精神并将责任完全落实到工厂经理身上。当某个工厂争取到了超过其生产能力的业务时,马格纳公司不是扩大该工厂的规模,而是重新配置同样的生产设施,开办一个新的工厂。

这种结构在 80 年代运作得相当好,10 年内总销售额增长了 13 倍。工厂经理们以接近完全自治的方式,大胆地扩展他们的业务。他们不仅为他们的工厂获得赢利,而且可以分享从他们的业务中分离出去的新建工厂的赢利。这样,不用公司出面干预,工厂经理们就会主动设立新厂,向外举债,并与汽车制造商签订供货合同。

但 1990 年泡沫破灭了。那时,汽车的销售量大幅度下降。受扩张动机驱使的马格纳管理者给公司带来了十亿美元的新债务。1990 年,马格纳公司的销售额为 16 亿美元,而亏损达到 1. 91 亿美元。公司陷入了严重的经营危机。

[思考题]

1. 马格纳公司陷入困境的原因是什么?
3. 你认为马格纳公司应采取何种措施以走出困境?

第三部分

复 习 题

第一模块

专项习题

习 题 一

一、选择题

1. 从理论概念出发建立的模型称为（　　），从统计规律出发建立的模型称之为（　　），建立在经济归纳法基础上的模型称之为（　　）。

A. 描述性模型　　B. 经济计量模型　　C. 解释性模型

2.（　　）职能本身并没有某种特有的表现形式，总是在与其他管理职能的结合中表现自身的存在与价值。

A. 计划　　B. 组织　　C. 领导

D. 控制　　E. 创新

3. 为了保证目标及为此而制订的计划得以实现，就需要有（　　）职能。

A. 计划　　B. 组织　　C. 领导

D. 控制　　E. 创新

4. 管理者在处理与组织成员和其他利益相关者的关系时，他们就在扮演（　　）。

A. 人际角色　　B. 信息角色　　C. 决策角色

5. 在（　　）中，管理者处理信息并得出结论。

A. 人际角色　　B. 信息角色　　C. 决策角色

6. 在同不合作的供应商进行谈判的时候，管理者扮演的是（　　）。

A. 企业家角色　　B. 干扰应对者角色　　C. 资源分配者角色

7. 对于基层管理而言，最重要的是（　　）。

A. 技术技能　　B. 人际技能　　C. 概念技能

8. (　　) 对于高层管理最重要，对于中层管理较重要，对于基层管理不重要。

A. 技术技能　　B. 人际技能　　C. 概念技能

9. (　　) 对于所有层次管理的重要性大体相同。

A. 技术技能　　B. 人际技能　　C. 概念技能

10. 从典型到一般的研究方法是 (　　)。

A. 归纳法　　B. 试验法　　C. 演绎法

11. 著名的霍桑研究就是采用 (　　) 研究管理中人际关系的成功例子。

A. 归纳法　　B. 试验法　　C. 演绎法

12. 作为 (　　)，管理者把重要的信息传递给工作小组成员，作为 (　　)，管理者把信息传递给单位或者组织以外的个人。

A. 监督者　　B. 传播者　　C. 发言人

13. 投入产出模型、企业系统动力学模型等，都是建立在一定理论概念基础之上的，属于 (　　)。

A. 描述性模型　　B. 经济计量模型　　C. 解释性模型

14. 在作出是否收购其他企业的决策中，管理者必须从多个角度出发全面分析拟购企业的目前状况及可能的发展余地等情况，这时管理人员需要的技能主要是 (　　)。

A. 诊断技能　　B. 人际关系技能　　C. 概念性技能　　D. 技术技能

15. 田力是某大型企业集团的总裁助理，年富力强，在助理岗位上工作得十分出色。他最近被任命为集团销售总公司的总经理，从而由一个参谋人员变成了独立部门的负责人。下面是田力最近参与的几项活动，你认为这其中的哪一项几乎与他的领导职能无关？(　　)

A. 向下属传达他对销售工作目标的认识

B. 与某用户谈判以期达成一项长期销售协议

C. 召集各地分公司经理讨论和协调销售计划的落实情况

D. 召集公司有关部门的职能人员开联谊会，鼓励他们克服难关

16. 关于管理的应用范围，人们的认识不同，你认为下列哪个说法最好？(　　)

A. 只适用于营利性工业企业　　B. 普遍适用于各类组织

C. 只适用于非营利性组织　　D. 只适用于营利性组织

17. 管理人员与一般工作人员的根本区别在于 (　　)

A. 需要与他人配合完成组织目标

B. 需要从事具体的文件签发审阅工作

C. 需要对自己的工作成果负责

D. 需要协调他人的努力以实现组织目标

18. 企业管理者可以分成基层、中层、高层三种，高层管理者主要负责制定（　　）。

A. 日常程序性决策　　B. 长远全局性决策

C. 局部程序性决策　　D. 短期操作性决策

19. 越是处于高层的管理者，其对于概念技能、人际技能、技术技能的需要，就越是按以下顺序排列（　　）。

A. 概念技能，技术技能，人际技能

B. 技术技能，概念技能，人际技能

C. 概念技能，人际技能，技术技能

C. 人际技能，技术技能，概念技能

20. "科学管理理论"的创始人是（　　）。

A. 泰罗　　B. 巴贝奇　　C. 甘特　　D. 福特

21. 梅奥通过霍桑试验得出，人是（　　）。

A. 经纪人　　B. 社会人　　C. 理性人　　D. 复杂人

22. 根据赫茨伯格的双因素理论，以下属于保健因素的是哪一个（　　）。

A. 工作上的成就感　B. 提升　　C. 工资　　D. 责任

23. 根据赫茨伯格的双因素理论，以下属于激励因素的有哪些（　　）。

A. 与同事的关系　　B. 提升　　C. 个人发展的可能性

D. 工资　　E. 受到重视

24. 威廉·大内在分析研究了日本的企业管理经验之后，提出了（　　）。

A. X 理论　　B. Y 理论　　C. 超 Y 理论　　D. Z 理论

25. 根据麦格雷戈的理论，有人希望有正规化的组织与规章条例来要求自己的工作，而不愿参与问题的决策，这种人欢迎以（　　）指导管理工作。

A. X 理论　　B. Y 理论　　C. 超 Y 理论　　D. Z 理论

26. 根据麦格雷戈的理论，有的人需要更多的自治责任和发挥个人创造性的机会，这种人欢迎以（　　）为指导的管理工作。

A. X 理论　　B. Y 理论　　C. 超 Y 理论　　D. Z 理论

27. 根据麦格雷戈的理论，（　　）认为企业管理当局与职工的利益是一致的，两者的积极性可以融为一体。

A. X 理论　　B. Y 理论　　C. 超 Y 理论　　D. Z 理论

28.（ ）即企业把客户、销售代理商、供应商、协作单位纳入生产体系，同他们建立起利益共享的合作伙伴关系，进而组成一个企业的供应链。

A. 精益生产　B. 同步工程　C. 敏捷制造　D. 企业流程再造

29. 新经济时代表现出哪些基本特征（ ）。

A. 信息化　B. 网络化　C. 知识化

D. 全球化　E. 科学化

30. 下面哪些是人群关系学派的主要观点（ ）。

A. 企业的职工是社会人

B. 满足工人的社会欲望是提高生产效率的关键

C. 企业中实际存在着一种“非正式组织”

D. 人的行为都是由一定的动机引起的

E. 企业应采用新型的管理方法

31. 根据马斯洛的需求层次理论，下列哪一类人的主导需要可能是安全需要（ ）。

A. 总经理　B. 失业人员

C. 刚刚参加工作的大学生　D. 工厂的一线操作工人

32. 根据马斯洛的需求层次理论，下列需要哪项是按照从低到高的顺序排列的（ ）。

（1）就业保障。（2）上司对自己工作的赞扬。（3）工作的挑战性。（4）同乡联谊会。（5）满足标准热量摄入量的食品。

A.（5）（1）（4）（2）（3）　B.（5）（4）（1）（3）（2）

C.（5）（4）（1）（2）（3）　D.（5）（1）（3）（4）（2）

33. 当代管理机构变革的一大趋势是：（ ）。

A. 管理层次复杂化　B. 组织结构扁平化

C. 管理幅度日益减少　D. 锥型结构更受欢迎

34. 双因素理论中的保健因素，指（ ）。

A. 能影响和促进职工工作满意度的因素

B. 能保护职工心理健康的因素

C. 能影响和预防职工不满意感发生的因素

D. 能预防职工心理疾病的因素

35. 现有很多公司实行了弹性工作制，员工可以自行安排工作时间，甚至有的从事特殊工作的人可以利用公司提供的互联网等资源在家里办公。这样他们工作和个人的家庭、社交生活也有了较大的自由度。当然也有一些人是必须每天去

公司上班的。你认为该公司的管理者所持有的对人的认识主要是倾向于哪一种？(　　)

A. X 理论　　B. Y 理论　　C. Z 理论　　D. 社会人

36. 某地新建一日用化工厂，当人们问及该厂厂长如何经营时，该厂长毫不犹豫地说：“努力提高产品质量，降低成本，只要价廉物美，还怕卖不出去?”对该厂长的讲话应作何评价？(　　)

A. “酒香不怕巷子深”，该厂长的话很有道理

B. 该厂长的话反映了他的生产导向性，最终会害了这个厂

C. 该厂长的话反映了他的营销导向性，最终会造福这个厂

D. 该厂长的话反映了他抓住了问题的要害

37. 某国有企业的管理部门每月均对工程师们的工作进行分等考评，并将考评结果与报酬挂钩。这样做最有可能产生的后果是什么？(　　)

A. 获得高等级的优秀工程师们会再接再厉，而等级低的则会努力改进工作以求提高

B. 优秀工程师由于意识到了自己的价值而产生跳槽思想，差一些的则仍会留在企业

C. 对这种严格控制，工程师们很有意见，致使今后工作难以分配

D. 差一些的工程师，由于面子过不去而另谋职业出走，结果只留下优秀的工程师

38. 20 世纪 80 年代，面对日本所取得的经济成就，日本企业管理模式一时间引起了世界各国企业的关注和借鉴。但最近几年，特别是东南亚金融风暴出现之后，一方面显示了美国经济的强大活力，另一方面也反映出了日本经济脆弱的一面。此时，许多人又下结论，日本企业管理模式已经过时，美国企业管理模式更加有效。对于这种情况，你赞同以下哪种说法？(　　)

A. 对管理模式的评价必须随世界经济的发展而变

B. 每种管理模式都有其自身的环境适应性与局限性

C. 美国的管理模式长期以来都比日本的更优秀

D. 日本的管理模式不适应知识经济时代的需要

39. 俗话说：“一山难容二虎”、“一条船不能有二个船长”。从管理的角度看，对这些话的如下解释，你认为哪一种最恰当？(　　)

A. 在领导班子中如果有多个固执己见的人物最终会降低管理效率

B. 对于需要高度集权管理的组织不能允许有多个直线领导核心

C. 一个组织中的能人太多必然会造成内耗增加从而导致效率下降

D. 组织中不能允许存在两种以上的观点，否则易造成管理混乱

40. 系统有哪些特征（　　）。

A. 客观性　　B. 集合性　　C. 层次性

D. 相关性　　E. 稳定性

41. 系统最基本的特征是（　　）。

A. 集合性　　B. 层次性　　C. 相关性

42. 责任原理要求（　　）。

A. 权利尽可能集中，管理者必须加强对企业的控制

B. 明确每个人的职责

C. 职位设计和权限委授要合理

D. 管理者要尽可能授予下属权利，以激发积极性

E. 奖惩要分明，公正而及时

43.（　　）指单位时间所取得的效果的数量。

A. 效益　　B. 效果　　C. 效率　　D. 效用

44.（　　）是有效产出与投入之间的一种比例关系。

A. 效益　　B. 效果　　C. 效率　　D. 效用

45. 伦理具有哪些特性（　　）。

A. 非强制性　　B. 非官方性　　C. 普适性　　D. 扬善性

46. 下面哪些不是人本管理的观点（　　）。

A. 职工是企业的主体

B. 人是"经纪人"，所以只要给予足够的物质激励，就能让他为企业卖力

C. 职工参与是有效管理的关键

D. 服务于人是管理的根本目的

E. 组织中存在非正式组织，对此管理者要给以压制

47. 职责界限要清楚，一般来说，在生产第一线的，应负哪些责任（　　）。

A. 直接责任　　B. 间接责任　　C. 实时责任　　D. 事后责任

48. 大多数研究表明，企业的伦理经营和长期效益之间（　　）。

A. 正相关　　B. 负相关　　C. 不相关

49. 职责和权限、利益、能力之间的关系遵循等边三角形定理，（　　）是三角形的三个边，它们是相等的。

A. 权限、利益、能力　　B. 职责、权限、利益

C. 职责、权限、能力　　D. 职责、利益、能力

50. 系统原理的要点包括（　　）。

A. 整体性原理　　B. 动态性原理
C. 开发性原理　　D. 环境适应性原理
E. 综合性原理

51.“三个和尚没水喝”说明的是，人浮于事可能反而不如人少好办事。但是反过来，如果“三个和尚”都很负责，结果也许会造成水满为患。这两种不同的说法表明：(　　)

A. 管理工作的有效性需要考虑内外部环境各部分的整体效应
B. 即使管理无方，人多还是比人少好办事
C. 在不同的心态作用下会产生不同的群体合作结果
D. 纵使管理有方，也不一定是人多好办事

52. 下列关于法律方法，说法正确的是（　　）。

A. 仲裁是一种司法活动，其判定可以强制执行
B. 法律方法只有积极作用，不存在消极影响
C. 就企业管理而言，只要掌握与企业生产经营活动直接相关的法律就可以了
D. 法律具有严肃性

53. 行政方法的运用，一般是（　　）。

A. 自上而下　　B. 自下而上　　C. 横向　　D. 纵横结合

54. 下列说法中正确的是（　　）。

A. 行政方法的管理效果与领导者水平无关
B. 经济方法的运用由于借助了职位的权力，因此对下属来说有较强的约束力
C. 法律方法要求有一个灵敏、有效的信息管理系统
D. 行政方法的运用有助于组织内部统一目标

55. 关于奖金的说法不正确的是（　　）。

A. 奖金的名目应尽量多，以最大地提高职工积极性
B. 奖金的数额不宜过小，以提高奖励的效价
C. 奖金取得的条件不宜过严或过宽，以保证必要的期望值
D. 奖金发放还要密切联系企业或部门的经济效益

56. 管理的技术方法具有哪些特点（　　）。

A. 客观性　　B. 强制性　　C. 规律性
D. 精确性　　E. 动态性

57. 某公司在年终时向职员发放了优厚的奖金，这是运用了（　　）。

A. 法律方法　B. 经济方法　C. 技术方法
D. 行政方法　E. 教育方法

58. 下列方法中，客观性与精确性最强的是（　）。
A. 法律方法　B. 经济方法　C. 技术方法
D. 行政方法　E. 教育方法

59. 下列方法中，（　）是实施其他各类管理方法的必要手段。
A. 法律方法　B. 经济方法　C. 技术方法
D. 行政方法　E. 教育方法

60. 下列说法中正确的是（　）。
A. 每个企业都应该选择一种最适合自己的管理方法
B. 多劳多得，经济方法是不承认平等性的
C. 罚款是一种很好的经济约束，企业应该多使用这种方法
D. 行政方法的运用有助于企业内部统一目标

61. 下列方法中具有垂直性和强制性的是（　）。
A. 法律方法　B. 经济方法　C. 技术方法
D. 行政方法　E. 教育方法

62. 某化工企业的目标是追求尽可能大的长期利润，下列哪项可能削弱这一目标？（　）
A. 资助教育事业
B. 对销售人员采用极具刺激性的激励政策，即大幅度提高销售人员的销售回扣提成比例，以便迅速提高企业的销售量
C. 调整组织结构，使之适应管理信息系统的建立
D. 增加职工工资和福利待遇

63. 美国管理大师彼得·德鲁克说过，如果你理解管理理论，但不具备管理技术和管理工具的运用能力，你还不是一个有效的管理者；反过来说，如果你具备管理技巧和能力，但是不掌握管理理论，那么充其量你只是一个技术员。这句话说明：（　）
A. 有效的管理者应该既掌握管理理论，又具备管理技巧与管理工具的运用能力
B. 是否掌握管理理论对管理者工作的有效性来说无足轻重
C. 如果理解管理理论，就能成为一名有效的管理者
D. 有效的管理者应该注重管理技术与管理工具的运用能力，而不必注意管理理论

64. 某公司新近从基层提拔了一批管理人员担任中层管理工作，上岗之前，公司要对其进行培训，你认为培训的重点应该放在（ ）

A. 总结他们在基层工作的经验教训

B. 熟悉公司有关中层管理人员的奖惩制度

C. 促进他们重新认识管理职能的重点所在

D. 帮助他们完成管理角色的转变

65. 某企业为了建设企业文化，组织员工去天安门广场观看升国旗，这属于管理的（ ）方法。

A. 法律 B. 行政 C. 教育

二、名词解释

1. 人际技能，概念技能，技术技能
2. 非正式组织
3. 社会人
4. 需求层次论
5. 双因素理论
6. X 理论，Y 理论，超 Y 理论，Z 理论
7. 程序性决策，非程序性决策
8. 整体性原理，综合性原理，人本原理，责任原理，效果，效率，效益
9. 企业伦理道德，功利主义道德观，社会契约道德观
10. 管理哲学

三、问答题

1. 简要介绍西蒙、法约尔、泰罗关于管理的基本观点。
2. 管理活动具有哪些基本职能？它们之间的关系是什么？
3. 一个有效的管理者需要扮演哪些角色？需要具备哪些技能？
4. 科学管理理论的主要内容是什么，你怎么认识其优缺点？
5. 霍桑实验的主要结论是什么？（人际关系学说的主要内容是什么？）行为科学研究的主要内容是什么？
6. 介绍法约尔组织管理理论的主要内容。
7. 简述管理科学学派、决策理论学派的主要观点。
8. 简述 ERP 思想的主要内容。
9. 什么是系统？系统有哪些基本特征？系统原理的主要内容是什么？
10. 如何理解责任原理？责任原理的本质是什么？
11. 有哪几种主要道德观？什么是企业的社会责任，企业的社会责任有哪些

体现？

12. 你如何理解管理的科学性与艺术性？

13. 管理有哪些基本方法？

习题答案

一、选择题

略。

二、名词解释

1. 人际技能是指成功地与别人打交道并与别人沟通的能力。

概念技能是指把观点设想出来并加以处理以及将关系抽象化的能力，把组织视为一个整体，掌握各个部分之间的相互关系。

技术技能是指运用管理者监督专业领域中的过程、惯例、技术和工具的能力。

2. 非正式组织：在正式组织中由于特定的经常性交流而形成的一群人，一般以感情为纽带，以维护共同的利益为特征，在性格、业余爱好相似以及感情相投的基础上，遵循大家所接受的不成文的行为规则，这些规则甚至能左右组织中的每一个人。

3. 社会人：指在工作中将物质利益放在次要位置而将与周围人的友好相处、满足社会归属的需要放在首要位置的那种人。

4. 需求层次理论：马斯洛。马斯洛将需要分为五级，即生理的需要、安全的需要、感情的需要、尊重的需要、自我实现的需要。他的需求层次理论有两个基本论点：（1）人的需要取决于他已经得到了什么，尚缺少什么，只有尚未满足的需要能够影响行为；（2）人的需要都有轻重层次，某一层次的需要得到满足之后，另一个需要才会出现。

5. 赫茨伯格的双因素理论将影响工作的因素分为两类，一类因素当其不具备时人们会抱怨，而具备后人们只是不再抱怨，而不能产生激励作用，这类因素一般与工作条件和环境有关，称为保健因素，如公司管理、监督措施、人际关系、工作条件、薪金、地位等；另一类因素当其不具备时不能产生激励作用，但也不会导致很大不满，而当其具备时就能产生激励作用，这类因素一般与工作内容和工作本身相关，成为激励因素，如工作的性质、成就感、赞赏、提升、责任、在工作中的成长等。

6. X理论指：（1）人的本性是坏的，一般人都有好逸恶劳、尽可能逃避工作的特性；（2）对于大多数人来说，仅用奖赏的方法不足以战胜其厌恶工作的倾向，必须进行强制、监督、指挥、惩罚，才能使他们付出足够的努力去完成给定的工作目标；（3）一般人都胸无大志，通常满足于平平稳稳地完成工作，而不喜欢具有“压迫感”的创造性的工作。

Y 理论指：人并不是懒惰的，他们对工作的喜欢和憎恶取决于这工作对他是一种满足还是一种惩罚；在正常情况下人愿意承担责任；人们都热衷于发挥自己的才能和创造性。

超 Y 理论指不同的人对管理方式的要求是不同的。有人希望有正规化的组织与规章条例来要求自己的工作，而不愿参与问题的决策，这种人欢迎以 X 理论指导管理工作。有的人却需要更多的自治责任和发挥个人创造性的机会，这种人欢迎以 Y 理论为指导的管理工作。

此外，工作的性质、员工的素质也影响到管理理论的选择。不同的情况应采取不同的管理方式。

Z 理论是 19 世纪 80 年代初由日裔美籍学者威廉·大内首先提出的，是相对于日本的 J 型文化和美国的 A 文化，而提出的 Z 型文化，内容有：（1）企业对职工的雇佣应该是长期的而不是短期的；（2）上下结合制定决策，鼓励职工参与企业的管理工作；（3）实行个人负责制；（4）上下级之间关系要融洽；（5）对职工要进行全面的培训；（6）长期评价和稳步提升。

7. 程序化决策：涉及的是那些重复出现的、日常管理的“例行问题”。非程序化决策：涉及的是那些偶然发生的、性质和结构不明的、具有重大影响的“例外问题”。

8. 整体性原理指系统要素之间的相互关系及要素与系统之间的关系，以整体为主进行协调，局部服从整体，使整体效果最优。实际上就是从整体着眼，部分着手，统筹考虑，各方协调，达到整体的最优化。当整体利益和局部利益发生矛盾时，局部利益必须服从整体利益。

综合性原理就是把系统的各部分、各方面和各种因素联系起来，考察其中的共同性和规律性。系统的综合性原理包括的含义，一方面是系统目标的多样性与综合性，另一方面是系统实施方案选择的多样性与综合性，还要由综合而创造，管理者既要学会把许多普普通通的东西综合为新的构思、新的产品，创造出新的系统，又要善于把复杂的系统分解为最简单的单元去解决。

人本原理就是以人为中心的管理思想，这是管理理论发展到 20 世纪末的主要特点。人本原理主要包括下述主要观点：① 尊重人，职工是企业的主体；② 依靠人，有效管理的关键是职工参与；③ 发展人，现代管理的核心是使人性得到最完美的发展；④ 为了人，管理是为人服务的。

责任原理：责任原理的本质是责权利对等，具体包括明确每个人的责任，职位设计和权限委授要合理，奖惩要分明，公正而及时。

效益是与效果和效率既相互联系，又相互区别的概念。效果，是指由投入经过转换而产出的成果。效率是指单位时间内所取得的效果的数量。效益是有效产出与投入之间的一种比例关系，可从社会和经济这两个不同角度去考察，即社会效益和经济效益。效益是管理的根本目的。管理就是对效益的不断追求。

9. 企业伦理道德与社会责任：伦理的本义指行为与辈分角色相吻合的原理，“道”指规律，“德”指按规律办事，企业伦理道德指企业行为应该与企业的社会角色相一致，包括两方面含义：一是按经济规律获取经济利益的同时，只有承担了社会责任才能真正获得社会认可，才能获取进一步的发展；二是企业不仅仅是一个经济实体，其本身就是构建社会的主体，是社会责任理所当然的承担者。

伦理的功利观认为决策要完全依据其后果或结果作出。功利主义的目标是为尽可能多的人提供尽可能多的利益。一方面，功利主义对效率和生产率有促进作用，并符合利润最大化的目标；另一方面，它会造成资源配置的扭曲，尤其是在那些受决策影响的人没有参与决策的情况下。同时，功利主义也会导致一些利益相关者的权利受到忽视。

伦理的综合社会契约理论主张把实证（是什么）和规范（应该是什么）两种方法并入商业伦理中，即要求决策人在决策时综合考虑实证和规范两方面的因素。这种伦理观综合了两种“契约”：(1) 经济参与人当中的一般社会契约，这种契约规定了做生意的程序；(2) 一个社区中特定数量的人当中的较特定的契约，这种契约规定了哪些行为方式是可接受的。

10. 管理哲学就是关于管理的世界观和方法论，管理主客体矛盾运动规律的科学。管理哲学主要由以下几个方面构成：(1) 管理辩证法；(2) 管理认识论；(3) 管理文化；(4) 管理的科学价值观。

三、问答题

1. 西蒙：管理就是决策，决策过程分成四个阶段，分别为调查情况、制定方案、选择并执行方案、评价执行情况。泰罗认为管理就是确切地知道要别人干什么，并使他们用最好、最经济的方法去干。法约尔认为管理就是计划、组织、指挥、协调、控制等职能。

2. 管理的职能分为计划、组织、领导、控制、创新，是一切管理活动最基本的职能。每一项管理活动都是从计划开始，经过组织和领导，到控制结束。各职能之间相互交叉渗透，控制的结果可能又导致新的计划，又开始一轮新的管理循环。如此循环不息，把工作不断推向前进。创新在管理循环中处于轴心的地位，成为推动管理循环的原动力。

3. 根据亨利·明茨伯格的研究，管理者扮演着十种角色，这些角色可以归入三大类：

人际角色：包括代表人角色、领导人角色和联络者角色；

信息角色：包括监督者角色、传播者角色和发言人角色；

决策角色：包括企业家角色、干扰应对者角色、资源分配者角色和谈判者角色。

根据罗伯特·卡茨的研究，管理者要具备三类技能：技术技能、人际技能和概念技能。

4. 科学管理的主要内容：(1) 对工人提出科学的操作方法，以便合理利用工时，提高工效；(2) 在工资制度上实行差别计件制；(3) 对工人进行科学的选择、培训和提高；(4) 制定科学的工艺规程，并用文件的形式固定下来以利推广；(5) 使管理和劳动分离。

优点：(1) 它冲破了百多年沿袭下来的传统的、落后的经验管理方法，将科学引进管理领域，管理成为一门理论学科；(2) 由于采用了试验方法研究出科学的标准化操作方法，提高了操作层的劳动生产率；(3) 实行计划与执行相分离，提出职能化管理和例外管理原则。

缺点：把工人看作经济人，没有考虑到人群社会因素，只研究了操作层这样的局部劳动生产率，没有研究整个企业的经营问题。

5. 人际关系学说的主要内容是：(1) 企业的职工是社会人；(2) 满足工人的社会欲望，提高工人的士气，是提高生产效率的关键；(3) 企业中实际存在一种“非正式组织”；(4) 企业应采取新型的领导方法。

行为科学是一门研究人类行为规律的科学。通过研究人的需求、动机和行为之间的关系，分析行为的影响因素，探讨如何控制人的行为以达到预定目标。

6. 法约尔认为管理的中心问题是组织结构和管理原则的合理化，管理人员职责分工的合理化。法约尔认为要经营好一个企业，不仅要改善生产现场的管理，而且应当注意改善有关经营的六个方面的职能：技术职能、经营职能、财务职能、安全职能、会计职能、管理职能（计划、组织、指挥、协调、控制）。

提出了管理应遵循的14条原则：(1) 分工；(2) 权力与责任；(3) 纪律；(4) 统一命令；(5) 统一领导；(6) 员工个人要服从整体；(7) 人员的报酬要公平；(8) 集权；(9) 等级链；(10) 秩序；(11) 公平；(12) 人员保持稳定；

（13）主动性；（14）集体精神。

7. 管理科学学派的主要观点为：（1）生产和经营管理各个领域的各项活动都以经济效果好坏为评价标准；（2）使衡量各项经济活动效果的标准定量化，并借助于数学模型找出最优的实施方案；（3）依靠计算机进行各项管理；（4）特别是强调使用先进的数量方法及管理手段。

决策理论学派的主要观点为：（1）管理就是决策；（2）用满意标准取代最优化理论；（3）以统计学和行为科学理论为基础，借助计算机等工具；（4）决策分为程序性决策和非程序性决策。

8. ERP 的核心管理思想就是实现对整个供应链的有效管理，主要体现在三个方面：（1）体现对整个供应链资源进行管理的思想；（2）体现精益生产、同步工程和敏捷制造的思想；（3）体现事先计划与事中控制的思想。

9. 系统，是指由若干相互联系、相互作用的部分组成，在一定环境中具有特定功能的有机整体。就其本质来说，系统是“过程的复合体”。系统特征：（1）集合性；（2）层次性；（3）相关性。

系统原理的主要内容：（1）整体性原理，当整体利益和局部利益发生矛盾时，局部利益必须服从整体利益。（2）动态性原理，研究系统的动态规律，可以使我们预见系统的发展趋势，树立起超前观念，减少偏差，掌握主动，使系统向期望的目标顺利发展。（3）开放性原理，明智的管理者应当从开放性原理出发，充分估计到外部对本系统的种种影响，努力从开放中扩大本系统从外部吸入的物质、能量和信息。（4）环境适应性原理，作为管理者既要有勇气看到能动地改变环境的可能，又要冷静地看到自己的局限，才能实事求是地作出科学的决策。（5）综合性原理，管理者既要学会把许多普普通通的东西综合为新的构思、新的产品，创造出新的系统，又要善于把复杂的系统分解为最简单的单元去解决。

10. 责任原理包括：1. 明确每个人的职责。挖掘人的潜能的最好的办法是明确每个人的职责。（1）职责的界限要清楚；（2）职责中要包括横向联系的内容；（3）职责要落实到人。2. 职位设计和权限委任要合理。一个人对工作是否能做到完全负责取决于三个因素：（1）权限。实行任何管理都要借助于一定的权力，没有一定的权力，任何人都不可能对工作实行真正的管理。（2）利益。完全负责意味着要承担风险，任何的管理者在承担风险的同时都要对收益进行权衡。这种利益不仅仅是物质利益，还包括精神利益。（3）能力。能力是完全负责的关键因素。3. 奖惩要分明，公正而及时。

责任原理的本质是责权利三者应该是对等的关系才能产生好的效果。

11. 主要有功利主义道德观、权力至上道德观、公平公正道德观、社会契约道德观、推己及人道德观。

社会责任是企业追求有利于社会长远目标的一种义务，超越了法律与经济对企业所要求的义务，是企业管理道德的要求，是企业出于义务的自愿行为。

体现在：（1）办好企业，把企业做大做强做久；（2）企业的一切经营管理应符合道德规范；（3）社区福利投资；（4）社会慈善事业；（5）自觉保护自然环境；（6）节约能源及其他不可再生资源。

12. 管理的科学性是指管理是有规律可循的，遵循一定的规律和原则，是一门科学。管理的艺术性指不能教条地理解和运用管理理论，管理者不仅要判断在具体的情境下应该运用什么理论，而且管理效果直接与管理者的掌控能力相关，有效管理是一门艺术。

13. 法律方法、行政方法、经济方法、教育方法、技术方法。

习　题　二

一、选择题

1. 下列选项中不属于企业的短期决策的是（　　）。

A. 投资方向的选择　　B. 人力资源的开发

C. 组织规模的确定　　D. 企业日常营销

2. （　　）是日常工作中为提高生产效率、工作效率而作出的决策，牵涉范围较窄，只对组织产生局部影响。

A. 战略决策　　B. 战术决策　　C. 管理决策　　D. 业务决策

3. 集体决策的缺点包括（　　）。

A. 花费较多的时间　　B. 产生群体思维

C. 产生的备选方案较少　　D. 责任不明

4. 下列选项属于例外问题的是（　　）。

A. 组织结构变化　　B. 重大投资

C. 重要的人事任免　　D. 重大政策的制定

5. 决策者只寻求满意结果的原因有（　　）。

A. 只能满足于在现有方案中寻找

B. 决策者能力的缺乏

C. 选择最佳方案需要花大量的时间和金钱

D. 决策者只需要有满意的结果

6. 通过（　　）等方法可以提出富有创造性的方案。

A. 独自思考　　B. 头脑风暴法

C. 名义小组技术　　D. 德尔菲技术

7. 过去的决策会影响现在的决策是因为（　　）。

A. 过去的决策是正确的

B. 过去的决策是目前决策的起点

C. 过去的决策都是现在的管理者制定的

D. 过去的决策给组织内外部的环境带来了某种程度的变化

8. 喜好风险的人往往会选取风险程度（　　）而收益（　　）的行动方案。（　　）

A. 较高，较高　　B. 较高，较低

C. 较低，较低　　D. 不确定

9. 知识敏感型决策是指那些对时间要求（　　），而对质量要求（　　）的决策。（　　）

A. 不高，较高　　B. 较高，也较高

C. 较高，不高　　D. 不高，也不高

10. 头脑风暴法实施的原则有（　　）。

A. 对别人的建议不作任何评价

B. 建议越多越好，想到什么就说什么

C. 鼓励每个人独立思考

D. 可以补充和完善已有的建议使它更具说服力

11. 在经营单位组合分析法中，具有较高业务增长率和较低市场占有率的经营单位是（　　）。

A. 金牛　　B. 明星　　C. 幼童　　D. 瘦狗

12. 保本产量是（　　）和（　　）交点所对应的产量。（　　）

A. 总固定成本曲线，总成本曲线　　B. 总收入曲线，总成本曲线

C. 总固定成本曲线，总收入曲线　　D. 总变动成本，总收入曲线

13. 常用的不确定型决策方法有（　　）

A. 小中取大法　　B. 大中取大法

C. 大中取小法　　D. 最小最大后悔值法

14（　　）的计划是有效率的。

A. 能得到最大的剩余　　B. 能以合理的代价实现目标

C. 成本等于收益　　D. 详细

15. 根据计划的明确性，可以把计划分类为（　　）。

A. 长期计划和短期计划　　B. 战略性计划和战术性计划

C. 具体性计划和指导性计划　　D. 程序性计划和非程序性计划

16. 财务计划和人事计划与业务计划的关系是（　　）。

A. 财务计划和人事计划是为业务计划服务的

B. 财务计划和人事计划是围绕着业务计划展开的

C. 财务计划研究如何从资本的提供和利用上促进业务活动的有效进行

D. 人事计划分析如何为业务规模的维持或扩大提供人力资源的保证

17. 下列属于非例行活动的是（　　）

A. 新产品的开发　　B. 品种结构的调整

C. 工资制度的改革　　D. 生产规模的扩大

18. 计划是（　　）。

A. 面向未来的　　B. 过去的总结

C. 现状的描述　　D. 面向行动的

19. 评价行动计划，要注意（　　）。

A. 认真考察每一个计划的制约因素和隐患

B. 要用总体的效益观点来衡量计划

C. 既要考虑有形的可用数量表示的因素，又要考虑到许多无形的不能用数量表示的因素

D. 不仅要考虑计划执行带来的利益，还要考虑计划执行带来的损失

20. 拟定和选择行动计划包括（　　）几个内容。

A. 拟定可行动计划　　B. 评估计划

C. 修改计划　　D. 选定计划

21. 创新过程一般包括浸润、（　　）几个方面。

A. 审思　　B. 潜化　　C. 突现　　D. 调节

22. 把战略性计划所确定的目标在时间和空间两个维度展开，（　　）。

A. 具体地规定了组织的各个部门目前到未来的各个较短的时期阶段应该从事何种活动

B. 从事该种活动应达到何种要求

C. 为各组织成员在近期内的行动提供了依据

D. 保证了组织目标的实现

23. 实践中对计划组织实施行之有效的方法主要有（　　）等方法。

A. 决策树法　　B. 滚动方式计划

C. 网络计划技术　　　　　　　　D. 目标管理

24. 关于关键路线，下列说法正确的是（　　）。

A. 一个网络图中只有一条关键路线

B. 关键路线的路长决定了整个计划任务所需的时间

C. 关键路线上各工序完工时间提前或推迟都直接影响着整个活动能否按时完工

D. 确定关键路线，据此合理地安排各种资源，对各工序活动进行进度控制，是利用网络计划技术的主要目的

25. 目标网络的内涵是（　　）。

A. 组织制订各种目标时，必须要与许多约束因素相协调

B. 目标和计划很少是线性的

C. 主管人员必须确保目标网络中的每个组成部分相互协调

D. 组织中的各个部门在制订自己部门的目标时，必须要与其他部门相协调

26. 目标定量化（　　）。

A. 是目标考核的途径　　　　　　B. 往往会损失组织运行的一些效率

C. 有利于组织活动的控制　　　　D. 能为成员的奖惩带来很多方便

27. 设置目标一般要求（　　）。

A. 目标的数量不宜太多

B. 如有可能，也应明示所期望的质量和为实现目标的计划成本

C. 能促进个人和职业上的成长和发展，对员工具有挑战性

D. 适时地向员工反馈目标完成情况

28. 成果评价（　　）。

A. 是实行奖惩的依据

B. 是上下左右沟通的机会

C. 是自我控制和自我激励的手段

D. 既包括上级对下级的评价，也包括下级对上级、同级关系部门相互之间以及各层次自我的评价

29. 组织对不同成员的奖惩（　　）。

A. 是以各种评价的综合结果为依据的

B. 可以是物质的，也可以是精神的

C. 公平合理的奖惩有利于维持和调动组织成员饱满的工作热情和积极性

D. 奖惩有失公正，则会影响这些成员行为的改善

30. 滚动计划方法的作用是（　　）。

A. 计划更加切合实际，并且使战略性计划的实施也更加切合实际

B. 使长期计划、中期计划与短期计划相互衔接

C. 使短期计划内部各阶段相互衔接

D. 大大加强了计划的弹性

31. 按需求的来源不同，企业内部的物料可分为独立需求和相关需求两种类型。下列属于独立需求的是（ ）。

A. 客户订购的产品　　B. 科研试制需要的样品

C. 售后维修需要的备品备件　　D. 半成品

32. 基本 MRP 的依据是：（ ）。

A. 主生产计划（MPS）　　B. 物料清单（BOM）

C. 库存信息　　D. 人员配置

33. ERP 与 MRP、MRP Ⅱ 的区别体现在（ ）。

A. 在资源管理范围方面的差别　　B. 在生产方式管理方面的差别

C. 在管理功能方面的差别　　D. 在事务处理控制方面的差别

34. 供应链包括（ ）等许多管理流程。

A. 顾客服务是最主要的推动力

B. 时间是一种主要竞争杠杆

C. 在组织内各个部分的信息交流必须畅通无阻

D. 其他关于原料、资本和技术的流动也会发生

35. ERP 是将企业资源进行整合集成管理，简单地说是将企业的三大流：（ ）进行全面一体化管理的管理信息系统。

A. 物流　　B. 资金流　　C. 商品流　　D. 信息流

36. 制造标准包括（ ）。

A. 零件　　B. 产品结构　　C. 工序　　D. 工作中心

37. 在分销管理模块中主要体现（ ）三大功能。

A. 对于客户信息的管理和服务　　B. 对于销售订单的管理

C. 对于销售的统计与分析　　D. 对于销售额的管理

38. 销售订单的管理贯穿了产品生产的整个流程，它包括（ ）。

A. 客户信用审核及查询　　B. 产品库存查询

C. 产品报价　　D. 交货期的确认及交货处理

39. 采购管理确定（ ）。

A. 合理的定货量　　B. 选择促销人员

C. 优秀的供应商　　D. 保持最佳的安全储备

40. ERP 的实施准备阶段需要成立领导小组，其主要职责是（　　）。

A. 制定方针策略，指导项目实施小组

B. 批准项目计划、监控项目进程

C. 审定项目目标、范围及评价考核标准

D. 解决项目推进小组不能解决的问题

41. ERP 的模拟运行及用户化阶段的目标和相关的任务是：（　　）。

A. 模拟运行及用户化　　B. 切换运行

C. 制定工作准则与工作规程　　D. 验收

42. 下列属于哈默提出的流程再造的原则是：（　　）。

A. 将并行的活动联系起来而不是将任务集成

B. 对于地理上分散的资源，按照集中在一起的情况来看待和处理

C. 让使用流程最终产品的人参与流程的进行

D. 围绕结果而不是任务进行组织

43. ERP 实施中进行业务流程再造的必要性包括（　　）。

A. 原有的业务流程是不合理的

B. ERP 软件的功能实现要求企业必须进行一定的业务流程再造

C. ERP 软件的应用改变了传统的经营管理方式，企业的 ERP 软件的应用目的要求企业实施业务流程再造

D. ERP 软件的设计背景要求企业进行相应的业务流程再造

44. 团队组建到正常工作一般要经过（　　）。

A. 组建阶段　　B. 规范阶段

C. 动荡阶段　　D. 功能发挥阶段

二、名词解释

1. 决策

2. 战略决策，战术决策，追踪决策，风险型决策，量本利分析法

3. 头脑风暴法，德尔菲技术（德尔菲方法）

4. 计划

5. 战略性计划，战术性计划，具体计划与指导性计划，程序性计划，非程序性计划

6. 目标管理（MBO）

7. 企业资源计划（ERP）

三、问答题

1. 如何理解决策遵循的是满意原则，而不是最优原则？

2. 陈述古典决策理论和行为决策理论的主要内容，简要分析二者的区别？

3. 简述决策的过程，回答决策的影响因素有哪些？

4. 计划的性质是什么？决策与计划的关系是怎么样的？

5. 回答目标管理的基本思想和过程。

6. 滚动计划法的基本思想和评价。

四、分析或计算

1. 决策树：为了生产甲产品，小行星公司设计了两个基本方案，一是建大厂；二是建小厂，如果销路好，3 年后考虑扩建。建大厂需投资 300 万，建小厂需投资 160 万，三年后扩建另需投资 140 万，扩建后可使用 7 年，其年度损益与建大厂相同。各自然状态概率及年度损益值如下表：

方案	销路好	销路差
	0. 7	0. 3
建大厂	100	-20
建小厂	40	10

请用决策树选择方案。

解答：

建大厂损益：$(100\times0.7-20\times0.3)\times10-300=340$ 万

建小厂损益：$(40\times0.7+10\times0.3)\times10-160=150$ 万

2. 量本利分析法（保本产量，安全边际，安全边际率，边际贡献：价格减去成本）

某企业生产并销售一种产品，每件售价 7 元，每件变动成本为 5 元，月固定费用为 32 000 元，预计月销售量为 20 000 件，要求：

（1）计算盈亏平衡点产量及预计销售利润；

（2）若使利润增加 2 000 元，则应销售多少件产品？

解答：

（1）设盈亏平衡点产量为 x，则 $(7-5)\times x=32\,000$，$x=16\,000$ 件

预计月销售利润为：$(7-5)\times20\,000-32\,000=8\,000$ 元

（2）设应该销售 x 件，则 $(7-5)\times x-32\,000=8\,000+2\,000$，$x=21\,000$ 件

3. 不确定型决策（小中取大，大中取大，最小最大后悔值）

4. 波士顿矩阵分析法

战略业务单位（SBU）	销售收入（百万元）	竞争者数目	前三家竞争者的销售收入（百万元）			市场增长率
A	0.5	8	1.0	1.0	0.5	15%
B	0.6	22	1.6	1.36	1.0	18%
C	1.8	14	1.8	1.2	1.0	7%
D	3.2	5	3.2	0.8	0.7	4%
E	0.5	10	2.5	1.8	1.7	4%

试分析该企业应有的投资策略。

解答：金牛：C 项目，D 项目；瘦狗：E 项目；幼童：A 项目，B 项目。

投资策略应该为：收缩或放弃 E 项目，从 C 项目、D 项目中收益的资金用于 A 项目、B 项目的投资。

5. 当企业某几项投资分别在政策指导矩阵分析中处于 3. 5. 7 的位置时，该企业应该采用什么样的投资策略。

解答：某项投资在政策指导矩阵 3 的位置表明该经营单位市场前景好，但竞争能力弱。要根据不同的情况来区别对待，最有前途的应得到迅速发展，由于企业资源的有限性，其余的则逐渐淘汰；当经营单位处于 5 的位置时，应分配足够的资源使它们随市场的发展而发展；当经营单位处于 7 的位置时，虽有较强竞争能力但市场前景不乐观，该经营单位本身不应得到发展，但可利用其较强的竞争能力为其他快速发展的经营单位提供资金支持。

习题答案

一、选择题

1. ABC	2. D	3. ABD	4. ABCD	5. ABC	6. BCD
7. BD	8. A	9. A	10. ABCD	11. C	12. B
13. ABD	14. AB	15. C	16. ABCD	17. ABCD	18. AD
19. ABCD	20. ABD	21. ABCD	22. ABC	23. BCD	24. ABCD
25. ABCD	26. ABCD	27. ABCD	28. ABCD	29. ABCD	30. ABCD
31. ABC	32. ABC	33. ABCD	34. ABCD	35. ABD	36. ABCD
37. ABC	38. ABCD	39. ACD	40. ABCD	41. ACD	42. ABCD

43. BCD　　44. ABCD

二、名词解释

1. 决策：简单来说是从两个及两个以上方案中选择一个的过程。具体来说，所谓决策，是指组织或个人为实现某种目标而对未来一定时期内有关活动的方向、内容及方式选择或调整的过程。决策是管理者识别并解决问题以及利用机会的过程。(1) 决策的主体是管理者。(2) 决策的本质是一个过程，这一过程由多个步骤组成。(3) 决策的目的是解决问题或利用机会。

2. 战略决策：涉及组织长远发展和长远目标的决策，具有长远性和方向性，如：组织目标、方针的确定。战术决策：又称“管理决策”，是在组织内贯彻的决策，属于战略执行过程中的具体决策。追踪决策指随着初始决策的实施，组织环境发生变化，在这种情况下进行的决策为追踪决策。追踪决策是非零点决策。管理者在进行追踪决策时要注意环境的时刻变化。风险型决策也称随机决策，在这类决策中，自然状态不止一种，决策者不能知道哪种自然状态会发生，但能知道有多少种自然状态以及每种自然状态发生的概率。

量本利分析法又称保本分析法或盈亏平衡分析法，是通过考察产量（或销售量）、成本和利润的关系以及盈亏变化的规律来为决策提供依据的方法。

3. 头脑风暴法又称智力激励法、BS 法、自由思考法，是由美国创造学家 A・F・奥斯本提出的一种激发性思维的方法，是将对解决某一问题有兴趣的人集合在一起，在完全不受约束的条件下，敞开思路，畅所欲言，从而收集创造性方案的一种集体决策方法。四项原则：

(1) 庭外判决原则。对各种意见、方案的评判必须放到最后阶段，此前不能对别人的意见提出批评和评价。认真对待任何一种设想，而不管其是否适当和可行。

(2) 欢迎各抒己见，自由鸣放。创造一种自由的气氛，激发参加者提出各种想法。

(3) 追求数量。意见越多，产生好意见的可能性越大。

(4) 探索取长补短和改进办法。除提出自己的意见外，鼓励参加者对他人已经提出的设想进行补充、改进和综合。

德尔菲技术：是采用背对背的通信方式征询专家小组成员的预测意见，经过几轮征询，使专家小组的预测意见趋于集中，最后作出符合市场未来发展趋势的预测结论。关键是选好专家、恰当的参与人数以及有质量的意见征询表。

4. 计划从名词角度是指在未来一定时期内关于行动方向、内容和方式安排的管理文件，包括 5“W”1“H”；从动词角度是指为实现决策所确定的目标，预先进行的行动安排。

5. 战略性计划：指用于整体组织的，为组织设立的较长时间总体目标和寻求组织在环境中的地位的计划，具有整体性和长期性。战术性计划：规定总体目标如何实现的细节的目标。具体性计划：具有明确规定的目标，不存在模棱两可。指导性计划：规定一些一般的方针和行动原则，给予行动者较大的自由处置权。程序性计划指程序化决策所对应的计划，涉及的是那些重复出现的，日常管理的“例行问题”。非程序性计划指非程序化决策所对应的计划，涉及的是那些偶然发生的、性质和结构不明的具有重大影响的“例外问题”。

6. 目标管理是一种程序，是一个组织中的上下各级管理人员一起来制订的共同的目标，确定彼此的成果责任。组织最高层结合员工意见制定出一定时期内组织经营活动所要达到的总目标，然后层层落实，要求下属各部门主管人员根据上级制定的目标制定出本部门或自己工作的分目标和相应的保障措施，形成一个目标体系，并把目标完成的情况作为各部门及个人工作绩效评定的依据。

7. 企业资源计划（ERP：Enterprise Resource Planning）是指建立在信息技术基础上，以系统化的管理思想，为企业决策层及员工提供决策运行手段的管理平台。对企业资源进行整合集成管理，将企业三大流：物流、资金流、信息流进行全面一体化管理的管理信息系统。把客户的需求和企业内部的制造活动以及供应商的制造资源整合在一起，形成一个完整的供应链。对供应链上的所有环节，如订单、采购、库存、计划、生产制造、质量管理、运输、分销、服务与维修、财务管理、人事管理、项目管理等进行有效的管理、连接、优化，并与外部市场紧密结合的管理模式。

三、问答题

1. 首先，要想决策达到最优，必须满足以下几个要求：

（1）容易获得与决策有关的全部信息。

（2）真实了解全部信息的价值所在，并据此制定所有可能的方案。

（3）准确预期到每个方案在未来的执行结果。

但是在现实中，这些条件往往得不到满足，具体来说：

（1）组织内外存在的一切对组织的现在和未来都会直接或间接地产生某种程度的影响，但决策者很难收集到反映这一切情况的信息。

（2）对于收集到的有限信息，决策者的利用能力也是有限的，从而决策者只能制定数量有限的方案。

（3）决策所预测的未来状况可能与实际的未来状况有出入，人们对未来的认识是不全面的。

2. 古典决策理论又称规范决策理论，是基于经济人假设提出来的，主要内容包括：

（1）决策者必须全面掌握有关决策环境的信息情报。

（2）决策者要充分了解有关备选方案的情况。

（3）决策者应建立一个合理的自上而下的执行命令的组织体系。

（4）决策者进行决策的目的始终都是在于使本组织获取最大的经济利益。

行为决策理论是西蒙于 20 世纪 50 年代首先提出的，主要内容包括：

（1）有限理性介于完全理性和非理性之间，即人是有限理性的，这是因为在高度不确定和极其复杂的现实决策环境中，人的知识、想象力和计算力是有限的。

（2）决策者在识别和发现问题中容易受直觉上的偏差的影响，在对未来的状况作出判断时，直觉的运用往往多于逻辑方法的运用。

（3）由于受决策时间和可利用资源的限制，决策者即使充分了解和掌握有关决策环境的信息情报，也不能全部了解备选方案，决策者选择的理性是相对的。

（4）在风险型决策中，与经济利益的考虑相比，决策者对待风险的态度起着更为重要的作用。

（5）决策者在决策中往往只求满意的结果，而不愿费力寻求最佳方案。

简要比较：古典决策理论是从理性角度寻找最优方案，而行为决策理论提出有限理性标准，只追求满意方案；古典决策理论把决策视为定量方法，按照固定步骤，而行为决策理论主张把决策视为一种文化现象，认为决策是一个渐进过程。

3. 决策的过程：（1）识别机会或诊断问题；（2）识别目标；（3）拟定备选方案；（4）评估备选方案；（5）作出决定；（6）选择实施战略；（7）监督和评估。决策的影响因素有：（1）环境；环境的特点影响着组织的活动选择，对习惯的反应模式也影响着组织的活动选择。（2）过去决策；（3）伦理；（4）组织文化；（5）时间。

4. 计划的性质：

（1）计划工作是为实现组织目标服务的。

（2）计划工作是管理活动的基础。

（3）计划工作具有普遍性和秩序性。

（4）计划工作要追求效率。

计划与决策的关系：

（1）决策是计划的前提，计划是决策的逻辑延续。（2）在实际工作中，决策与计划是相互渗透的，有时甚至是不可分割地交织在一起的。

5. 目标管理的基本思想：

（1）企业的任务必须转化为目标，企业管理人员必须通过这些目标对下级进行领导并以此来保证企业总目标的实现。

（2）目标管理是一种程序，使一个组织中的上下各级管理人员一起来制订共同的目标，确定彼此的成果责任，并以此项责任来作为指导业务和衡量个人贡献的准则。

（3）每个企业管理人员或工人的分目标就是企业总目标对他的要求，同时也是这个企业管理人员或工人对企业总目标的贡献。

（4）管理人员和工人靠目标来管理，以所要达到的目标为依据，进行自我指挥、自我控制，而不是由他的上级来指挥和控制。

（5）企业管理人员对下级进行考核和奖惩也是依据这些分目标。

目标管理过程：

（1）制定目标，包括确定组织的总体目标和各部门的分目标。

（2）明确组织的作用。

（3）执行目标。

（4）评价成果。

（5）实行奖惩。组织对不同成员的奖惩，是以上述各种评价的综合结果为依据的。奖惩可以是物质的，也可以是精神的。

（6）制定新目标并开始新的目标管理循环。

优点：首先它是一种参与式的管理、民主管理和人性化的管理，上下级的关系是平等、协商、支持和尊重的关系；其次它是一种结果管理，责任明确，考核方便，真正将责权利结合起来，有利于调动下属的积极性和创造性，做到由压制性的管理到自我管理的转变。

局限性：许多目标不易量化；为完成目标而眼光短浅，涸泽而渔；各自单个完成目标而不利于合作；目标的制定费时费力；在环境急剧变化的情况下不易实施等。

6. 滚动计划法的基本思想：这种方法根据计划的执行情况和环境变化情况定期修订未来的计划，并逐期向前推移，使短期计划、中期计划有机地结合起来。由于在计划工作中很难准确地预测将来影响企业经营所面临的经济、政治、文化、技术、产业、顾客等的各种变化因素，而且随着计划期的延长，这种不确定性越来越大。滚动计划法可以避免这种不确定性可能带来的不良后果。具体做法是，采用近细远粗的办法制定计划。

评价：滚动计划方法虽然使得计划编制和实施工作的任务量加大，但在计算机时代的今天，其优点十分明显。

（1）计划更加切合实际，并且使战略性计划的实施也更加切合实际。滚动计划相对缩短了计划时间，加大了计划的准确和可操作性，因此是战略性计划实施的有效方法。

（2）滚动计划方法使长期计划、中期计划与短期计划相互衔接，短期计划内部各阶段相互衔接。

（3）滚动计划方法大大加强了计划的弹性，这对环境剧烈变化的时代尤为重要，它可以提高组织的应变能力。

习 题 三

一、选择题

1. 影响有效管理幅度的因素主要有（ ）。

A. 管理者和被管理者的工作内容 B. 管理者和被管理者的工作能力

C. 管理者和被管理者的工作环境 D. 管理者和被管理者的工作报酬

E. 管理者和被管理者的工作条件

2. 下列因素中有助于管理幅度扩大的因素是哪些（ ）。

A. 主管所处的管理层次较高

B. 计划制定得详尽周到

C. 主管的综合能力、理解能力、表达能力强

D. 下属的工作地点在地理上比较分散

E. 工作环境稳定，变化不大

3. 组织设计的原则包括（ ）。

A. 因人设职与因事设职相结合

B. 命令统一

C. 人人有事做

D. 尽量减轻主要管理者的压力，多设副职

E. 权责对等

4. 保守型战略的企业多采取（ ），风险型战略的企业多采取（ ），分析型战略的企业则采取（ ）。

A. 刚性结构　　B. 柔性结构
C. 兼具刚性和柔性的结构
5. 下列三种战略中，对计划管理要求最严格的是（　　）。
A. 保守型战略　B. 风险型战略　C. 分析型战略
6. 下列三种战略中，以分权为主的是（　　）。
A. 保守型战略　B. 风险型战略　C. 分析型战略
7. 下列三种战略中，高层管理人员以工程师和成本专家为主的是（　　）。
A. 保守型战略　B. 风险型战略　C. 分析型战略
8. 采取分析型战略的企业，对（　　）部门实行详细而严格的计划管理，而对产品的（　　）部门实行较为粗泛的计划管理。
A. 研究开发　B. 生产　C. 市场营销
9. 成功的（　　）的组织具有柔性结构，成功的（　　）的组织具有刚性结构。
A. 单件小批生产　B. 大批大量　C. 连续生产
10. 规模的扩大对组织结构的影响包括（　　）。
A. 分权化　　B. 集权化
C. 规范化　　D. 专职管理人员的数量增加
E. 复杂性提高
11. 下列哪些指标能够用来对组织的分权程度作出判断（　　）。
A. 决策的频度　　B. 决策的幅度
C. 决策的重要性　　D. 对决策的控制程度
12. 下列因素中对分权有促进作用的是（　　）。
A. 组织的规模　　B. 政策的统一性
C. 培训管理人员的需要　　D. 活动的分散性
E. 缺乏受过良好训练的管理人员
13. 下列关于产品部门化的优势，不正确的说法是（　　）。
A. 有利于促进企业内的竞争
B. 有利于节约成本，减少机构的重复设置
C. 有利于企业及时调整生产方向
D. 有利于维护最高行政指挥的权威，有利于维护组织的统一性
E. 有利于高层管理人才的培养
14. 下列技术类型中，集权程度比较高的是（　　）。
A. 单件小批生产　B. 大批大量生产　C. 连续生产

15. 扁平结构的组织具有的优点有（　　）。

A. 信息传递速度快

B. 每位主管能够对下属进行详尽的指导

C. 有利于下属发挥主动性和首创精神

D. 信息失真的可能性小

16. 下列哪类企业最适合采用矩阵式组织结构（　　）。

A. 纺织厂　　B. 医院

C. 电视剧制作中心　　D. 学校

17. 矩阵式组织的主要缺点是（　　）。

A. 分权不充分　　B. 多头领导

C. 对项目经理要求高　　D. 组织稳定性差

18. 企业的组织结构必须与其战略相匹配，企业战略对组织结构设计的影响是（　　）。

A. 战略不同，要求开展的业务活动也会不同，从而会影响部门设置

B. 不同的战略有不同的重点，会影响各部门与职务的相对重要性及相互关系

C. AB 都对

D. AB 都不对

19. 一家产品单一的跨国公司在世界许多地区拥有客户和分支机构，该公司的组织结构应考虑按什么因素来划分部门（　　）。

A. 职能　　B. 产品　　C. 地区　　D. 矩阵结构

20. 某企业的员工在工作中经常接到来自领导的两个有时甚至是相互冲突的命令，以下哪种说法指出了导致这种现象的本质原因（　　）。

A. 该公司在组织设计上采取了职能结构

B. 该公司在组织运作中出现了越权指挥的问题

C. 该公司的组织层次设计过多

D. 该公司组织运行中有意或无意地违背了统一指挥的原则

21. 企业中管理干部的管理幅度，是指他（　　）。

A. 直接管理的下属数量　　B. 所管理的部门数量

C. 所管理的全部下属数量　　D. B 和 C

22. 某公司随着经营范围的扩大，其由总经理直辖的营销队伍人员也从 3 人增加到 100 人，最近，公司发现营销队伍似乎有点松散，对公司的一些做法也有异议，但又找不到确切的原因，从管理的角度看，你认为出现这种情况的最重要

原因可能在于（　　）。

A. 营销人员太多，产生了鱼龙混杂的情况

B. 总经理投入的管理时间不够，致使营销人员产生了看法

C. 总经理的管理幅度太宽，以致无法对营销队伍进行有效的管理

D. 营销队伍的管理层次太多，使得总经理无法与营销人员有效沟通

23. 以下各种说法中，你认为哪一种最能说明企业组织所采取的是越来越分权的做法（　　）。

A. 更多的管理人员能对下属提出的建议行使否决权

B. 下属提出更多的建议并有更大的比例被付诸实施

C. 较低层次的管理人员愿意提出更多、更重要的改进建议

D. 采取了更多的措施减轻高层主要领导的工作负担

24. 很多企业都是由小到大逐步发展起来的，一般在开始时往往采用的组织结构是直线制。但是业务的扩大以及人员队伍的增加，使得高层管理者不得不通过授权的方式委托一批有实力的专业人员进行职能化管理，但是，直线职能制组织形式也存在一些固有的缺陷。下列哪种说法不是直线职能制组织形式的缺陷（　　）。

A. 成员的工作位置不固定，容易产生临时观念

B. 各职能单位自成体系，往往不重视工作中的横向信息沟通

C. 组织弹性不足，对环境变化的反映比较迟钝

D. 不利于培养综合型管理人才

25. 不论是在企业还是在政府机构，秘书一般都是帮助高层管理者进行工作的，他们在组织的职权等级链上的位置是很低的，但是人们常常感到秘书的权力很大。那么秘书拥有的是什么权力？（　　）

A. 合法权力

B. 个人影响权力

C. 强制权力

D. 没有任何权力，只是比一般人更有机会接近领导

26. 日本松下电器公司的创始人松下幸之助曾有一段名言：当你仅有 100 人时，你必须站在第一线，即使你叫喊甚至打他们。但如果发展到 1 000 人，你就不可能留在第一线，而是身居其中。当企业增至 10 000 名职工时，你就必须退居到后面，并对职工们表示敬意和谢意。这段话说明（　　）。

A. 企业规模扩大之后，管理者的地位逐渐上升，高层管理者无须事必躬亲

B. 企业规模的扩大是全体同仁共同努力的结果，对此，老板应心存感激

C. 企业规模扩大之后，管理的复杂性随之增大，管理者也应有所分工

D. 管理规模越大，管理者越需注意自己对下属的态度

27. 戴立在改革开放初期创办了一家小型私营食品企业。由于产品口味好、价格面向一般大众，很快就确立了消费者认可的品牌，销路非常好。在此情况下，戴立企业的员工人数也随之增加：由原来的 6 名家族成员增加到现有的 120 名，工厂规模也扩大了很多。在感受成功喜悦的同时，戴立也意识到前所未有的困扰——他越来越感觉到工作得力不从心。每天疲于处理各种各样的琐事。但是，尽管如此，工厂的管理还是给人以很混乱的感觉。为此，戴立请教了许多人，具有代表性的建议有以下四种，哪个最有效？（　　）

A. 戴立应抽出时间去某著名商学院接受管理方面的培训

B. 应聘请一位顾问，帮他出谋划策

C. 对于企业的组织结构进行改组，在戴立和一线工人之间增加一个管理层

D. 应招聘一位能干的助理，帮助他处理各种琐事

28. 作为企业的总裁，王晶在近几个月里一直都在寻找时间来思考一下公司的长远发展问题。这个星期他加班加点把手里的一些琐事都处理完了，从今天开始他准备不受干扰地集中考虑重大问题。一大早他就坐在办公室考虑这个问题，但正常上班时间一到，大约每隔二十分钟左右就有人进来签字或者请示，王晶非常恼火。你认为这种情况的原因最可能是（　　）。

A. 今天企业中出现了紧急情况

B. 王晶可能比较集权

C. 企业中的其他管理者都不能负起责任来

D. 企业中没有良好的计划

29. 某总经理把产品销售的责任委派给一位市场经营的副总经理，由其负责所有地区的经销办事处，但同时总经理又要求各地区经销办事处的经理们直接向总会计师汇报每天的销售数字，而总会计师也可以直接向各经销办事处经理们下指令。总经理的这种做法违反了什么原则（　　）。

A. 权责对等原则　　B. 命令统一原则

C. 集权化原则　　D. 职务提高、职能分散原则

30. 针对当前形形色色的管理现象，某公司的一位老处长深有感触地说："有的人拥有磨盘大的权力拣不起一粒芝麻，而有的人仅有芝麻大的权力却能推动磨盘。"这句话反映的情况表明：（　　）。

A. 个人性权力所产生的影响力有时会大于职务性权力所产生的影响力

B. 个人性权力所产生的影响力并不比职务性权力所产生的影响力小

C. 非正式组织越来越盛行，并且正在发挥越来越大的作用

D. 这里所描述的只是一种偶然的管理现象，并不具有任何实际意义

31. 某公司有员工 64 人，假设管理幅度为 8 人，该公司的管理人员应为多少人？管理层次有多少层（　　）。

A. 10 人 4 层　　B. 9 人 3 层　　C. 9 人 4 层　　D. 8 人 3 层

32. 某公司属下分公司的会计科长一方面要向分公司经理报告工作，另一方面又要遵守由总公司财务经理制订的会计规章和设计的会计报表，会计科长的直接主管应该是：（　　）。

A. 分公司经理　　B. 总公司财务经理

C. 总公司总经理　　D. 上述三人都是

33. 康全公司是一家设计环保设备的公司，经营规模虽然不大但发展迅速。公司成立以来，为了保持行动的统一性，一直实行较强的集权。请问当下列哪一种情况出现时，公司更有可能改变其过强的集权倾向？（　　）

A. 宏观经济增长速度加快　　B. 公司经营业务范围拓宽

C. 市场对企业产品的需求下降　　D. 国家发布了新的技术标准

34. 下面四种情形中，最能体现集权的组织形式是：（　　）。

A. 公司总经理电话通知销售部经理：把这批产品尽快发到深圳可龙公司，我刚刚与他们联系好

B. 面对激烈的竞争市场，总经理在高层管理会议上讲道：截至昨天，我全面审查了各部门上个月的工作情况，发现生产和销售都没能完成当月指标，而其他部门也出现各种各样的问题。现在，我命令每个部门必须严格按照公司规定的各项指标开展工作。凡是上个月没完成目标的部门，礼拜五必须拿出整改方案

C. 陈经理是一个严肃认真的人，员工很难看到他露出笑容。员工一旦出现差错就会受到严厉的批评。因此，员工都感觉到公司的气氛非常紧张，有些员工甚至因此而退出了公司

D. 总经理每天在上班之前，都微笑地在公司大门迎接员工的到来；每逢员工过生日，他也总要亲自向员工本人道一声“生日快乐”

35. 外部招聘具有哪些优点（　　）。

A. 被聘干部具有“外来优势”，没有历史包袱

B. 能够为组织带来新鲜空气

C. 有利于使被聘者迅速开展工作

D. 有利于鼓舞士气，提高工作热情

E. 有利于平息和缓和内部竞争者之间的紧张关系

36. 下列关于贡献考评的说法不正确的是（　　）。

A. 贡献考评是指考核和评估管理人员在一定时期内担任某个职务的过程中对实现企业目标的贡献程度

B. 应尽可能把管理人员的个人努力和部门的成就区别开来

C. 能力的大小与贡献的多少存在着严格的一一对应的关系

D. 贡献往往是努力程度和能力强度的函数。因此，贡献考评可以成为决定管理人员报酬的主要依据

37. 与被考评对象发生业务联系的人员主要有三类：上级、关系部门、下属。（　　）的考评主要是评估当事人的协作精神；（　　）来填写考评表，主要是考核和评价下属的理解能力和组织执行能力；（　　）的评价则着重于管理者的领导能力和影响能力。

A. 上级人员　　B. 关系部门　　C. 下属

38. 下列关于工作轮换的说法正确的是（　　）。

A. 工作轮换包括管理工作轮换与非管理工作轮换

B. 工作轮换能培养员工的协作精神和系统观念

C. 工作轮换的主要目的是更新知识

D. 为了有效地实现工作轮换的目的，要对受轮换训练的管理人员提出明确的要求

39. 设置助理职务的好处有（　　）。

A. 减轻主要负责人的负担

B. 使助理积累高层管理经验

C. 使培训组织者更好地了解受训人的管理能力

D. 受训者能够学习主管的工作方式，吸取经验

40. 下列可用来考核管理人员计划能力的是（　　）。

A. 他是否为本部门制定与公司目标有明确关系的可考核的长期和短期目标

B. 他是否对下属在进行工作、承担责任的过程中授予相应的职权

C. 他是否理解公司政策在其他决策中的指导作用，并确保下属也这样做

D. 他是否定期检查计划的执行情况，以确保部门的实际工作与计划要求相一致

E. 他是否建立了必要的信息反馈制度，并明确职权系统与信息反馈系统在管理中的地位区别

41. 下列可以用来考核管理人员组织能力的有（　　）。

A. 他对下属的工作职责和任务是否有明确的要求，并确保下属能理解自己

的任务

B. 他是否理解公司政策在其他决策中的指导作用，并确保下属也这样做

C. 他是否对下属在进行工作、承担责任的过程中授予相应的职权

D. 他在授权后是否能控制自己不再利用这些职权进行决策，从而干预下属工作

E. 他是否建立了必要的信息反馈制度，并明确职权系统与信息反馈系统在管理中的地位区别

42. 以下各项，哪项应作为管理干部培训的主要目标（　　）。

A. 传授新知识与新技能

B. 灌输本企业文化

C. 培养他们的岗位职务所需的可操作性技能

D. 以上都是

43. 采取工作轮换的方式来培养管理人员，其最大的优点是有助于（　　）。

A. 提供受训者的业务专精能力　　B. 减轻上级领导的工作压力

C. 增强受训者的综合管理能力　　D. 考察受训者的高层管理能力

44. 以下和企业管理人员需要量无关的因素是（　　）。

A. 企业的产品数量　　B. 组织的规模

C. 人员的流动率　　D. 组织发展的需要

45. 管理人员选聘时不需要作为主要考虑标准是（　　）。

A. 管理的欲望　　B. 冒险的精神

C. 强健的体魄　　D. 沟通的技能

46. 内部招聘的最主要的缺点是（　　）。

A. 引起同事不满　　B. 有历史包袱，不能迅速展开工作

C. 要花很长时间重新了解企业状况　　D. 知识水平可能不够高

47. 某组织中设有一管理岗位，连续选任了几位干部，结果都由于难以胜任岗位要求而被中途免职。从管理的角度来看，出现这一情况的根本原因最有可能是：（　　）。

A. 组织设计上没有考虑命令统一的原则

B. 管理部门选聘干部上没有找到合适人选

C. 组织设计忽视了对干部的特点与能力的要求

D. 组织设计没有考虑到责权对应的原则

48. 某企业采用直线职能制的组织结构，企业中共有管理人员 42 人，其中厂长 1 人，车间主任 4 人，班组长 18 人，职能科长 3 人，科员 16 人。每一岗位

均不设副职。这时，厂长的管理幅度为：（　　）。

A. 4　　B. 7　　C. 22　　D. 23

49. 下列关于非正式组织不正确的说法是（　　）。

A. 非正式组织主要以感情融洽为主要的标准

B. 正式组织与非正式组织是交叉混合的

C. 非正式组织的危害要大于积极作用

D. 非正式组织会引起组织的惰性

50. 下列关于委员会的说法中不正确的是（　　）。

A. 委员会能够综合各种意见，提高决策的正确性

B. 委员会一般只活跃于组织的中间层和较低管理层

C. 委员会容易导致决策时间上的延误

D. 日常事务管理不宜采用委员会的管理方式

51. 下列哪一种情况最不应该采取群体决策方式（　　）。

A. 确定长期投资哪一种股票　　B. 决定一个重要副手的工作安排

C. 选择某种新产品的上市时间　　D. 签署一项产品销售合同

52. 如果你是一家公司的经理，当你发现公司中存在许多小团体时，你的态度是（　　）。

A. 立即宣布这些小团体为非法，予以取缔

B. 深入调查，找出小团体的领导人，向他们发出警告，不要再搞小团体

C. 只要小团体的存在不影响企业的正常运行，可以对其不闻不问，听之任之

D. 正视小团体的客观存在，允许乃至鼓励小团体的存在，对其行为加以积极引导

53. 解决直线人员与参谋间冲突的一个主要方法是（　　）。

A. 赋予直线管理人员参谋职权

B. 让直线人员更多地依靠参谋人员的知识

C. 允许直线人员压制参谋人员

D. 把直线人员与参谋的活动结合起来

54. 企业管理者对待非正式组织的态度应该是（　　）。

A. 设法消除　　B. 严加管理　　C. 善加引导　　D. 积极鼓励

55. 如果你是公司的总经理，你将授予哪种人以决策和行动的权力？（　　）

A. 参谋人员　　B. 直线人员　　C. 咨询人员　　D. 一线员工

56. 在组织中，直线人员与参谋两类不同职权在确保企业有效运动上存在以

下哪种关系（　　）。

A. 领导与被领导　　B. 一般协作同事

C. 负直接责任与协助服务　　D. 命令与服从

57. 车间主任老王最近发现，质检员小林一有空就与机关的小柳、设计室老张和门卫老杨等一起谈足球，个个眉飞色舞，而参加工作例会却没精打采，对此，你认为老王最好采取什么措施？（　　）

A. 批评小林，并对他提出要求，以后不许在厂里和别人谈论足球

B. 严格执行车间工作制定，对擅自违反规定者严加惩罚

C. 在强调必须遵守工作制定的同时，在车间搞一个球迷会，并亲自参加协会活动

D. 对上述情况不闻不问，任其自由发展

58. 一般说来，非正式组织最不可能满足下列哪种需要（　　）。

A. 生理的需要　　B. 归属的需要

C. 自尊的需要　　D. 自我实现的需要

59. 下列关于参谋的说法正确的是（　　）。

A. 必须授予参谋行动和决策权力，以发挥其作用

B. 向参谋授权必须谨慎，授予之后也应该经常亲自指挥

C. 设置参谋职务，是管理现代组织的复杂活动所必需的

D. 参谋的作用发挥失当，应该予以取消

60. 企业的员工中有很多非正式组织，这些非正式组织的内部凝聚力很强，经常利用工余时间活动。对于这些非正式组织，企业的领导通常采用不闻不问的态度。他认为工人在业余时间的活动不应该受到干预，而且工人有社交的需要，他们之间形成非正式组织是很正常的事情。你如何评价该领导的看法：（　　）。

A. 正确，因为人都是社会人

B. 不正确，非正式组织通常是小道消息传播和滋生的土壤，应该抑制这种组织的发展

C. 不正确，非正式组织对于正式组织的影响是双方面的。为了使其在组织中发挥正面的作用，领导者应该策略性地利用非正式组织

D. 正确，因为非正式组织对正式组织的影响是双方面的。为了避免它的负面作用，领导者最好不要干涉

61. 某大学毕业的一名 MBA 学员小王，1995 年到一家私营企业工作。当时，这家企业刚创建不久，小王被分配到 H 省担任销售主管。几年来，小王工作热情很高，全身心地投入，销售业绩连年快速增长，小王也被连续提升。1998 年

小王再次被提升为大区主管，负责指挥7个省的销售工作，工资收入也连续翻番达到年薪30万元。但最近，小王却准备离开公司，另谋高就。同学们询问原因时，小王总是解释说："现在我所在的这家公司可以说缺少谁都可以发展，我已经只是这部高速运转的机器中的一个部件了。"根据小王的说法，你对他所在公司的发展情况作何判断？（　　）

A. 公司的发展潜力不大，因为公司失去了创业初期的活力

B. 公司已经步入正轨，有了较健全的组织体系和制度规范

C. 无法作出判断

D. 公司会面临人才危机

62. 假设你召集下属开会，研究解决领导所布置的一项紧急任务，结果其中有位比较啰嗦的人大讲特讲与主题无关的教条理论，耽误很多时间。你认为如何应付这种情况为好？（　　）

A. 任其讲下去，让其他与会者群起而攻之

B. 不客气地打断其讲话，让别人发言

C. 有策略地打断其讲话，指出时间很宝贵

D. 允许其畅所欲言以表示广开言路

63. 某汽车公司总裁准备开发一个新的产品，为此而召集他的参谋人员开会研究，各个参谋人员的意见并不统一，于是，他们非常激烈地进行了辩论，总裁认真听取了所有参谋人员的意见后，感到自己是正确的，最后，总裁不顾所有参加讨论的参谋人员的反对，决定开发新的产品，以下关于这件事的评论中，你认为最合理的是：（　　）。

A. 总裁太固执己见，独断专行

B. 总裁是在仔细听取了其他参谋人员的看法，并经过深思熟虑后，认定自己的方案是最满意的，才作出决定

C. 做决定时并非一定要少数服从多数，真理有时握在少数人手里

D. B+C

64. 在某条交通流量很大的公路上，由于山洪爆发，交通受阻，被困的几十辆汽车的司机们很快自愿地组合起来，有的拿起手机通知交通部门请求援助，有的去寻找清理工具，有的去安排食宿，大家在统一的指挥下，有条不紊、齐心协力地开展工作。对于上述司机们的行为和活动，你最倾向于以下哪一种评价？（　　）

A. 他们只是一个临时性的群体，与企业中的非正式组织没有什么不同

B. 当紧急事件产生时，人们会自动地组合起来，并进行快速有效的分工。

企业领导如果经常营造出紧急事件，一定会提高组织的工作效率。

C. 受困的司机中大部分都具有奉献精神，否则就不可能有这样的情况发生，因此在招聘员工时应把员工的奉献精神放在首位。

D. 这些司机事实上已经形成了一个组织，因为他们为实现共同目标而组合成了有机的整体。

65. 关于组织文化，正确的说法是（　　）。

A. 变化较慢，一旦形成便日趋加强

B. 变化较快，随时补充新的内容

C. 变化较慢，但每年都会抛弃一些过时的内容

D. 变化较快，特别是企业管理人员变更时

66. 下列关于组织文化的说法中不正确的是（　　）。

A. 一般的文化都是在非自觉的状态下形成的，组织文化则可以是在组织努力的情况下形成

B. 文化组织具有自我延续性，不会因为领导层的人事变更而立即消失

C. 仁者见仁，智者见智，组织文化应该使组织成员面对某些伦理问题时产生多角度的认识

D. 组织文化的内容和力量会对组织员工的行为产生影响

67. 塑造组织文化时，应该注意（　　）。

A. 主要考虑社会要求和行业特点，和本组织的具体情况无关

B. 组织领导者的模范行为在组织文化的塑造中起到号召和导向作用

C. 组织文化主要靠自律，所以不需要建立制度

D. 组织文化一旦形成，就无需改变

68. 组织文化具有（　　）。

A. 较强的创新性，打破传统观念和价值体系

B. 独立于环境，始终保持高雅性和纯洁性

C. 在内外条件发生变化时，淘汰旧文化，发展新文化

D. 以不变应万变，始终保持稳定性

69. 一家企业的组织精神是：团结、守纪、高效、创新，严格管理和团队协作是该厂两大特色，该厂规定，迟到一次罚款 20 元。一天，全市普降历史上少有的大雪，公交车像牛车一样爬行，结果当天全厂有 85% 的职工迟到，遇到这种情况，你认为下列四种方案中哪一种对企业最有利？（　　）

A. 一律扣罚 20 元，以维持厂纪的严肃性

B. 一律免罚 20 元，以体现工厂对职工的关心

C. 一律免罚 20 元，并宣布当天早下班 2 小时，以方便职工
D. 考虑情况特殊，每人少扣 10 元，即迟到者每人扣罚 10 元

70. 关于组织文化的特征，下列说法不正确的是（　　）。
A. 组织文化的中心是人本文化
B. 组织文化的管理方式以柔性管理为主
C. 组织文化的核心是组织精神
D. 组织文化的重要任务是增强群体凝聚力

71. 组织精神（　　）。
A. 一般是在组织的发展历程中自发形成的
B. 其表述必须详细具体，保证每个人都充分理解
C. 折射出一个组织的整体素质和精神风格
D. 是组织文化的核心

72. 文化的特性不包括（　　）。
A. 民族性　　B. 多样性　　C. 整体性　　D. 绝对性

73. 关于组织文化的功能，正确的是（　　）。
A. 组织文化具有某种程度的强制性和改造性
B. 组织文化对组织成员具有明文规定的具体硬性要求
C. 组织的领导层一旦变动，组织文化一般会受到很大影响，甚至立即消失
D. 组织文化无法从根本上改变组织成员旧有的价值观念

二、名词解释

1. 管理幅度（管理跨度），管理层次，扁平结构，锥形结构
2. 因事设职，命令统一原则
3. 任务环境，一般环境，保守型战略，风险型战略，分析型战略
4. 部门化矩阵组织
5. 制度权，专长权，个人影响权
6. 集权与分权，戴尔的分权四维度标志
7. 人员配备，因事择人原则，因材器使原则，人事动态平衡原则
8. 无领导小组讨论
9. 工作轮换，彼得原理
10. 组织变革
11. 组织文化

三、问答题

1. 影响管理幅度的因素有哪些，简述分别是怎么影响的？

2. 组织设计的任务是什么？分为哪些步骤？根据哪些基本原则？

3. 外部环境、经营战略、技术及其变化是如何影响组织结构设计的？

4. 为什么说部门化是横向分工的结果？职能部门化、产品部门化、区域部门化有哪些优势和局限性？

5. 简述领导者影响力的来源，分析集权产生的原因和过分集权的弊端。

6. 回答组织分权的两个主要途径（制度分权和授权）的内涵及其区别。

7. 外部招聘和内部提升的优缺点各有哪些？

8. 管理人员考评的目的和作用是什么？

9. 管理人员培训的目标和方法分别有哪些？

10. 为什么会出现彼德现象？如何防止彼德现象的出现？

11. 非正式组织的存在及其活动对组织目标的实现可能产生何种影响？如何有效地利用非正式组织？

12. 直线关系与参谋关系的角色是什么？如何恰当处理直线与参谋间的矛盾，从而有效地发挥参谋人员的作用？

13. 组织变革的动因有哪些，你怎么认识组织变革的阻力？

14. 简述组织文化的内容、基本功能、塑造途径。

15. 为什么说组织价值观是组织文化的核心？

16. 运用委员会的理由及其局限性。

习题答案

一、选择题

略。

二、名词解释

1. 管理幅度：直接向领导报告工作的下属数量，或主管直接有效指挥和监督的下属数量。

管理层次：组织中最高主管到具体工作人员之间的不同管理层次。

扁平结构：指组织规模已定，管理幅度较大，管理层次较少的一种组织结构形态。优点有迫使上级授权或制定明确的政策；减少管理者和管理层次，降低了管理成本；信息上下传递失真的可能性小。局限性有上级负担过重，容易形成决策的瓶颈；管理有失控的危险；组织的横向差异性扩大。

锥形结构：指管理幅度较小，从而管理层次较多的高、尖、细型的金字塔形态，优点与局限性正好与“扁平结构”相反。

2. 因事设职：组织设计中，首先考虑工作的特点和需要，要求因事设职，因职用人，而非相反。即应该保证“事事有人做”而非“人人有事做”。

命令统一原则：组织中的任何成员只能接受一个上司的领导，其目的是保证等级链的统一指挥，防止多头指挥、政出多门。该组织原则要求：不设副职或尽量少设副职；不能越级请示或越级指挥；职能部门不能直接向直线部门的下级发号施令。

3. 任务环境：对组织目标有直接影响的方面，如顾客、供应商、竞争对手、金融机构、工会、行业协会、政府机构等。

一般环境：对企业的日常经营没有直接影响，而对企业及企业任务环境产生影响的要素，如宏观经济、政治制度、法律法规等。

保守型战略认为企业面临的环境是较为稳定的，需求不再有大的增长变化。战略目标为保持产品已取得的市场份额，改善内部的生产条件，提高效率，降低成本。在组织设计上强调管理和生产的规范化程度。

风险型战略认为环境复杂多变，需求高速增长，市场变化很快，机遇和挑战并存。企业不断开发新产品，开拓新市场，实行新的经营管理办法。

分析型战略介于前两者之间，力求在两者之间保持适当的平衡，组织结构兼具刚性和柔性的特征。

4. 部门化：是将整个管理系统分解、再分解成若干个相互依存的基本管理单位，是在劳动横向分工的基础上形成的。分工的标准不同，所形成的管理部门以及各部门间的相互关系亦不同。经常运用的部门划分标准是职能、产品以及地区。

矩阵组织：是一种由纵横两套系统交叉形成的复合结构组织。其中，纵向的是职能系统；横向的是为完成某项专门任务而组成的项目系统。优点：充分利用组织的各项资源，适应性强；避免部门重复设置，最大程度调配集中优势资源，完成特定的项目任务。缺点：双重领导，员工可能无所适从；项目经理权责不易一致；资源分配有时会有矛盾。

5. 制度权：法律或组织系统赋予某一职位的权力，与职务有关而与占据这个职位的人无关。制度权一般包括决策权、奖惩权和人事权。

专长权：管理者因具备某种专门知识或技能而产生的影响能力。

个人影响权：因个人的品质、社会背景等因素而赢得别人的尊重与服从的能力。

6. 集权：决策权在较高管理层次的一定程度的集中。

分权：决策权在较低管理层次的一定程度的分散。

戴尔的分权四维度标志：

（1）分权的频度。组织中较低管理层次制定决策的频度或数目越大，则分权程度越大。

（2）决策的幅度。组织中较低层次决策的范围越广，涉及职能越多，则分权程度越大。

（3）决策重要性。重要性越高，分权程度越大。

（4）对决策的控制程度。控制程度越低，分权程度越大。

7. 人员配备是为每个岗位配备适当的人，在满足组织正常运转的同时为每个人安排恰当的工作，是组织设计的逻辑延续。

因事择人原则指选人的目的在于使其担当一定的职务，要求其从事与该职务相应的工作，要使工作卓有成效地完成，首先要求工作者具备相应的知识和能力。

因材器使原则指从人的角度来考虑，只有根据人的特点来安排工作，才能使人的潜能得到最充分的发挥，使人的工作热情得到最大限度的激发。

人事动态平衡原则指人与事的配合需要进行不断的调整，使能力发展并得到充分证实的人去从事更高层次的负更多责任的工作，使能力平平、不符合职务需要的人有机会进行力所能及的活动，以求使每一个人都能得到最合理的使用，达到人与工作的动态平衡。

8. 无领导小组讨论属于情境测试，一般要求被测者（4~6 人）在一个被监控的房间里讨论一个简短案例，评测者在监控室通过监控录像评测小组讨论成员的合作能力、领导能力、应变能力等。

9. 工作轮换：包括管理工作轮换和非管理工作轮换。管理工作轮换是在提拔某个管理人员担任较高层次的职务前，让其先在一些较低层次的部门工作，以积累不同部门的管理经验。非管理工作轮换是让受培训者轮流在公司经营的不同环节工作，以熟悉各种业务的工作知识。

彼得原理：英国幽默大师劳伦斯彼得发现，在实行等级制的组织中，每个人都倾向于爬到自己力所不及的层次。所以组织中经常出现管理人员在提升后不能保持原来的业绩，给组织效率带来负面影响。

10. 组织变革：组织根据内外环境的变化，及时对组织中的要素进行结构性变革，以适应未来组织发展的要求。

压力：在动态的环境条件下，个人面对种种机遇、规定以及追求的不确定性所造成的一种心理负担。其可能带来负面影响，也有可能带来正面的激励效果。

11. 组织文化：组织在长期的实践活动中逐步形成的并为组织成员普遍认可

和遵循的具有本组织特色的价值观念、团体意识、工作作风、行为规范和思维方式的总和。

三、问答题

1. 主管和下属的工作能力。主管的综合能力、理解能力、表达能力强，管理的幅度便可适当宽些。

工作的内容和性质：(1) 主管所处的管理层次。(2) 下属工作的相似性。(3) 计划的完善程度。

工作条件：(1) 助手的配备情况。(2) 信息手段的配备情况。(3) 工作地点的相近性。

工作环境。组织环境稳定与否会影响组织活动内容和政策的调整频度与幅度。环境变化越快，变化程度越大，组织中遇到的新问题越多，下属向上级的请示就越有必要、越经常。因此，环境越不稳定，各层主管人员的管理幅度越受到限制。

2. 组织设计的任务：设计组织的结构是执行组织职能的基础工作，组织设计的任务是提供组织结构系统图和编制职务说明书。

组织设计步骤：(1) 职务设计与分析。(2) 部门划分。(3) 结构的形成。

组织设计的原则：因事设职和因人设职相结合的原则；权责对等的原则（职权和职责对等）；命令统一的原则。

3. 组织的外部环境的影响：组织外部的环境必然会对内部的结构形式产生一定程度的影响。这种影响主要表现在三个层次上：对职务和部门设计的影响；对各部门关系的影响；对组织结构总体特征的影响。

经营战略的影响："保守型战略"在组织设计上强调管理和生产的规范化程度，采用刚性结构是这种组织结构的基本特征；"风险型战略"在组织设计上要保证创新的需要和部门间的协调，实行柔性结构是这种组织的基本特征；"分析型战略"力求在两者之间保持适当的平衡，组织结构兼具刚性和柔性的特征。

技术及其变化的影响：首先是生产技术的影响，经营成功的企业组织结构与其所属的技术类型有着相互对应的关系，成功的单件小批生产和连续生产的组织具有柔性结构，而成功的大批大量生产的组织具有刚性结构。其次是信息技术的影响：(1) 使组织机构呈现出扁平化的趋势；(2) 对集权化和分权化可能带来双重影响。希望集权化的管理者能够运用先进技术去获得更多的信息和作出更多的决策。同时管理者也能够向下属分散信息并且增强参与性与自主性；(3) 加强或改善了企业内部各部门间以及各部门内工作人员间的协调；(4) 要求给下属以较大的工作自主权；(5) 提高专业人员比率。

4. 横向的分工是根据不同的标准，将对组织活动的管理劳动分解成不同岗位和部门的任务，横向分工的结果是部门的设置，或“组织的部门化”。部门化是将整个管理系统分解、再分解成若干个相互依存的基本管理单位，它是在管理劳动横向分工的基础上进行的。所以部门化是横向分工的结果。

职能部门化优点：（1）职能是划分活动类型，从而设立部门的最自然、最方便、最符合逻辑的标准；（2）有利于维护最高行政指挥的权威，有利于维护组织的统一性；（3）由于各部门只负责一种类型的业务活动，有利于工作人员培训，相互交流。

局限性：（1）不易知道产品结构的调整。（2）由于部门的负责人只从事某种专门业务的管理，缺乏总体的眼光，不利于高级管理人才的培养。由于各部门的性质不同，使各部门之间的活动不协调，影响组织整体目标的实现。

产品部门化优势：（1）能使企业将多元化经营和专业化经营结合起来；（2）有利于企业及时调整生产方向；（3）有利于促进企业的内部竞争；（4）有利于高层管理人才的培养。

局限性：（1）要有多个人去管理各个产品部门；（2）影响企业的统一指挥；（3）各职能部门与总部管理机构重叠，管理费用增加，成本增加。

区域部门化：区域部门化的贡献和缺陷类似于产品部门化。

5. 领导影响力的来源分为两类：一类是制度权影响力或称正式权力，包括决策权、奖惩权、人事权；另一类称为个人性权力，包括专长权和个人影响权。

集权倾向主要与组织历史和领导的个性有关，但有时也可能是为了追求行政上的效率。（1）由小规模逐渐发展壮大的组织，集权的倾向更为明显；（2）个性较强和自信的领导更倾向于集权；（3）由于集权可以保证组织总体政策的一致性，也可以保证决策执行的速率，在有这种要求的情况下，更容易走上集权。

过分集权的弊端有：（1）降低决策的质量。大规模组织的主管远离基层，基层发生的问题经过层层请示汇报后再作决策，则不仅影响决策的正确性，而且影响决策的及时性。（2）降低组织的适应能力。过度集权的组织，可能使各个部门失去自身适应和自身调整的能力，从而削弱组织整体的应变能力。（3）降低组织成员的工作热情。权力的高度集中，组织中的大部分决策均由最高主管或高层管理人员制定，基层管理人员和操作人员的主要任务，甚至唯一任务在于被动地、机械地执行命令。长此以往，他们的积极性、主动性、创造性会被逐渐磨灭，工作热情消失，劳动效率下降，从而使组织的发展失去基础。

6. 权力的分散可以通过两个途径来实现：组织设计中的权力分配（我们称之为制度分权）与主管人员在工作中的授权。制度分权，是在组织设计时，考虑到组织规模和组织活动的特征，在工作分析，从而职务和部门设计的基础上，根据各管理岗位工作任务的要求，规定必要的职责和权限。而授权则是担任一定管理职务的领导者在实际工作中，为充分利用专门人才的知识和技能，或出现新增业务的情况下，将部分解决问题、处理新增业务的权力委任给某个或某些下属。

制度分权与授权的含义不同，决定了它们具有下述区别：（1）制度分权是在详细分析、认真论证的基础上进行的，因此具有一定的必然性；而工作中的授权则往往与管理者个人的能力和精力、拥有的下属的特长、业务发展情况相联系，因此具有很大的随机性。（2）制度分权是将权力分配给某个职位，因此，权力的性质、应用范围和程度的确定，需根据整个组织构造的要求；而授权是将权力委任给某个下属，因此，委任何种权力、委任后应作何种控制，不仅要考虑工作的要求，而且要依据下属的工作能力。（3）分配给某个管理职位的权力，如果调整的话，不仅影响该职位或部门，而且会影响与组织其他部门的关系。因此，制度分权是相对稳定的。除非整个组织结构重新调整，否则制度分权不会收回。相反，由于授权是某个主管将自己担任的职务所拥有的权限因某项具体工作的需要而委任给某个下属，这种委任可以是长期的，也可以是临时的。长期的授权虽然可能制度化，在组织结构调整时成为制度分权，但授权并不意味着放弃权力。（4）制度分权主要是一条组织工作的原则，以及在此原则指导下的组织设计中的纵向分工；而授权则主要是领导者在管理工作中的一种领导艺术，一种调动下属积极性、充分发挥下属作用的方法。

另外，作为分权的两种途径，制度分权与授权是互相补充的：组织设计中难以详细规定每项职权的运用，难以预料每个管理岗位上工作人员的能力，同时也难以预测每个管理部门可能出现的新问题，因此，需要各层次领导者在工作中的授权来补充。

7. 外部招聘

优点：（1）被聘干部具有“外来优势”，没有历史包袱；（2）有利于平息和缓和内部竞争者之间的紧张关系；（3）能够为组织带来新鲜空气。

局限性：（1）外聘干部不熟悉组织的内部情况；（2）组织对应聘者的情况不能深入了解；（3）外聘干部最大局限性莫过于对内部员工的打击。

内部提升

优点：（1）利于鼓舞士气，提高工作热情；（2）有利于吸引外部人才；（3）有利于保证选聘工作的正确性；（4）有利于使被聘者迅速展开工作。

缺点：（1）可能造成近亲繁殖。（2）被聘者可能陷入彼得陷阱。

8. 人事考评首先是为了列出企业人力资本的清单，了解企业管理队伍的基本状况。作用为：（1）为确定管理人员的工作报酬提供依据；（2）为人事调整提供依据；（3）为管理人员的培训提供依据；（4）有利于促进组织内部的沟通。

9. 管理人员培训的目标有：传递信息；改变态度；更新知识；发展能力。

培训方法：工作轮换；设置助理职务；临时代理职务。

10. 英国管理大师劳伦斯·J·彼得发现，“在实现等级制度的组织里，每个人都崇尚爬到能力所不逮的层次”，这就是著名的彼得现象。这种现象产生的一种重要原因是：我们提拔管理人员往往主要根据他们过去的工作成绩和能力。在较低层次上表现优异、能力突出的管理者能否胜任较高层次的管理工作？答案是不肯定的。只有当这些人担任高层次管理工作的能力得到某种程度的证实以后，才应考虑晋升的问题，检验某个管理人员是否具备担任较高职务的条件的一种可行方法，是安排他担任某个临时性的“代理”职务，通过对代理者的考察，组织可以更好地了解他的独立工作能力。如果在代理以前，该管理人员表现突出，部门内的人际关系很好，在执行工作中也表现出一定的创新精神，而在代理过程中，遇事不敢做主，甚至惊慌失措，那么，将“代理”转为“正式”显然是不恰当的。由于“代理”只是一个临时性的职务，因此，取消“代理”使其从事原先的工作，对代理者本人也不会造成任何打击。

11. 非正式组织的积极作用：（1）满足职工的需要；（2）人们在非正式组织中的频繁接触会使相互之间的关系更加和谐、融洽，从而易于产生和加强合作的精神。（3）可以帮助正式组织起到一定的培训作用。（4）非正式组织为了群体的利益，为了在正式组织中树立良好的形象，往往会自觉或自发地帮助正式组织维持正常的活动秩序。

危害：（1）非正式组织的目标如果与正式组织冲突，则可能对正式组织的工作产生极为不利的影响。（2）非正式组织要求成员有一致性的压力，往往也会束缚成员的个人发展。（3）非正式组织的压力还会影响正式组织的变革，促生组织的惰性。

发挥非正式组织的积极作用，要求：（1）利用非正式组织，首先要认识到非正式组织存在的客观必然性和必要性，允许，乃至鼓励非正式组织的存在，为非正式组织的形成提供条件，并努力使之与正式组织吻合。（2）通过建立和宣传正确的组织文化来影响非正式组织的行为规范，引导非正式组织作出积极贡献。

12. 直线与参谋主要是两类不同的职权关系。直线关系是一种指挥和命令的关系，授予直线人员的是决策和行动的权力；而参谋关系则是一种服务和协助的关系，授予参谋人员的是思考、筹划和建议的权力。

发挥参谋的作用，要注意：（1）明确职权关系；（2）授予必要的职能权力；（3）向参谋提供必要的条件。

13. 组织变革的动因有外部环境因素和内部环境因素。

外部环境因素主要包括：（1）整个宏观社会经济环境的变化；（2）科技进步的影响；（3）资源变化的影响；（4）竞争观念的改变。

内部环境主要包括：（1）组织机构适时调整的要求；（2）保障信息畅通的要求；（3）克服组织低效率的要求；（4）快速决策的要求；（5）提高组织整体管理水平的要求。

组织变革的阻力有：（1）个人阻力，包括利益上的影响和心理上的影响。（2）团体阻力，包括组织结构变动的影响和人际关系调整的影响。

14. 组织文化内容：组织价值观、组织精神、伦理规范。

组织文化功能：（1）自我内聚功能。（2）自我改造功能。（3）自我调控功能。（4）自我完善功能。（5）自我延续功能。

塑造途径：（1）选择价值标准；（2）强化员工认同；（3）提炼定格；（4）巩固落实组织文化；（5）丰富发展。

15. 任何一个组织总是要把自己认为最有价值的对象作为本组织追求的最高目标、最高理想或最高宗旨，一旦这种最高目标和基本信念成为统一本组织成员行为的共同价值观，就会构成组织内部强烈的凝聚力和整合力，成为统领组织成员共同遵守的行动指南。因此，组织价值观制约和支配着组织的宗旨、信念、行为规范和追求目的。从这个意义上来说，组织价值观是组织文化的核心。

16. 委员会工作方式的贡献在于：（1）综合各种意见，提高决策的正确性；（2）协调各种职能，加强部门间的合作；（3）代表各方利益，诱导成员的贡献；（4）组织参与管理，调动执行者的积极性。

局限性为：（1）时间上的延误，为了取得大体一致的意见，制定出各方面基本上都能接受的决策，委员会需要召开多次会议。这些会议通常要消费大量的时间。（2）决策的折衷性，委员会的成员既是不同利益集团的代表，同时又有自己个人的利益，他们往往把委员会视为充分表现自己、实现个人或集团目标的手段。（3）权力和责任的分离，委员会的决策可能反映了每个人的意见，但并未反映所有意见，任何人都不会愿意对那些只代表了自己部分利益和观点的决策及其行动负完全的责任。

习　题　四

一、选择题

1. 提出领导者应具备的五种激励特征、八种品质特征的是（　　）。

A. 亨利　B. 鲍莫尔　C. 吉沙利　D. 戴维斯

2. 领导方式的主要理论有（　　）。

A. 管理方格理论　B. 连续统一体理论

C. 期望理论　D. 激励强化理论

E. 权变理论

3. 在菲德勒模型中，下列哪种情况属于较好的领导环境（　　）。

A. 人际关系差，工作结构复杂，职位权力强

B. 人际关系差，工作结构简单，职位权力强

C. 人际关系好，工作结构复杂，职位权力弱

C. 人际关系好，工作结构简单，职位权力强

4. 管理方格图中，9.1 型对应的是（　　）领导方式。

A. 任务型　B. 乡村俱乐部

C. 中庸之道型　D. 贫乏型

E. 团队型

5. 管理方格图中，9.9 型对应的是（　　）领导方式。

A. 任务型　B. 乡村俱乐部

C. 中庸之道型　D. 贫乏型

E. 团队型

6. 提出权变理论的是（　　）。

A. 吉沙利　B. 菲德勒　C. 布莱克　D. 施米特

7. 在人际关系好，工作结构简单的环境中，宜采取（　　）的领导方式。

A. 高 LPC 型　B. 低 LPC 型

8. 乡村俱乐部型的领导方式位于管理方格图的（　　）格。

A. 9.1　B. 1.9　C. 5.5

D. 9.9　E. 1.1

9. 如果一个领导者决断力很强，并且信奉 X 理论，他很可能采取（　　）的领导方式。

A. 专权型　B. 民主型　C. 放任型

10. 如果一个追随者的独立性较强，工作水平高，那么采取（　　）的领导方式是不适宜的。

A. 专权型　　　　B. 民主型　　　　C. 放任型

11. 要做到有效倾听，下列不正确的是（　　）。

A. 领导者必须控制自己的情绪

B. 对于力所能及的要求，要大方许诺

C. 不要随意插话

D. 适时发问，鼓励对方进一步地解释和说明

12. 王先生是某公司的一名年轻技术人员，一年前被调到公司企划部任经理，考虑到自己的资历、经验等，他采取了较为宽松的管理方式，试分析下列哪一种情况下，王先生的领导风格最有助于产生较好的管理效果（　　）。

A. 企划部任务明确，王先生与下属关系好但职位权力弱

B. 企划部任务明确，王先生与下属关系差但职位权力弱

C. 企划部任务不明确，王先生与下属关系差且职位权力弱

D. 企划部任务不明确，王先生与下属关系好且职位权力强

13. 领导方式可以分成专制、民主、放任三种，其中民主型领导方式的主要优点是（　　）。

A. 纪律严格，管理规范，赏罚分明

B. 组织成员具有高度的独立自主性

C. 按规章管理，领导者不运用权力

D. 员工关系融洽，工作积极主动，富有创造性

14. 张教授到某企业进行管理咨询，该企业总经理热情地接待了张教授，并介绍公司的具体情况，才说了 15 分钟，就被人叫了出去，10 分钟后回来继续，不到 15 分钟，又被叫出去。这样，整个下午 3 个小时总经理一共被叫出去 10 次之多，使得企业情况介绍时断时续。这说明（　　）。

A. 总经理不重视管理咨询

B. 该企业可能这几天遇到了紧急情况

C. 总经理可能过度集权

D. 总经理重视民主管理

15. 某公司销售部经理被批评为“控制得太多，而领导得太少”，据此你认为该经理在工作中存在的主要问题可能是（　　）。

A. 对下述销售人员的疾苦没有给予足够的关心

B. 对销售任务的完成没有给予充分的关注

C. 事无巨细，过分亲历亲为，没有做好授权工作

D. 没有为下属销售人员制定明确的奋斗目标

16. 下述哪项活动和领导职能无关（ ）。

A. 向下属传达自己对销售工作目标的认识

B. 与某用户谈判以期达成一项长期销售计划

C. 召集各地分公司经理讨论和协调销售计划的落实情况

D. 召集公司有关部门的职能人员开联谊会，鼓励他们克服难关

17. 某企业多年来任务完成得都比较好，职工经济收入也很高，但领导和职工的关系却很差，该领导很可能是管理方格中所说的（ ）。

A. 贫乏型　　B. 乡村俱乐部型

C. 任务型　　D. 中庸之道型

18. 美国管理大师彼得·德鲁克说过，如果你理解管理理论，但不具备管理技术和管理工具的运用能力，你还不是一个有效的管理者；反过来，如果你具备管理技巧和能力，而没有掌握管理理论，那么充其量你只是一个技术员。这句话说明：（ ）。

A. 有效的管理者应该既掌握管理理论，又具备管理技巧与管理工具的运用能力

B. 是否掌握管理理论对管理者工作的有效性来说无足轻重

C. 如果理解管理理论，就能成为一名有效的管理者

D. 有效的管理者应该注重管理技术与工具的运用能力，而不必注意管理理论

19. 某公司总经理安排其助手去洽谈一个重要的工程项目合同，结果由于助手工作中的考虑欠周全，致使合同最终被另一家公司接走。由于此合同对公司经营关系重大，董事会在讨论其中失误的责任时，存在以下几种说法，你认为哪一种说法最为合理？（ ）

A. 总经理至少应该承担领导用人不当与督促检查失职的责任

B. 总经理的助手既然承接了该谈判的任务，就应对谈判承担完全的责任

C. 若总经理助手又进一步将任务委托给其下属，则也可不必承担谈判失败责任

D. 公司总经理已将此事委托给助手，所以，对谈判的失败完全没有责任

20. 如果你是公司的总经理，在周末下午下班后，公司某位重要客户给你打来电话，说他向公司购买的设备出了故障，需要紧急更换零部件，而此时公司的全体人员均已下班。对于这种情况，你认为以下各种做法中哪一种比较

好？（　　）。

A. 告诉客户，因周末找不到人，只好等下周解决，并对此表示歉意

B. 请值班人员打电话找有关主管人员落实送货事宜

C. 因为是重要客户的紧急需要，马上亲自设法将货送去

D. 亲自打电话找有关主管人员，请他们设法马上送货给客户

21. 假定请你主持召开一个由公司有关“智囊”参加的会议，讨论公司发展战略的制定问题。如果在会上听到了许多与你观点不同的意见，而且你也知道这些意见有失偏颇是因为发言者掌握的资料不全。对此你认为最好采取哪一种做法？（　　）

A. 视情况谈谈自己对一些重要问题的看法

B. 既然是智囊会议，就应允许畅所欲言

C. 及时提供资料，证明这些意见的错误

D. 及时打断这些发言以发表自己的高见

22. 某技术专家，原来从事专业工作，业务精，绩效显著，近来被提拔到所在科室负责人的岗位。随着工作性质的转变，他今后应当注意把自己的工作重点调整到：（　　）。

A. 放弃技术工作，全力以赴，抓好管理和领导工作

B. 重点仍以技术工作为主，以自身为榜样带动下级

C. 以抓管理工作为主，同时参与部分技术工作，以增强与下级的沟通和理解

D. 在抓好技术工作的同时，做好管理工作

23. 卡尔森以前只有宾馆管理经验而无航运业管理经验，但被聘为美国泛美航空公司的总裁后，短短三年，就使这家亏本企业成为高赢利企业。你认为下述四种说法中哪一条有明显错误？（　　）

A. 最高管理者不需要专业知识，只要善于学习、勤于思考就够了

B. 成功的管理经验具有一定的普适性，所以可以成功移植

C. 成功管理的关键是人，只要搞好人的管理，就可取得成功

D. 这仅仅是一种巧合，只能说明卡尔森有特别强的环境适应能力

24. 面对动态变化、竞争加剧的世界经济，管理者必须注意考虑环境因素的作用，以便充分理解与熟悉环境，从而能够做到有效地适应环境并（　　）。

A. 进行组织变革　　　　B. 保护组织稳定

C. 减少环境变化　　　　D. 推动环境变化

25. 有位老师一直认为研究生是不需要课堂闭卷考试的，但学校规定研究生

考试必须采取闭卷形式。结果，这位教师在考场上对学生翻阅参考资料采取了默许的做法。作为一位管理者，你将如何对待这种情况？(　　)

A. 组织学校管理人员，加强考场巡视，以彻底杜绝这种情况的发生

B. 找这位老师谈话，对他的这种做法进行批评，让其不再对学生放任自流

C. 设法消除这位教师的心理抵触情绪，以取得该教师对学校做法的理解

D. 任何事情都不能绝对化，这位老师不主张闭卷考试，就不必强求

26. 一份英国杂志比较了欧洲各国经理的习性和处事手法后得出这样的结论：法国经理最“独裁”，意大利经理最“无法无天”，德国经理最按意气办事，英国经理最不能“安于位”。各国经理的习性和处事方法的不同，最有可能是因为：(　　)。

A. 各国的文化传统不同　　B. 各国的教育体制不同

C. 各国的法律制度不同　　D. 各国的经济发展有差距

27. 某公司财务经理授权会计科长管理应付账款，会计科长由于太忙，不能亲自处理，便授权属下一位会计师负责此事。会计科长对应付账款的管理是：(　　)。

A. 不再负有责任　　B. 仍然负有责任

C. 责任虽没消除但是减轻了　　D. 不再负主要责任

28. 企业中有些问题可以通过制度化方式来处理，而另有一些问题则不能，还有些问题如果进行制度化处理则会导致效率下降。对于一个企业的经营来说，面临以下情况时，你认为哪一种是最没有必要且不可能制度化的？(　　)

A. 随着企业市场规模的增大，应收账款总额急剧上升

B. 随着引进人才增多，企业核心经营理念更趋多元化

C. 随着我国加入世贸组织，市场变化将更具不确定性

D. 企业上下人均收入的提高所导致的员工心态变差

29. 南方某厂订立有严格的上、下班制度并一直遵照执行。一天深夜突降大雪，给交通带来极大不便，次日早晨便有许多同志上班迟到了，厂长决定对此日的迟到者免于惩罚。对此，企业内部职工议论纷纷。在下列议论中，你认为哪种说法最有道理？(　　)

A. 厂长滥用职权

B. 厂长执行管理制度应征询大部分职工的意见

C. 治厂制度又不是厂长一人订的，厂长无权随便变动

D. 规章制度应有一定的灵活性，特殊情况可以特殊处理

30. 提出力场理论的是（　　）。

A. 马斯洛　　B. 卢因　　C. 弗鲁姆　　D. 亚当斯

31. 提出公平理论的是（　　）。

A. 马斯洛　　B. 卢因　　C. 弗鲁姆　　D. 亚当斯

32. 提出期望理论的是（　　）。

A. 马斯洛　　B. 卢因　　C. 弗鲁姆　　D. 亚当斯

33. 激励理论主要包括（　　）。

A. 力场理论　　B. 需求层次理论

C. 权变理论　　D. 公平理论

E. 期望理论

34. 处于需求最高层次的是（　　）。

A. 生理的需要　　B. 安全的需要

C. 感情的需要　　D. 尊重的需要

E. 自我实现的需要

35. 期望理论认为，人们对工作的态度取决于对下述（　　）三种联系的判断。

A. 努力—绩效　　B. 努力—奖赏

C. 奖赏—个人目标　　D. 绩效—奖赏

E. 绩效—个人目标

36. 下列关于强化理论的说法正确的是（　　）。

A. 强化理论是美国心理学家马斯洛首先提出的

B. 所谓正强化就是惩罚那些不符合组织目标的行为，以使这些行为削弱直至消失

C. 连续的、固定的正强化能够使每一次强化都起到较大的效果

D. 实施负强化，应以连续负强化为主

37. 为了激发员工内在的积极性，一项工作最好授予哪类人（　　）。

A. 能力远远高于任务要求的人　　B. 能力远远低于任务要求的人

C. 能力略高于任务要求的人　　D. 能力略低于任务要求的人

38. A、B 两人都是同一个企业的职工，两人横向比较结果是 $Q_A/I_A>Q_B/I_B$，则 B 可能的表现是哪些（　　）。

A. 要求增加报酬

B. 自动减少投入以达到心理上的平衡

C. 离职

D. 没有任何改变

E. 更加努力

39. 需求层次理论认为，人的行为决定于（　　）。

A. 需求层次　　B. 激励程度　　C. 精神状态　　D. 主导需求

40. 高级工程师老王在一家研究所工作，该所拥有一流的研究设备，根据双因素理论，你认为下列哪一种措施最能对老王的工作起到激励作用（　　）。

A. 调整设计工作流程，使老王可以完成完整的产品设计而不是总重复做局部的设计

B. 调整工资水平和福利措施

C. 给老王配备性能更为先进的个人电脑

D. 以上各条都起不到激励作用

41. 从期望理论中，我们得到的最重要的启示是（　　）。

A. 目标效价的高低是激励是否有效的关键

B. 期望概率的高低是激励是否有效的关键

C. 存在着负效价，应引起领导者注意

D. 应把目标效价和期望概率进行优化组合

42. 企业中，常常见到员工之间在贡献和报酬上会相互参照攀比，你认为员工最可能将那一类人作为自己的攀比对象（　　）。

A. 企业的高层管理人员　　B. 员工们的顶头上司

C. 企业中其他部门的领导　　D. 与自己处于相近层次的人

43. 根据马斯洛的需求层次理论，可得如下结论（　　）。

A. 对于具体的个人来说，其行为主要受主导需求的影响

B. 越是低层次的需要，其对于人们行为所能产生的影响也越大

C. 任何人都有五种不同层次的需要，而且各层次的需求程度相等

D. 层次越高的需要，其对于人们行为产生的影响也越大

44. 某企业对生产车间的工作条件进行了改善，这是为了更好地满足职工的（　　）。

A. 生理的需要　　B. 安全的需要

C. 感情的需要　　D. 尊重的需要

E. 自我实现的需要

45. 某企业规定，员工上班迟到一次，扣发当月 50% 的奖金，自此规定出台之后，员工迟到现象基本消除，这是哪一种强化方式？（　　）

A. 正强化　　B. 负强化　　C. 惩罚　　D. 忽视

46. 中国企业引入奖金机制的目的是发挥奖金的激励作用，但到目前，许多

企业的奖金已经成为工资的一部分，奖金变成了保健因素。这说明：（ ）。

A. 双因素理论在中国不怎么适用

B. 保健和激励因素的具体内容在不同国家是不一样的

C. 防止激励因素向保健因素转化是管理者的重要责任

D. 将奖金设计成为激励因素本身就是错误的

47. 公司好几个青年大学生在讨论明年报考 MBA 的事情。大家最关心的是英语考试的难度，据说明年将会有很大提高。请根据激励理论中的期望理论，判断以下四人中谁向公司提出报考的可能性最大？（ ）

A. 小郑大学学的是日语，两年前来公司后，才开始跟着电视台初级班业余学了些英语

B. 小齐英语不错，本科就学管理但他妻子年底就要分娩，家中又无老人可依靠

C. 小吴被公认为“高材生”，英语棒，数学强，知识面广，渴望深造，又无家庭负担

D. 小冯素来冷静多思，不做没把握的事。她自信 MBA 联考每门过关绝对没问题，但认为公司里想报考的人太多，领导最多只能批准 1 人，而自己与领导关系平平，肯定没希望获得领导批准

48. 一位父亲为了鼓励小孩用功学习，向小孩提出：如果在下学期每门功课都考试 95 分以上，就给物质奖励。在下述什么情况下，小孩会受到激励而用功学习？（ ）

A. 平时成绩较好，有可能各门功课都考 95 分以上

B. 奖励的东西是小孩最想要的

C. 父亲说话向来都是算数的

D. 上述三种情况同时存在

49. 下列情况下，适合使用单向沟通的是（ ）。

A. 时间比较充裕，但问题比较棘手

B. 下属对解决方案的接受程度至关重要

C. 上级缺乏处理负反馈的能力，容易感情用事

D. 下属能对解决问题提供有价值的信息和建议

50. 下列说法不正确的是（ ）。

A. 双向沟通比单向沟通需要更多的时间

B. 接受者比较满意单向沟通，发送者比较满意双向沟通

C. 双向沟通的噪音比单向沟通要大得多

D. 在双向沟通中，接受者和发送者都比较相信自己对信息的理解

51. 下列关于非正式沟通的说法正确的是（　　）。

A. 非正式沟通传播的是小道消息，准确率较低

B. 非正式沟通经常将信息传递给本不需要它们的人

C. 非正式沟通信息交流速度较快

D. 非正式沟通可以满足职工的需要

52. 在集权网络中，有一个或两个主要的信息发送者，最集权化的网络是（　　）和（　　）。

A. 轮型　　B. 风车型　　C. 圆型

D. 星型　　E. Y 型

53.（　　）的网络在完成比较简单的工作中比分权化的网络更快、更准确，也更有效。

A. 轮型　　B. 风车型　　C. 圆型

D. 星型　　E. Y 型

54. 员工的满意度也与网络的类型有关，普通成员比较满意（　　）的网络。

A. 轮型　　B. 风车型　　C. 圆型

D. 星型　　E. Y 型

55. 最分权化的网络是（　　）。

A. 轮型　　B. 风车型　　C. 圆型

D. 星型　　E. Y 型

56. 当冲突无关紧要的时候，或当冲突双方情绪极为激动，需要时间慢慢恢复平静时，可采用（　　）策略。

A. 回避　　B. 迁就　　C. 强制

D. 妥协　　E. 合作

57. 当必须对重大事件或紧急事件进行迅速处理时，可采用（　　）策略。

A. 回避　　B. 迁就　　C. 强制

D. 妥协　　E. 合作

58. 当维持稳定和谐关系十分重要时，可以采用（　　）策略。

A. 回避　　B. 迁就　　C. 强制

D. 妥协　　E. 合作

59. 当冲突双方势均力敌、争执不下需采取权宜之计时，可以采用（　　）策略。

A. 回避　　B. 迁就　　C. 强制

D. 妥协　　E. 合作

60. 当冲突双方势均力敌，争执不下，同时事件重大，双方不可能妥协时，可以采用（　　）策略。

A. 回避　　B. 迁就　　C. 强制

D. 妥协　　E. 合作

61. 如果发现一个组织中小道消息很多，而正式渠道的消息很少，这是否意味着该组织（　　）。

A. 非正式沟通渠道中信息传递很通畅，运作良好

B. 正式沟通渠道中消息传递存在问题，需要调整

C. 其中有部分人特别喜欢在背后乱发议论，传递小道消息

D. 充分运用了非正式沟通渠道的作用，促进了信息的传递

62. 张先生是一家企业的经理，创业初期，公司里只有 12 个员工，每个人都由张先生直接管理。随着规模的扩大，张先生聘请了一位副经理，由他处理公司的具体管理事物，自己专心于企业的战略经营，有什么事情都有副经理向其汇报。则公司的沟通网络（　　）。

A. 由轮型变成了 Y 型　　B. 由 Y 型变成了轮型

C. 由轮型变成了链型　　D. 由链型变成了星型

63. 非正式沟通可以满足职工的哪些需要（　　）。

A. 生理需要　　B. 安全的需要

C. 尊重的需要　　D. 社交的需要

E. 自我实现的需要

64. 销售部经理说："我们的销售队伍在竞争对手中是实力最强大的，要不是我们的产品缺乏多样性、不能及时满足消费者需要，我们的销售业绩也不会这么差。"生产部经理说："一流的熟练技术工人完全被缺乏想象力的产品设计局限了。"研发部经理打断说："创新思维凝结出的高科技含量的产品葬送在单调乏味而又机械的低产出生产线上。"上述谈话揭示该企业在组织上存在什么严重问题？（　　）

A. 各部门经理的论述都有道理，只是态度过于强硬

B. 各部门经理对各自角色及其在组织中的作用定位不清晰

C. 各部门经理过于强调本部门工作的重要性

D. 各部门经理对组织内各项职能的分工合作缺乏客观而准确的认识

二、名词解释

1. 领导
2. 领导集体素质
3. 民主型领导
4. 管理方格理论
5. 激励，期望理论，公平理论，强化理论
6. 沟通，单向沟通，双向沟通
7. 非正式沟通，沟通网络
8. 沟通障碍
9. 冲突

三、问答题

1. 领导与管理有什么区别？如何理解领导的性质与作用？
2. 领导方式的基本类型有哪些？有没有最好的或最不好的领导方式？
3. 权变理论的主要内容。
4. 良好的领导艺术要注意哪些方面？
5. 简述激励的过程及动因。
6. 分别简述公平理论和强化理论的主要内容。
7. 领导在处理激励实务时，常用的有哪些方法？
8. 区分沟通的类别，解释企业中的沟通网络。
9. 非正式沟通有何特点？管理者应该如何对待组织中的非正式沟通？
10. 如何妥善地处理冲突？

习题答案

一、选择题

1. C	2. ABE	3. D	4. A	5. E	6. B
7. B	8. B	9. A	10. A	11. B	12. B
13. D	14. C	15. C	16. B	17. C	18. A
19. A	20. D	21. A	22. C	23. D	24. A
25. C	26. A	27. B	28. C	29. D	30. B
31. D	32. C	33. BDE	34. E	35. ACD	36. D
37. D	38. ABC	39. D	40. A	41. D	42. D
43. A	44. B	45. B	46. C	47. C	48. D

49. C	50. B	51. D	52. AE	53. AE	54. BCD
55. D	56. A	57. C	58. B	59. D	60. E
61. B	62. A	63. ACD	64. D		

二、名词解释

1. 领导指一种影响别人的能力，包括职位赋予的合法权力，但更多的是行使专长权和个人影响权。其职责一般包括构建愿景，联合群众，鼓舞和激励，并引导组织不断地改革和创新。领导是指挥、带领、引导和鼓励部下为实现目标而努力的过程，包括下列三要素：（1）领导者必须有部下或追随者。（2）领导者拥有影响追随者的能力或力量。（3）领导的目的是通过影响部下来达到企业的目标。

2. 所谓领导集体素质，是指一个领导班子领导能力的强弱，即要求领导个人素质过关，更要求领导班子的结构合理，整体素质高，包括年龄结构（老中青结合）、知识结构（不同学历层次的结合）、专业结构（不同专门人才的结合）和能力结构（将、相、帅才的结合），在领导集体中能产生 1+1+1>3 的加成效应，而不是 1+1+1<1 的内耗结果。

3. 民主型领导方式指能够发动下属讨论，共同商量，集思广益，然后决策，达到上下融洽，合作一致的工作效果。

4. 管理方格理论是布莱克和穆顿提出的。管理方格是一张方格图，横轴表示领导者对生产的关心，纵轴表示领导者对人的关心。每根轴划分九小格，第一格表示关心程度最低，第九格表示关心程度最高，整个方格图共有八十一个方格，每一小方格代表对“生产”和“人”关心的不同程度组合形成的领导方式。典型的有 1.1 贫乏型领导，1.9 乡村俱乐部型领导，9.1 任务型领导，5.5 中庸型领导和 9.9 团队型领导。

5. 激励：人的一切行动都是由某种动机引起的。动机是人类的一种精神状态，它对人的行动起激发、推动、加强的作用，因此称之为激励。人类的有目的的行为都是出于对某种需要的追求。未得到满足的需要是产生激励的起点，进而导致某种行为。

V·弗鲁姆（ViCtor Vroom）的期望理论认为：只有当人们预期到某一行为能给个人带来有吸引力的结果时，个人才会采取这一特定行为。根据这一理论，人们对待工作的态度取决于对下述三种联系的判断：（1）努力——绩效的联系。（2）绩效——奖赏的联系。（3）奖赏——个人目标的联系。

驱动力=效价×期望值

$M = V \times E$

期望理论的基础是自我利益，它认为每一员工都在寻求获得最大的自我满足。期望理论的核心是双向期望，管理者期望员工的行为，员工期望管理者的奖赏。期望理论的假设是管理者知道什么对员工最有吸引力。期望理论的员工判断依据是员工个人的直觉，而与实际情况不相关。不管实际情况如何，只要员工以自己的直觉确认自己经过努力工作就能达到所要求的绩效，达到绩效后能得到具有吸引力的奖赏，就会驱动他努力工作。

公平理论是美国心理学家亚当斯（J. S. ADAms）于20世纪60年代首先提出的，也称为社会比理论。这种激励理论主要讨论报酬的公平性对人们工作积极性的影响。人们将通过两个方面的比较来判断其所获报酬的公平性，即横向比较和纵向比较。所谓横向比较，就是将“自己”与“别人”相比较来判断自己所获报酬的公平性，并据此作出反应。除了“自己”与“别人”的横向比较外，还存在着自己的目前与过去的比较。

强化理论是由美国心理学家斯金纳（B. P. SkinnEr）首先提出的。该理论认为人的行为是其所获刺激的函数。如果这种刺激对他有利，这种行为会重复出现；若对他不利，这种行为会减弱直至消失。因此管理者要采取各种强化方式，以使人们的行为符合组织的目标。根据强化的性质和目的，可以分为两大类型：正强化和负强化。

6. 沟通：可理解的信息或思想在两个或两个以上的人群中传递或交换的过程。

单向沟通指没有反馈的信息传递。单向沟通比较适合下列几种情况：① 问题较简单，但时间较紧；② 下属易于接受解决问题的方案；③ 下属没有了解问题的足够信息，在这种情况下，反馈不仅无助于澄清事实反而容易混淆视听；④ 上级缺乏处理负反馈的能力，容易感情用事。

双向沟通指有反馈的信息传递，是发送者和接受者相互之间进行信息交流的沟通。它比较适合于下列几种情况：① 时间比较充裕，但问题比较棘手；② 下属对解决方案的接受程度至关重要；③ 下属能对解决问题提供有价值的信息和建议；④ 上级习惯于双向沟通，并且能够有建设性地处理负反馈。

7. 正式沟通：组织系统内，依据组织规定的原则进行的信息传递与交流。

非正式沟通：以非正式组织系统和个人为渠道的信息沟通，主要功能是传播职工所关心的信息，体现的是职工的个人兴趣和利益，与企业正式的要求无关。

沟通网络：指组织中沟通渠道的类型和结构，一种网络不同于另一种网络的基本特征在于渠道的数量、分布以及是单向还是双向。其中最基本的是轮型和风车型。

8. 沟通障碍：在沟通的过程中，由于存在着外界干扰以及其他种种因素，信息往往被丢失或曲解，使得信息的传递不能正常发挥作用，包括个人因素、人际因素、结构因素和技术因素。

9. 冲突：由于某种差异而引起的抵触、争执或争斗的对立状态。有差异就可能引起冲突，甚至不管这种差异是真实存在还是存在于理解中的。冲突的原因可归纳为沟通差异、结构差异、个体差异。冲突的形式可以从最温和的抵触到最激烈的罢工、骚乱和战争。

三、问答题

1. 从本质上说，管埋是建立在合法的、有报酬的和强制性权力的基础上的对下属命令的行为。下属必须遵循管理者的指示。在此过程中，下属可能尽自己最大的努力去完成任务，也可能只尽一部分努力去完成工作。而领导，更多地是建立在个人影响权和专长权以及模范作用的基础上。因此，一个人可能既是管理者，也是领导者，但是，管理者和领导者两者分离的情况也是有的。一个人可能是领导者但并不是管理者。非正式组织中最具影响力的人就是典型的例子。

管理者的职责在于规定完成目标的具体步骤、分配完成目标所需的资源并在组织中建立良好的秩序。领导者的职责一般包括构建愿景，联合群众，鼓舞和激励，并引导组织不断地改革和创新。

领导是指指挥、带领、引导和鼓励部下为实现目标而努力的过程，其本质是被领导者的追随和服从。包括下列三要素：（1）领导者必须有部下或追随者。没有部下的领导者谈不上领导。（2）领导者拥有影响追随者的能力或力量。这些能力或力量包括由组织赋予领导者的职位和权力，也包括领导者个人所具有的影响力。（3）领导的目的是通过影响部下来达到企业的目标。

领导者的作用有：指挥作用、协调作用、激励作用。

2. 怀特和李皮特提出三种基本领导方式：

专权型：指领导者个人决定一切，布置下属执行。这种领导要求下属绝对服从，并认为决策是自己一个人的事情。

民主型：指领导者发动下属讨论，共同商量，集思广益，然后决策，要求上下融洽，合作一致地工作。

放任型：指领导者撒手不管，下属愿意怎么做就怎样做，完全自由。他的职责仅仅是为下属提供信息并与组织外部进行联系，以此有利于下属的工作。

在这些领导方式中，只有根据情境最适合的领导方式，没有最好或最差的领导方式。

3. 权变理论认为不存在一种普适的领导方式，领导工作强烈地受到所处的客观环境的影响。用公式表示为：S=f（L，F，E），其中L代表领导者特征，F代表追随者特征，E代表环境。

费德勒权变理论是代表性的权变理论，其把领导情境具体化为职位权力、任务结构和上下级关系，它们之间组合成过程中不同的情况，并且具体将它们划分为领导情境好、领导情境一般和领导情境差三种类型。同时通过对最不与自己合作同事（LPC）的评价，将领导方式划分为任务导向型领导方式（低LPC）和关系导向型领导方式（高LPC）。该理论认为，在领导情境好以及领导情境差的情况下，采用任务导向型领导方式比较有效，而当领导情境一般或略微有些差的情况下，采用关系导向型领导方式比较有效。

4. 领导是一门科学，更是一门艺术，良好的领导艺术需要注意以下几个方面：

（1）做领导的本职工作。

（2）善于同下属交谈、倾听下属的意见。

（3）争取众人的信任和合作。

（4）做自己时间的主人。

5. 心理学家一般认为，人的一切行动都是由某种动机引起的。动机是人类的一种精神状态，它对人的行动起激发、推动、加强的作用，因此称之为激励。人类的有目的的行为都是出于对某种需要的追求。未得到满足的需要是产生激励的起点，进而导致某种行为。行为的结果，可能使需要得到满足，之后再发生对新需要的追求；行为的结果也可能是遭受挫折，追求的需求未得到满足，由此而产生消极的或积极的行为。

6. 公平理论是美国心理学家亚当斯（J. S. ADAms）于20世纪60年代首先提出的，也称为社会比理论。这种激励理论主要讨论报酬的公平性对人们工作积极性的影响。人们将通过两个方面的比较来判断其所获报酬的公平性，即横向比较和纵向比较。所谓横向比较，就是将“自己”与“别人”相比较来判断自己所获报酬的公平性，并据此作出反应。除了“自己”与“别人”的横向比较外，还存在着自己的目前与过去的比较。

强化理论是由美国心理学家斯金纳（B. P. SkinnEr）首先提出的。该理论认为人的行为是其所获刺激的函数。如果这种刺激对他有利，这种行为会重复出现；若对他不利，这种行为会减弱直至消失。因此管理者要采取各种强化方式，以使人们的行为符合组织的目标。根据强化的性质和目的，可以分为两大类型，正强化和负强化。

7.（1）委以恰当的工作，激发职工内在工作热情；（2）正确评价工作，合理给予报酬，形成良性循环；（3）掌握批评武器，化消极为积极；（4）加强教育培训，提高职工素质，增强进取精神。

8.（1）按照功能划分，沟通可以分为工具式沟通和感情式沟通。（2）按照方法，沟通可分为：口头沟通、书面沟通、非言语沟通、体态语言沟通、语调沟通及电子媒介沟通等。（3）按照组织系统，沟通可分为正式沟通和非正式沟通。（4）按照方向，沟通可分为下行沟通、上行沟通和平行沟通。（5）按照是否进行反馈，沟通可分为单向沟通和双向沟通。

所谓沟通网络，是指组织中沟通渠道的结构和类型。一种网络不同于另一种网络的基本特征在于：渠道的数量、分布以及是单向还是双向。

沟通渠道的结构对组织的活动有重大的影响。一个高效的沟通网络能够调节职工的精神状态，鼓励创新，协调工作，指导员工的各项活动。

9. 企业除了需要正式沟通外，也需要并且客观上存在着非正式沟通。非正式沟通的主要功能是传播职工所关心的信息，体现的是职工的个人兴趣和利益，与企业正式的要求无关。与正式沟通相比，非正式沟通有下列几个特点：

（1）非正式沟通信息交流速度较快；（2）非正式沟通的信息比较准确；（3）非正式沟通效率较高；（4）非正式沟通可以满足职工的需要；（5）非正式沟通有一定的片面性。非正式沟通中的信息常常被夸大、曲解，因而需要慎重对待。

不管人们怎样看待和评价非正式沟通，它都是客观存在的，并且在企业中扮演着重要的角色。（1）管理人员必须认识到它是一种重要的沟通方式，否认、消灭、阻止、打击都是不可取的。（2）管理人员可以充分地利用非正式沟通为自己服务，管理人员可以“听”到许多从正式渠道不可能获得的信息，“知道”谁在传播这些信息，谁最喜欢这些信息，管理人员还可以将自己所需要传递但又不便从正式渠道传递的信息，利用非正式沟通进行传递。（3）对非正式沟通中的错误信息必须“以其人之道，还治其人之身”，通过非正式渠道进行更正。

10. 处理冲突是一门艺术：（1）谨慎选择想要处理的冲突，事事冲到第一线的人不是优秀的管理者；（2）仔细研究冲突双方的代表人物；（3）深入了解冲突的根源；（4）妥善选择处理办法。如必须对重大事件或紧急事件进行迅速处理时，可采用强制策略等等。

习 题 五

一、选择题

1. 下列属于有形成本的是（ ）。

A. 购买计算机　　B. 厂房
C. 系统维护和升级　　D. 公司信誉的降低

2. 下列不属于无形成本的是（　　）。
A. 员工士气不振　　B. 工作程序变动造成的工作瘫痪
C. 员工工资　　D. 公司信誉的降低

3. 有形收益包括（　　）。
A. 销售额的上升　　B. 成本的下降
C. 旷工率的降低　　D. 新产品的开发

4. 无形收益包括（　　）。
A. 信息获取能力的提高　　B. 士气大振
C. 更好的顾客服务　　D. 生产率的提高

5. 信息的完全性要求（　　）。
A. 尽可能详细　　B. 尽可能简洁
C. 在详细和简洁间找到一种平衡　　D. 信息提供越多越好

6. 如果借助金字塔来对管理决策或控制进行分类，则位于塔底的是（　　）控制，位于塔中部的是（　　）控制，位于塔尖的是（　　）。
A. 业务或操作，战术，战略计划和控制
B. 战术，战略计划和控制，业务或操作
C. 战略计划和控制，业务或操作，战术
D. 业务或操作，战略计划和控制，战术

7. 除了信息系统之外，组织通常还可以利用（　　）等信息技术。
A. 电信和网络　　B. 专家系统
C. 机器人　　D. 办公自动化

8. 有效信息的特征有（　　）。
A. 高质量　　B. 完全　　C. 及时　　D. 相关性

9. 有效的控制要求（　　）
A. 选择关键的经营环节
B. 确定恰当的控制频度
C. 收集及时的信息
D. 合理运用预算或非预算的控制手段

10. 根据确定控制标准 Z 值的方法，控制过程可以分为（　　）。
A. 程序控制　　B. 跟踪控制
C. 最佳控制　　D. 自适应控制

11. 在企业生产经营活动中，属于跟踪控制性质的有（　　）。

A. 税金的交纳　　B. 利润、工资、奖金的分配

C. 信息控制程序　　D. 资金、材料的供应

12.（　　）都是应用了最佳控制原理进行决策和管理。

A. 用最小费用来控制生产批量　　B. 用最低成本来控制生产规模

C. 用最大利润率控制投资　　D. 用最短路程控制运输路线

13. 财务分析的目的是（　　）。

A. 了解本期资金占用和利用的结果

B. 弄清企业的盈利能力、偿债能力、维持营运的能力以及投资能力

C. 指导企业在下期活动中调整产品结构和生产方向

D. 决定缩小或扩大某种产品的生产

14. 职工成绩评定的作用有（　　）。

A. 判断每个职工对企业提供的劳动数量和质量贡献

B. 为企业确定付给职工的报酬（物质或精神上的奖惩）提供了客观的依据

C. 通过职工对报酬公平与否的判断，影响他们在下期工作中的积极性

D. 评价要求以对职工表现的客观认识和上级对每个人的工作要求为依据

15. 处理好全面控制与重点控制的关系应认识到（　　）。

A. 控制越多越好

B. 并不是所有成员的每一项工作都具有相同的发生偏差的概率

C. 并不是所有可能发生的偏差都会对组织有相同程度的影响

D. 全面系统的控制不仅代价极高，是不可能的，而且也是不必要的

16. 客观控制要求（　　）。

A. 处理好全面控制与重点控制的关系

B. 控制过程中采用的检查、测量的技术与手段必须能正确地反映企业经营在时空上的变化程度与分布状况

C. 企业还必须定期地检查过去规定的标准和计量规范，以使之符合现时的要求

D. 在遇到某种突发的、无力抗拒的变化的情况下仍能发挥作用

17. 关于控制频度，说法正确的是（　　）。

A. 过于频繁的衡量，会增加控制的费用

B. 检查和衡量的次数过少，则可能使许多重大的偏差不能及时发现

C. 以什么样的频度，在什么时候对某种活动的绩效进行衡量，这取决于被控制活动的性质

D. 管理人员可以在他们方便的时候，而不是在工作绩效仍“在控制中”进行衡量

18. 对下属的工作进行现场监督可以（　　）。

A. 使上级有机会当面解释工作的要领和技巧

B. 纠正下属错误的作业方法与过程

C. 保证计划的执行和计划目标的实现

D. 避免已经产生的经营问题对企业不利影响的扩散

19. 成果控制主要包括（　　）等内容。

A. 财务分析　　B. 成本分析

C. 质量分析　　D. 职工成绩评定

20. 职工成绩评定包括（　　）。

A. 检查企业员工在本期的工作表现

B. 分析职工的行动是否符合预定要求

C. 判断每个职工对企业提供的劳动数量和质量贡献

D. 给职工委派任务

21. 质量分析包括（　　）。

A. 判断企业产品的平均等级系数

B. 了解产品质量水平与其费用要求的关系

C. 找出企业质量工作的薄弱环节

D. 为组织下期生产过程中的质量管理和确定关键的质量控制点提供依据

22. 根据时机、对象和目标的不同，可以将控制划分为（　　）。

A. 最佳控制　　B. 预先控制　　C. 现场控制　　D. 成果控制

23. 下列关于分预算说法正确的是（　　）。

A. 分预算是按照部门和项目来编制的

B. 它们详细说明了相应部门的收入目标或费用支出的水平

C. 规定了他们在生产活动、销售活动、采购活动、研究开发活动或财务活动中筹措和利用劳动力、资金等生产要素的标准

D. 分预算必须用统一的货币单位来衡量

24. 关于增量预算说法正确的是（　　）。

A. 增量预算又称基线预算法，是以上一年度的实际发生数为基础，再结合预算期的具体情况加以调整

B. 它会考虑某项费用是否必须发生，或其预算额有没有必要这么大

C. 在增量法下，预算编制单位的负责人常常竭力用完全年的预算指标，以

致到了年底毫无剩余

D. 这种行为在政府部门、事业单位以及财政投资性的国有企业尤为明显

25. 关于零基预算说法正确的是（　　）。

A. 零基预算受前一年度预算水平的影响

B. 它对现有的各项作业进行分析，并根据其对组织的需要和用途，决定作业的取舍

C. 零基预算依据未来一定期间生产经营活动的需要和各项业务的轻重缓急，对每项费用进行成本——效益分析和评定分级，从而确定其开支的必要性、合理性和优先顺序

D. 零基预算依据企业现有资金的实际可能，在预算中对各个项目进行综合性费用预算

26. 关于销售预算说法正确的是（　　）。

A. 是在销售预测的基础上编制的

B. 通过分析企业过去的销售情况、目前和未来的市场需求特点及其发展趋势，比较竞争对手和本企业的经营实力，确定企业在未来时期内为了实现目标利润必须达到的销售水平

C. 往往需要按产品、区域市场或消费者群（市场层次），为各经营单位编制分项销售预算

D. 通常还需预计不同季度和月度的销售收入

27.（　　）是销售总额与库存平均价值的比例关系。

A. 库存周转率　　B. 固定资产周转率

C. 资金利润率　　D. 销售利润率

28. 关于现金预算正确的是（　　）。

A. 它是对企业未来生产与销售活动中现金的流入与流出进行预测

B. 现金预算只能包括现金流程中的项目

C. 赊销所得的应收款在用户实际支付以前不能列作现金收入

D. 通过现金预算，可以帮助企业发现资金的闲置或不足，从而指导企业及时利用暂时过剩的现金，或及早筹齐维持营运所短缺的资金。

29. 资金支出预算的项目包括：（　　）。

A. 用于更新改造或扩充包括厂房、设备在内的生产设施的支出

B. 用于增加品种、完善产品性能或改进工艺的研究与开发支出

C. 用于提高职工和管理队伍素质的人事培训与发展支出

D. 用于广告宣传、寻找顾客的市场发展支出

30.（ ）是企业的流动资产与流动负债之比。

A. 负债比率 B. 盈利比率 C. 流动比率 D. 经营比率

31.（ ）是销售总额与固定资产之比

A. 库存周转率 B. 固定资产周转率

C. 资金利润率 D. 销售利润率

32. 外部审计的优点是（ ）。

A. 审计人员与管理当局不存在行政上的依附关系，不需看企业经理的眼色行事

B. 可以保证审计的独立性和公正性

C. 了解内部的组织结构、生产流程和经营特点

D. 内部组织成员可能产生抵触情绪，不愿积极配合

33. 投资报酬率控制（ ）。

A. 以某企业或企业内的某经营单位的投资报酬率来衡量该企业或单位的经营绩效

B. 与损益控制相类似，都是建立在财务数据的基础上

C. 把当期利润视为一项投资的收益

D. 主要适用于事业部或其他分权制的部门

34. 报告分析法的关键在于（ ）。

A. 报告内容的真实性、准确性 B. 报告形式的扼要性、可读性

C. 报告时间的及时性 D. 报告人员的高效性

35.（ ）是数量标准的三个潜在来源。

A. 竞争对手的资料 B. 工程研究

C. 历史经验 D. 生产操作人员的意见

二、名词解释

1. 信息
2. MIS，DSS
3. 控制，程序控制，现场控制
4. 适度控制，弹性控制
5. 预算控制，增量预算，零基预算
6. 审计控制，成本控制

三、问答题

1. 简述信息与数据的区别。
2. 管理信息有哪些特征？

3. 简述管理信息系统开发的步骤？
4. 为什么要进行控制？控制有哪些类型？
5. 适度控制有哪些要求（特征）？
6. 有效的控制应具有哪些特征？
7. 描述控制的过程。
8. 解释预算控制的内容，预算有什么作用？

习题答案

一、选择题

1. ABC	2. C	3. ABCD	4. ABC	5. ABC	6. A
7. ABCD	8. ABCD	9. ABCD	10. ABCD	11. ABD	12. ABCD
13. ABCD	14. ABC	15. BCD	16. BC	17. ABC	18. ABCD
19. ABCD	20. ABC	21. ABCD	22. BCD	23. ABC	24. ACD
35. BCD	26. ABCD	27. A	28. ABCD	29. ABCD	30. C
31. B	32. AB	33. ABCD	34. ABC	35. BCD	

二、名词解释

1. 信息：由数据生成，是数据经过加工处理后得到的，如报表、账册、图纸等，被用来反映客观事物的规律，从而为管理工作提供依据。

2. 管理信息系统（MIS）：20 世纪 70 年代开始兴起的由人、计算机相结合的对管理信息进行收集、传递、存储、加工、维护和使用的系统。狭义的管理信息系统是指那些能从内部和外部收集数据，经过加工处理，形成有用信息，以预定的形式提供给各管理层次（中层为主）使用的信息系统。广义的信息系统也包括决策支持系统和专家系统。

决策支持系统（DSS）：以管理科学、运筹学、控制论和行为科学为基础，以计算机技术、仿真技术和信息技术为手段，针对半结构化的决策问题，支持决策活动的具有智能作用的人机系统。DSS 是为了弥补 MIS 的局限性而产生的，由会话系统、控制系统、运行及操作系统、数据库系统、模型库系统、规则库系统和用户共同构成。其特点有：面向决策者、针对半结构化问题、强调支持的概念、模型和用户是两个核心、充分交互式人机对话等。

3.（1）控制是根据事先规定的标准，监督检查各项活动，并根据偏差或调整行动，或调整计划，使两者相吻合的过程。简单而言，控制就是管理者确保实际活动与规划活动相一致的过程。控制工作的主要内容包括确立标准、衡量绩效和纠正偏差。

（2）程序控制：控制标准 Z 值是时间 t 的函数的一类控制。

（3）现场控制：亦称过程控制，是指企业经营过程开始以后，对活动中的人和事进行指导和监督。

4.（1）适度控制：是指控制的范围、程度和频度要恰到好处。

（2）弹性控制：控制系统应在遇到突发的、无力抗拒的变化情况下仍能发挥作用，维持企业的运营，即具有灵活性或弹性。一般来说，弹性控制要求组织制定弹性的计划和弹性的衡量标准。

5. 预算控制就是根据预算规定的收入与支出标准来检查和监督各个部门的生产经营活动，以保证各种活动或各个部门在充分达成既定目标、实现利润的过程中对经营资源的利用，从而使费用的支出受到严格有效的约束。

增量预算：又称基线预算法，是以上一年度的实际发生数为基础，再结合预算期的具体情况加以调整，而很少考虑某项费用是否必须发生，或其预算额有没有必要这么大。

零基预算：它对现有的各项作业进行分析，并根据其对组织的需要和用途，决定作业的取舍；根据未来一定时间生产经营活动的需要和各项业务的轻重缓急，对每项费用进行成本——效益分析和评定分级，从而确定其开支的必要性、合理性和优先顺序；依据企业现有资金的实际可能，在预算中对各个项目进行综合性费用预算。

6. 审计控制：是对反映企业资金运动过程及其结果的会计记录及财务报表进行审核、鉴定，以判断其真实性和可靠性，从而为控制和决策提供依据。分为外部审计、内部审计、管理审计。

成本控制：通过成本核算，保证生产者收回生产费用，获取适当利润的一种控制方法。成本控制的目的是确保产品质量的前提下降低成本。

三、问答题

1. 数据是记录客观事物的性质、形态和数量特征的抽象符号，如文字、数字、图形和曲线等。数据不能直接为管理者所用，因为其确切含义往往不明显。

信息由数据产生，是数据经过加工处理后得到的，被用来反映客观事物的规律，从而为管理工作提供依据。

信息和数据的区别不是绝对的，有时，同样的东西对一个人来说是信息，而对另一个人来说则是数据。

2. 管理信息通常有如下特征：

（1）价值的不确定性。

（2）内容的可干扰性。

（3）形式和内容的更替性。

3.（1）系统调查；（2）系统分析；（3）系统设计；（4）系统实施；（5）系统维护。

4. 控制的必要性表现在：（1）环境的变化：静态环境是不存在的，企业外部的一切每时每刻都在发生着变化。（2）管理权力的分散。（3）工作能力的差异。

根据确定控制标准 Z 值的方法，可以将控制过程分为五类：

（1）程序控制：程序控制的特点是，控制标准 Z 值是时间 t 的函数。

（2）跟踪控制：跟踪控制的特点是，控制标准 Z 值是控制对象所跟踪的先行量的函数。

（3）自适应控制：自适应控制的特点是没有明确的先行量，控制标准 Z 值是过去时刻（或时期）已达状态的函数。

（4）最佳控制：最佳控制的特点是，控制标准 Z 值由某一目标函数的最大值或最小值构成。

（5）目标控制：根据时机、对象和目标的不同，可以将控制划分为三类：

① 预先控制。预先控制是在企业生产经营活动开始之前进行的控制。控制的内容包括检查资源的筹备情况和预测其利用效果两个方面。

② 现场控制。现场控制，亦称过程控制，是指企业经营过程开始以后，对活动中的人和事进行指导和监督。

③ 成果控制。成果控制，亦称事后控制，是指在一个时期的生产经营活动已经结束以后，对本期的资源利用状况及其结果进行总结。

5.（1）防止控制过多或控制不足；（2）处理好全面控制与重点控制的关系；（3）使花费一定费用的控制得到足够的控制收益。

6.（1）适时控制：企业经营活动中产生的偏差只有及时采取措施加以纠正，才能避免偏差的扩大，或防止偏差对企业不利影响的扩散。

（2）适度控制：适度控制是指控制的范围、程度和频度要恰到好处。

① 防止控制过多或控制不足；

② 处理好全面控制与重点控制的关系；

③ 使花费一定费用的控制得到足够的控制收益。

（3）客观控制。

（4）弹性控制。

7. 确立标准；衡量绩效；纠正偏差。

8.（1）预算控制的内容：① 收入预算，由于企业收入主要来源于产品销售，因此收入预算的主要内容是销售预算。

② 支出预算，包括直接材料预算、直接人工预算、附加费用预算。

③ 现金预算，是对企业未来生产与销售活动中现金的流入与流出进行预测，通常由财务部门编制。

④ 资金支出预算，资金支出预算则可能涉及好几个阶段，是长期预算。

⑤ 资产负债预算，资产负债预算是对企业会计年度末期的财务状况进行预测。

（2）预算控制的作用：

① 它使企业在不同时期的活动效果和不同部门的经营绩效具有可比性，可以使管理者了解企业经营状况的变化方向和组织中的优势部门与问题部门，从而为调整企业活动指明了方向。

② 通过为不同的职能部门和职能活动编制预算，为协调企业活动提供了依据。

③ 预算的编制与执行始终是与控制过程联系在一起的；编制预算为企业的各项活动确立财务标准；用数量形式的预算标准来对照企业活动的实际效果，大大方便了控制过程中的绩效衡量工作，也使之更加客观可靠；在此基础上，很容易测量出实际活动对预期效果的偏离程度，从而为采取纠正措施奠定了基础。

习 题 六

一、选择题

1. 下列不属于管理的“维持职能”的是（　　）。

A. 组织　　B. 创新　　C. 控制　　D. 领导

2. 创新与维持的关系说法正确的是（　　）。

A. 维持是创新基础上的发展

B. 创新是维持的逻辑延续

C. 维持是为了实现创新的成果

D. 创新则是为更高层次的维持提供依托和框架

3. 产品创新（　　）。

A. 是企业技术创新的核心内容

B. 受制于技术创新的其他方面

C. 影响其他技术创新效果的发挥

D. 往往要求企业利用新的机器设备和新的工艺方法

4. 经营制度确定了（ ）。

A. 谁是经营者，谁来组织企业生产资料的占有权、使用权和处置权的行使

B. 谁来确定企业的生产方向、生产内容、生产形式

C. 谁来保证企业生产资料的完整性及其增值

D. 谁来向企业生产资料的所有者负责以及负何种责任

5. 产权制度、经营制度、管理制度这三者之间的关系是（ ）。

A. 一般来说，一定的经营制度决定相应的产权制度

B. 在产权制度不变的情况下，企业具体的经营方式可以不断进行调整

C. 在经营制度不变时，具体的管理规则和方法也可以不断改进

D. 管理制度的改进一旦发展到一定程度，则会要求经营制度作相应的调整

6. 就系统的外部说，有可能成为创新契机的变化主要有（ ）。

A. 技术的变化　　B. 人口的变化

C. 宏观经济环境的变化　　D. 文化与价值观念的转变

7. 关于机构说法正确的是（ ）。

A. 它主要涉及管理劳动的横向分工的问题

B. 与不同层次的管理部门之间的关系有关

C. 它主要涉及管理劳动的纵向分工问题，即所谓的集权和分权问题

D. 组织机构完全相同，但机构之间的关系不一样，也会形成不同的结构形式

8. 下列属于环境创新的是（ ）。

A. 通过企业的公关活动，影响社区政府政策的制定

B. 通过企业的技术创新，影响社会技术进步的方向

C. 通过组织创新，提高管理劳动的效率

D. 通过市场创新去引导消费，创造需求

9. 关于市场创新，正确的是（ ）。

A. 它主要是指通过企业的活动去引导消费，创造需求

B. 新产品的开发是企业创造市场需求的唯一途径

C. 市场创新包括通过市场的物理转移，揭示产品新的使用价值，来寻找新用户

D. 市场创新包括通过广告宣传等促销工作，影响人们对某种消费行为的社会评价来增加产品销量

10. 根据熊彼特的观点，一个国家或地区经济发展速度的快慢和发展水平的高低，在很大程度上取决于（　　）。

A. 资源的丰富程度

B. 居民的教育程度

C. 投资的多少

D. 该国或该地区拥有创新精神的企业家数量以及这些企业家在实践中的创新努力

11. 产品创新指（　　）。

A. 必须在原理、技术水平和结构上有突破性的改变

B. 可以是利用新原理、新技术、新结构开发出一种全新产品

C. 也可以是在原有产品的基础上，部分采用新技术而制造出来适合新用途、满足新需要的换代型新产品

D. 还可以是对原有产品的性能、规格、款式、品种进行完善

12. 生产工艺和操作方法的创新要求（　　）。

A. 在设备创新的基础上，改变产品制造的工艺、过程和具体方法

B. 在不改变现有物质生产条件的同时，不断研究和改进具体的操作技术，调整工艺顺序和工艺配方

C. 不断地研究和采用更合理的空间布置和时间组合方式

D. 在原有产品的基础上，采用新技术制造出适合新用途、满足新需要的换代型新产品

13. 生产过程的组织包括（　　）在空间上的布置和时间上的组合。

A. 设备　　B. 工艺装备　　C. 在制品　　D. 劳动

14. 人口因素对企业经营的影响有（　　）。

A. 人口结构的变化直接决定着劳动市场的供给

B. 劳动市场的供给影响企业的生产成本

C. 人口的数量及其构成确定了市场的结构及其规模

D. 人口结构的变化可能为企业的技术创新提供契机

15. 技术创新主要涉及（　　）等不同方面。

A. 材料　　B. 产品　　C. 工艺　　D. 手段

16. 独立开发的优点有（　　）。

A. 若能获得成功，企业将可在一定时期内垄断性地利用新技术来组织生产

B. 可帮助企业形成某种其他企业难以模仿的竞争优势，从而获得高额的垄断性利润

C. 不要求企业拥有数量众多、实力雄厚的技术人员

D. 开发不能获得预期的结果，企业将独自咽下失败的痛苦

17. 联合开发的优点有（　　）。

A. 企业可以与合作伙伴集中更多的资源条件进行更为基础性的创新研究

B. 企业可以与合作伙伴共同地承担由此而引起的各种风险

C. 开发如果失败，企业将与协作伙伴一道来分担各种损失

D. 开发成功，企业不能独自利用研究成果组织产品或工艺的创新

18. 企业制度的作用有（　　）。

A. 规范着参与者类群间的权力关系

B. 影响着这些参与者在企业决策制定与执行中的行为表现

C. 规范了参与者类群间的利益关系

D. 影响着不同参与者在企业成果形成中的行为特点

19. 分工劳动在工业社会的发展中的作用有（　　）。

A. 加剧了普通劳动知识的专门化与狭窄化

B. 加剧了普通劳动技能的专门化与狭窄化

C. 决定了协调分工劳动所需的专门知识的供应的增加

D. 决定了协调分工劳动所需的专门知识的供应的相对稀缺性

20. 关于层级结构说法正确的是（　　）。

A. 直线指挥，分层授权保证了企业行动的迅速

B. 分工细致，权责明确促进了效率的提高

C. 标准统一，正式的角色关系则保证了企业活动的有序性

D. 层级结构发挥作用并取得成功是以一定的环境条件和假设作为前提条件的

21. 网络组织中的核心机构（　　）。

A. 与组织的各工作单元一起完成组织的各项工作

B. 创造促成向心力的企业文化

C. 只选择与调整企业的战略方向

D. 设计各部分共享的组织基础

22. 网络化的层级组织应该是（　　）。

A. 集权和分权的统一　　B. 稳定与变化的统一

C. 政策与实践的统一　　D. 一元性与多元性的统一

23. 工业社会中企业文化的功能与特点包括（　　）。

A. 企业文化是作为企业经营的一种副产品而出现的

B. 企业文化作为一种主要手段发挥作用

C. 企业文化基本上反映了企业组织的记忆

D. 企业文化是多元的

二、名词解释

1. 创新

2. 技术创新，制度创新

三、问答题

1. 作为管理的本质内容，维持和创新的关系是什么？

2. 技术创新包括哪些内容？

3. 在熊彼特的理论中，创新包括几个方面？

4. 网络化的层级组织的基本特征是什么？

习题答案

一、选择题

1. B	2. CD	3. ABCD	4. ABCD	5. BCD	6. ABCD
7. AD	8. ABD	9. AD	10. D	11. BCD	12. AB
13. ABCD	14. ABCD	15. ABCD	16. AB	17. ABC	18. ABCD
19. ABD	20. ABCD	21. BCD	22. ABD	23. AC	

二、名词解释

1. 创新首先是一种思想及在这种思想指导下的实践，是一种原则以及在这种原则指导下的具体活动，是管理的一种基本职能。包括技术创新和制度创新两种基本类型。

2. 技术创新：即与生产制造有关的创新。具体包括要素创新、产品创新和要素组合方法的创新，其中产品创新是技术创新的核心和主要内容。一般通过降低成本或增加用途、完善功能、改进质量而使产品对消费者更有吸引力，来推动竞争力的提高。

制度创新：主要涉及管理和管理体制，即产品生产制造的制度环境。

三、问答题

1. 维持与创新作为管理的两个基本职能，对系统的生存发展都是非常重要的，它们是相互联系、不可或缺的。创新是维持基础上的发展，而维持则是创新的逻辑延续；维持是为了实现创新的成果，而创新则是为更高层次的维持提供依托和框架。任何管理工作，都应围绕着系统运转的维持和创新而展开，卓越的管理是实现维持与创新最优组合的管理。

2. 从生产过程的角度来分析，可以将其分为以下几个方面：

（1）要素创新。从生产的物质条件这个角度来考察，要素创新主要包括材料创新和手段创新。

（2）产品创新。产品是企业的象征，任何企业都是通过向市场提供一定程度上不可替代的产品来表现并实现其社会存在的，产品在国内和国际市场上的受欢迎程度是企业市场竞争成败的主要标志。

（3）要素组合方法的创新

利用一定的方式将不同的生产要素加以组合，这是形成产品的先决条件。要素的组合包括生产工艺和生产过程的时空组织两个方面。

3. 在熊彼特的理论中，创新包括五个方面：

（1）生产一种新的产品；

（2）采用一种新的生产方法；

（3）开辟一个新的市场；

（4）掠取或控制原材料和半成品的一种新的来源；

（5）实现一种新的工业组织。

4.（1）集权和分权的统一。

（2）稳定与变化的统一。

（3）一元性与多元性的统一。

第二模块

综 合 习 题

综合习题一

一、单项选择题（在每小题的四个备选答案中选出一个正确的答案，并将正确答案号码填在题后的括号内，每小题 1 分，共 15 分）

1. 决定管理社会属性的是（　　）。

A. 生产方式　　B. 生产力　　C. 生产关系　　D. 上层建筑

2. 被称为组织理论之父的管理学家是（　　）。

A. 泰罗　　B. 法约尔　　C. 韦伯　　D. 巴纳德

3. 在计划工作的步骤中，计划决策的关键是（　　）。

A. 确定目标　　B. 评价各种方案

C. 选择方案　　D. 制订派生计划

4. 木桶原理是下列哪一原理的形象说法（　　）。

A. 限定因素原理　　B. 许诺原理

C. 灵活性原理　　D. 改变航道原理

5. 预测研究中最活跃的活动是（　　）。

A. 社会未来预测　　B. 技术预测

C. 经济预测　　D. 市场预测

6. 一般意义上的组织泛指（　　）。

A. 按照一定目的和程序组成的一种权责结构

B. 各种各样的社团、企事业单位

C. 具有共同目标的团体

D. 具有不同分工协作的单位

7. 管理宽度按算术级数增加时，主管人员和下属间的关系将以（　　）。

A. 等比级数增加　　B. 等比级数减少

C. 几何级数增加　　D. 几何级数减少

8. 洛克希德导弹与航天公司确定管理幅度的一种方法是（　　）。

A. 上下级关系理论　　B. 格拉丘纳斯法

C. 变量依据法　　D. 分权法

9. 上层主管人员的重要任务是（　　）。

A. 监督执行　　B. 协调执行　　C. 监督控制　　D. 决策控制

10. 考评的结果要反馈到（　　）。

A. 考评的评判人员　　B. 最高级主管人员

C. 组织的顾问　　D. 被考评的主管人员

11. 人与人之间的沟通过程中有重要意义的是（　　）。

A. 思想品德因素　　B. 气质因素

C. 心理因素　　D. 文化素质因素

12. “社会人”的基本假设之一是（　　）。

A. 人们把追求感情当成主要目的

B. 人是最勤奋的

C. 人是为完成组织目标而工作的

D. 人是由社会需求而引起工作动机的

13. “用奖赏兼某些恐吓及处罚的方法去鼓励下属；允许一些自下而上传递的信息；向下属征求一些想法与意见，并允许把某些决策权授予下属，但加以严格的政策控制”，是指下列哪种管理方法（　　）。

A. 利用——命令式方法　　B. 温和命令式方法

C. 商议式方法　　D. 集体参与式方法

14. 最理想的标准是（　　）。

A. 实物标准　　B. 费用标准

C. 资金标准　　D. 可考核标准

15. 现场控制主要为（　　）所采用的控制方法。

A. 基层主管人员　　B. 中层主管人员

C. 高层主管人员　　D. 非主管人员

二、多项选择题（在每小题的五个备选答案中选出二个至五个正确的答案，并将正确答案的号码分别填在题后的括号内。正确答案未选全或有选错的，该小题无分。每小题 1 分，共 15 分）

1. 美国管理学家德鲁克认为管理者的责任包括（　　）。

A. 管理物资　B. 管理资金
C. 管理组织　D. 管理管理者
E. 管理工作和工人

2. 形成“管理理论丛林”的学派中包含有（　　）。

A. 管理过程学派　B. 管理技术学派
C. 社会合作学派　D. 群体行为学派
E. 数学学派

3. 所谓计划工作的前提，就是计划工作的（　　）。

A. 假定条件　B. 基本条件　C. 预期环境
D. 外部环境　E. 内部条件

4. 计划工作的基本原理包括（　　）。

A. 限定因素原理　B. 许诺原理
C. 灵活性原理　D. 可控性原理
E. 改变航道原理

5. 德尔菲法的要点是（　　）。

A. 背靠背地征询意见　B. 对专家意见进行统计归纳
C. 要忠实于专家们的回答　D. 沟通反馈意见
E. 给专家们物质与精神奖励

6. 对备选方案的要求是（　　）。

A. 互相包容　B. 互相排斥　C. 具有典型性
D. 具有一般性　E. 具有代表性

7. 按地区划分部门的优点有（　　）。

A. 有利于改善地区的协调　B. 有利于改善地区之间的协调
C. 有利于培养全面管理人才　D. 有利于取得地区经营的经济效益
E. 有利于加强主管部门的控制

8. 现代的观点认为，人员配备要包括（　　）。

A. 选人　B. 评人　C. 育人
D. 使用人　E. 留住人

9. 主管人员的考评方法有个演变过程，一般包括以下哪些阶段（　　）。

A. 传统的个人品质考评　B. 对主管人员绩效的考评
C. 按岗位技能标准考评　D. 按主管人员的标准进行考评
E. 按岗位责任制考评

10. 领导工作包括下列哪些原理（ ）。

A. 命令一致原理 B. 不断培养原理

C. 责权利一致原理 D. 指明目标原理

E. 沟通联络原理

11. 沟通联络的原则是（ ）。

A. 上、下级平等的原则 B. 准确性的原则

C. 科学性的原则 D. 完整性的原则

E. 战略上使用非正式组织的原则

12. 激励需求理论的创始人麦克莱兰的研究表明（ ）。

A. 生理与安全需要比较强烈

B. 成就需要比较强烈

C. 成就需要可以通过培养来提高

D. 一个组织的成败与他们具有高成就需要的人数有关

E. 自我成就需要是最强烈的

13. 现有的有关领导理论可以分为哪三大类？（ ）

A. 性格理论 B. 行为方式理论

C. 激励理论 D. 权变理论

E. 沟通联络理论

14. 管理控制和一般控制的相同点在于（ ）。

A. 同是一个信息反馈过程

B. 都是为了实现组织目标

C. 都包括拟订标准、衡量绩效、纠正偏差三个基本步骤

D. 都是一个有组织的系统

E. 都是防止系统活动变化

15. 控制活动的标准来自计划工作所确定的（ ）。

A. 目标 B. 政策 C. 战略

D. 规范 E. 制度

三、填空题（每空 1 分，共 15 分）

1. 19 世纪末 20 世纪初____________的出现是管理学形成的标志。

2. 管理过程学派认为管理的职能有计划工作、____________、人员配备、指挥和控制。

3. 法约尔的著作《____________》为管理过程学派的观点提供了理论基础。

4. 程序规定了处理____________问题的方法、步骤。

5. 严格地讲，估量机会不是计划工作过程一个组成部分，但却是计划工作的真正____________。

6. 目标和具体的计划通常构成一个____________，即目标与目标之间左右关联，上下贯通，彼此呼应，融为一个整体。

7. 部门划分应遵循____________，以使机构富有效能和效率。

8. 所谓决策，就是为达到一定的____________，从两个以上可行方案中选择一个合理方案的分析判断过程。

9. 概率适用于非常规的，不重复的____________决策。

10. 组织内外部环境的变化，都要求对组织____________进行调整，以适应变化。

11. 期望理论认为，激励力等于期望值乘以____________。

12. 移情作用是说，一个人将自己的意识以____________投射在他人身上的能力。

13. 控制是一个_______________信息过程。

14. 组织适应性原理，是指组织机构越是____________、全面、完整，设计的控制技术越是能反映组织机构中的岗位职责，也就越有利于纠正偏离计划的误差。

15. 直接控制相对于间接控制而言，它是通过提高主管人员的____________来进行控制工作的。

四、名词解释（每小题 3 分，共 15 分）

1. 管理运动
2. 指挥链
3. 激励原理
4. 时距判定法
5. “T” 字形知识结构

五、简答题（每小题 5 分，共 20 分）

1. 什么是预测？
2. 沟通联络的形式有哪些？
3. 简述人员配备的责权利一致原理。
4. 内部提升有哪些优点？

六、论述题（每小题 10 分，共 20 分）

1. 叙述霍桑试验所得出的结论。
2. 试述组织工作的原理。

综合习题一答案及评分标准

一、单项选择题（每小题1分，共15分）

1. C　2. C　3. C　4. A　5. B　6. B
7. C　8. C　9. D　10. D　11. C　12. D
13. C　14. D　15. A

二、多项选择题（每小题1分，共15分）

1. CDE　2. ACDE　3. AC　4. ABCE　5. BCD　6. BCE
7. ACD　8. ABCDE　9. ABD　10. ADE　11. BDE　12. BCD
13. ABD　14. ABCDE　15. ABCDE

三、填空题（每空1分，共15分）

1. 泰罗科学管理　2. 组织工作　3. 工业管理与一般管理　4. 例行　5. 起点　6. 网络　7. 分工原理　8. 目标　9. 主观　10. 结构　11. 效价　12. 想象力　13. 反馈　14. 明确　15. 素质

四、名词解释（每小题3分，共15分）

1. 管理运动是19世纪末到20世纪30年代在美国产生的人们对管理重要性的认识，以及由此而产生的对经济发展的重大影响过程。（2分）它以科学管理为其主要组成部分，并为提高劳动生产率提供了一种思路和解决问题的框架。（1分）

2. 指挥链是指从组织上层到下层主管人员之间所形成的一条权力线。

3. 是指主管人员越是能够了解下属的需求和愿望，并给予满足，他就越是能够调动下属的积极性，使之能为实现组织的目标作出更大的贡献。

4. 时距判定法是用分析某个职位所承担的工作来衡量该职位判定问题需花费的时间长度，判定时距越长，该职务所要付出的时间也越多。

5. "T"字形的知识结构中"T"字形的一竖指的是管理学的知识，要求这方面知识了解越深越好；"T"字形的一横指的是管理所涉及的有关知识，要求了解越广越好。

五、简答题（每小题5分，共20分）

1. 预测是指对未来环境所作出的估计，它以过去为基准推测未来，以已知预测未知。（2分）预测不是臆测，"未来等于过去和现在的函数"。（1分）预测是对未来事件的陈述，是计划工作的一个环节，计划说明要使将来成为怎样，预测说明将来会怎样。（2分）

2.（1）正式沟通与非正式沟通；（1 分）

（2）上行沟通、下行沟通和平行沟通；（1 分）

（3）单向沟通与双向沟通；（1 分）

（4）口头沟通和书面沟通；（1 分）

（5）用含蓄的形式进行沟通和使用快速处置人员以及联络人员。（1 分）

3. 责权利一致原理，是指组织越想要尽快地保证目标的实现，就越应使主管人员的责权利相一致。（2 分）

主管人员必须有足够的权力才能担当他应负的责任，才能实施他的计划，这个权力在很大程度上表现的是其自主程度。（1 分）

职责就是主管人员的工作任务，同样也是他的义务。（1 分）

主管人员必须也应当得到与其权力、职责相应的待遇，既包括物质上的，也包括精神上的。（1 分）

4.（1）人选比较准确。（1 分）

（2）能较快地胜任工作。（1 分）

（3）激励成员上进心。（1 分）

（4）提高员工士气和兴趣。（1 分）

（5）可使组织对其成员的培训投资获得回报。（1 分）

六、论述题（每小题 10 分，共 20 分）

1. 梅奥等人对霍桑试验的材料总结后得出了四点结论：

（1）职工是“社会人”。古典管理理论将人视为“经济人”，认为金钱是刺激积极性的唯一动力，生产效率主要受工作方法、条件的制约；试验说明职工还要受到社会和心理影响，生产效率主要取决于职工的积极性、家庭和社会生活以及企业中人与人的关系。（3 分）

（2）企业中存在非正式组织，古典管理理论只注意管理组织机构、职权划分、规章制度等，试验说明，除正式团体外，企业中还存在非正式的小团体，小团体通过不成文的规范左右其成员的感情倾向和行为。（3 分）

（3）新型的领导能力在于提高职工的满足度。要对各级主管人员进行训练，使其学会了解人们的逻辑与非逻辑行为，学会通过同工人交谈了解其感情的技巧，使正式组织的经济需要与非正式组织的社会需要取得平衡。（2 分）

（4）存在着霍桑效应，对于新环境的好奇，可以获得最佳的成绩，至少在最初阶段是如此。如何保持霍桑效应，是管理学应重视和研究的问题。（2 分）

2. 组织工作的原理包括：

（1）目标统一原理。（1 分）

（2）分工协作原理。（1分）
（3）管理宽度原理。（1分）
（4）责权一致原理。（1分）
（5）集权与分权相结合的原理。（1分）
（6）稳定性适应性相结合的原理。（1分）
（以上原理要求展开解释，酌情给1~4分）。

综合习题二

一、单项选择题（20分）

1. 人类为了生存和发展，必须通过适应和改造外部环境去取得必需的资源，必须通过个人或集体的劳动为自己或他人提供需要的产品和劳务，这说明人类活动具有（　　）。

A. 目的性　　B. 实践性　　C. 依存性　　D. 知识性

2. 下列哪项在管理循环过程中处于轴心的地位，成为推动管理循环的原动力（　　）。

A. 控制　　B. 领导　　C. 创新　　D. 组织

3. 著名的霍桑研究是采用何种方法研究管理中人际关系的成功例子的（　　）。

A. 归纳法　　B. 实验法　　C. 演绎法　　D. 推理法

4. 顺“道”是中国传统管理活动的重要指导思想之一，中国历史上的“道”有多种含义，属于主观范畴的“道”和客观范畴的“道”分别是指（　　）。

A. 客观经济规律和治国的理论　　B. 治国的理论和客观经济规律
C. 客观经济规律和道德理论　　D. 治国的理论和道德理论

5. 现代管理的核心是（　　）。

A. 科学管理　　B. 有效管理
C. 使人性得到最完美的发展　　D. 顾客至上

6. 挖掘人的潜能的最好办法是（　　）。

A. 明确每个人的职责　　B. 职位设计合理
C. 合理授权　　D. 奖惩分明

7. 我国古代的法治思想主张实行“明法”、“一法”原则，分别是指（　　）。

A. 公开性和平等性　　B. 平等性和公开性

C. 开放性和权威性　　D. 公开性和权威性

8. A厂在生产纸张的过程中，由于废水的排放造成环境的污染，因此被国家有关部门明令关闭，在该案例中，影响A厂的主要环境因素是（　　）。

A. 技术环境　　B. 自然环境

C. 社会文化环境　　D. 政治环境

9. 环境预测和决策的基础是（　　）。

A. 确定课题　　B. 环境调查　　C. 收集资料　　D. 资料整理

10. 初始决策与追踪决策所共有的特点是（　　）。

A. 回溯分析　　B. 非零起点　　C. 双重优化　　D. 动态过程

11. 在一个企业中，哪类经营单位可以为企业发展带来高额利润（　　）。

A. 明星　　B. 金牛　　C. 幼童　　D. 瘦狗

12. 当人们对未来有一定的认识，但又不能肯定的情况下，往往采用下列决策方法中的（　　）。

A. 定型方法　　B. 风险型方法

C. 非确定型方法　　D. 程序化方法

13. 目标管理过程中，执行了预先制定的目标以后，下一步要进行的工作是（　　）。

A. 实施奖惩　　B. 制定新目标　　C. 评价成果　　D. 执行新目标

14. 锥形结构的管理组织结构形态的优点有（　　）。

A. 层次少，信息传递速度快

B. 有利于下属主动性和首创精神的发挥

C. 信息传递过程中失真的可能性小

D. 有利于主管对下属进行详尽的指导

15. 布莱克和穆顿提出的管理方格理论认为下列哪种方式使领导工作最有成效（　　）。

A. 只注重任务的完成，不重视人的因素

B. 特别关心职工，不管生产任务的完成情况

C. 既不过于重视人的因素，也不过于重视任务因素

D. 对生产和人的关系都很重视

16. 根据管理工作的要求，努力提高管理人员在决策、用人、激励、沟通、创新等方面的管理能力符合下列哪种管理人员培训目标（　　）。

A. 传递信息　　B. 改变态度　　C. 更新知识　　D. 发展能力

17. 领导班子的结构一般包括哪四个方面？(　　)

A. 年龄结构　知识结构　专业结构　性格结构

B. 年龄结构　知识结构　性格结构　能力结构

C. 知识结构　能力结构　性格结构　专业结构

D. 年龄结构　知识结构　专业结构　能力结构

18. 公平理论中，横向比较如果出现 Qp/Ip<Qz/Iz，则此人会对此作出何种反应？(　　)

A. 认为自己所得报酬过高

B. 他会要求减少报酬

C. 他可能自觉地增加投入量

D. 此人对组织的激励措施感到不公平，要求增加报酬

19. 下列手段中属于正强化的内容是（　　）。

A. 批评　　B. 降级　　C. 提升　　D. 罚款

20. 为适应系统内外变化而进行的局部和全局的调整是管理的（　　）。

A. 维持职能　　B. 控制职能　　C. 创新职能　　D. 协调职能

二、辨析改错（20 分）

1. 管理信息系统的功能十分强大，既可以代替人的部分事务工作，又可以代替部分人的创造性劳动。(　　)

2. 效益与效果、效率等概念基本没有什么区别。(　　)

3. 行政方法是实现管理功能的一个重要手段，管理者必须充分认识到行政方法的本质是全面控制，才能发挥它应有的作用。(　　)

4. 组织文化的软管理功能主要有优化功能、激励功能、约束功能等。(　　)

5. 谈判有两种基本方法，零和谈判和双赢谈判。(　　)

6. 赫茨伯格的“双因素理论”中，促使人们产生工作满意感的是“保健因素”，促使人们产生不满的是“激励因素”。(　　)

7. 有效管理的关键是适度分权、民主治厂，依靠科学管理和职工参与，使个人利益和企业利益紧密结合。(　　)

8. 从组织整体发展的角度看，在环境调查过程中，样本容量越大越好。(　　)

9. 决策是动态的，没有真正的起点，也没有真正的终点。(　　)

10. 处理失真信息采取进攻型策略会导致火上浇油，局面愈发不可收拾，所以一定不能用。(　　)

三、简答题

1. 简述马斯洛需求层次理论的主要内容。
2. 决策过程包括哪几个阶段的工作？组织决策受到哪些因素的影响？
3. 组织冲突的起源有哪些？如何妥善地处理冲突？
4. 如何利用经营单位组合分析法帮助企业进行经营决策？
5. 试分析沟通中的障碍有哪些？

四、案例分析（30分）

伊格纳茨·施温于1895年在芝加哥创办了施温自行车公司，后来成长为世界最大的自行车制造商。在20世纪60年代，施温公司占有美国自行车市场25%的份额。不过，过去是过去，现在是现在。

爱德华·施温是创始人伊格纳茨的长孙，1979年他接过公司的控制权，那时，问题已经出现，而糟糕的计划和决策又使已有的问题雪上加霜。

在70年代，施温公司不断加大对它强大的零售分销网络和品牌的投资，以便主宰10档变速车市场。但是进入80年代，市场转移了，山地车取代10档变速车成为销量最大的车型，并且轻型的、高技术的、外国生产的自行车在成年的自行车爱好者中日益普及。施温公司错过了这两次市场转换的机会，它对市场的变化反应太慢，管理当局专注于削减成本而不是创新。结果，施温公司的市场份额开始迅速地被更富于远见的自行车制造商夺走，这些制造商销售的品牌有特莱克、坎农戴尔、巨人和钻石。

或许，施温公司最大的错误是没有把握住自行车是一种全球产品，公司迟迟未能开发海外市场和利用国外的生产条件。一直拖到70年代末，施温公司才开始加入国外竞争，把大量的自行车转移到日本进行生产。但到那时，不断扩张的我国台湾地区的自行车工业已经在价格上击败了日本生产厂家。作为应对这种竞争的一种策略，施温公司开始少量进口中国台湾地区制造的巨人牌自行车，然后贴上施温商标在美国市场上出售。

1981年，当施温公司设在芝加哥的主要工厂的工人举行罢工时，公司采取了也许是最愚蠢的行动。管理当局不是与工人谈判解决问题，而是关闭了工厂，将工程师和设备迁往中国台湾地区的巨人公司自行车工厂。作为与巨人公司合伙关系的一部分，施温公司将所有的一切，包括技术、工程、生产能力都交给了巨人公司，这正是巨人公司要成为占统治地位的自行车制造商所求之不得的。作为交换条件，施温公司进口并且在美国市场上以施温商标经销巨人公司制造的自行车。正如一家美国竞争者所言："施温将特许权盛在银盘上奉送给巨人公司。"

到1984年，巨人公司每年交付给施温公司70万辆自行车，以施温商标销售，占施温公司年销售额的70%。几年后，巨人公司利用从施温公司那里获得的知识，在美国市场上建立了他们自己的商标。

到1992年，巨人公司已经在世界自行车市场上占据了统治地位。巨人公司销售的每10辆自行车中，有7辆是以自己的商标出售的。而施温公司怎么样了？当它的市场份额在1992年10月跌落到5%时，公司开始申请破产。

试回答以下问题：

1. 更有效的长期计划会怎样挽救施温公司？

2. 解释施温公司的计划在1965年、1975年和1985年应当是什么样的？

综合习题二答案及评分标准

一、单项选择题（20分）

1. C	2. C	3. B	4. B	5. C	6. A
7. A	8. D	9. B	10. D	11. B	12. B
13. C	14. D	15. D	16. D	17. D	18. D
19. C	20. C				

二、辨析改错（20分）

1. ×	2. ×	3. ×	4. √	5. √	6. ×
7. ×	8. ×	9. √	10. ×		

三、简答题

1. 简述马斯洛需求层次理论的主要内容。

（1）人是有需要的动物，只有尚未满足的需要能够影响其行为。

（2）人的需要都有轻重层次，某一层次需要得到满足后，另一个需要才会出现。

（3）人的需要分为五级：生理需要、安全需要、感情需要、尊重需要、自我实现需要。

2. 决策过程包括哪几个阶段的工作？组织决策受到哪些因素的影响？

决策过程主要包括以下几个阶段：（1）研究现状，判断改变的必要。（2）明确组织目标。（3）拟定方案。（4）方案的比较和选择。

影响因素主要有：（1）环境。（2）过去的决策。（3）决策者对风险的态度。（4）组织文化。（5）时间。

3. 组织冲突的起源有哪些？如何妥善地处理冲突？

起源有：（1）沟通差异。（2）结构差异。（3）个体差异。

冲突的处理：(1) 谨慎地选择想处理的冲突。(2) 仔细研究冲突双方的代表人物。(3) 深入了解冲突的根源。(4) 妥善地选择处理办法。

4. 如何利用经营单位组合分析法帮助企业进行经营决策？

要点：(1) 经营单位组合分类图及简要叙述。(2) 基本假设前提：企业的目标是追求增长和利润。(3) 具体分析步骤：a. 把公司分成不同的经营单位；b. 计算每一单位的市场占有率和业务增长率；c. 根据在企业中占有资产的多少来衡量各经营单位的相对规模；d. 绘制公司的整体经营组合图；e. 根据每一单位在图中的位置，确定应选择的经营方向。

5. 试分析沟通中的障碍有哪些？

要点：(1) 信息发送方面的障碍；(2) 信息传递中的障碍；(3) 信息接收方面的障碍。

四、案例分析（30 分）

分析要点：

1. 长期计划往往是战略性计划，它规定组织较长时期的目标以及实现目标的总的方法。对一个工商企业来说，长期计划包括经营目标、战略、方针、远期的产品发展计划、革新等。通过科学的计划体系使组织各部门的工作能统一协调地、井井有条地展开，使主管人员能超脱于日常事物，集中精力关注于对未来的不肯定性和变化的把握，随机应变地制定相应的对策，实现组织与环境的动态协调。有助于用最短的时间完成工作，减少迟滞和等待时间，减少误工损失，促使各项工作能够均衡稳定的发展。

更有效的长期计划应是建立在围绕企业的核心竞争力为基础的战略上，施温公司的核心竞争力应是技术、工程设计、以市场品牌为基础的营销网络等方面。

2. 1965 年，施温公司是市场中具有寡头垄断地位的厂商，应制定计划保持这种市场地位和市场份额；1975 年时，应及时修改计划，适应市场变化，利用自己的核心竞争力保持市场的领导地位；1985 年，应力图收购巨人公司，而非扶持。

综合习题三

一、填空题（每空 1 分，共 15 分）

1. 新古典管理理论阶段主要是指____________理论的形成发展。

2. 孔茨把管理理论的____________称之为“管理理论丛林”。

3. 德鲁克认为，通过目标管理就可以对____________进行有效的管理。

4. 预测活动的第一步是____________。

5. 计划工作的前提条件是指计划在实施过程中预期的____________。

6. 决策的程序包括确定____________，拟定备选方案，评价备选方案，选择方案。

7. 组织内外部环境的变化，都要求对组织____________进行调整，以适应变化。

8. 人员配备采取的开放的系统方法要在组织内部贯彻，反过来又和____________有关。

9. 组织中沟通联络的目的是____________。

10. 非正式沟通是在____________之外进行的信息传递或交流。

11. 提出领导连续流的坦南鲍姆认为：一个适宜的领导方法取决于____________和个性。

12. 作为管理的一项职能，控制工作是指主管人员对下属的工作成效进行测量、衡量和____________，并采取相应纠正措施的过程。

13. 由于计划工作是进行控制的依据，所以从逻辑上讲，控制过程的第一步是____________。

14. 控制工作的重点是____________正在进行的计划过程。

15. 组织适应性原理，是指组织机构越是____________、全面、完整，设计的控制技术越是能反映组织机构中的岗位职责，也就越有利于纠正偏离计划的误差。

二、单项选择题（在每小题的四个备选答案中选出一个正确的答案，并将其号码填在题后的括号内。每小题 1 分，共 15 分）

1. 提出管理具有计划、组织、指挥、协调、控制五个要素的管理学家是（　　）。

A. 泰罗　　B. 巴纳德　　C. 孔茨　　D. 法约尔

2. 巴纳德是哪个学派的代表人物（　　）。

A. 社会技术系统学派　　B. 社会合作学派

C. 决策理论学派　　D. 管理过程学派

3. 群体行为学派的最早代表人物是（　　）。

A. 法约尔　　B. 泰罗　　C. 梅奥　　D. 巴纳德

4. 中、短期预测常用的方法是（　　）。

A. 因果关系　　B. 直观法

C. 时间序列法　　D. 回归分析法

5. 预测既是计划工作的前提条件，又是计划工作的（　　）。
A. 组成部分　　B. 基础　　C. 结果　　D. 保证
6. 直线型组织结构一般只适用于（　　）。
A. 大型组织
B. 小型组织
C. 需要职能专业化管理的组织
D. 有必要按职能实行专业化管理的小型组织
7. 职能型组织结构的最大缺点是（　　）。
A. 横向协调差　　B. 多头领导
C. 不利于培养上层领导　　D. 适用性差
8. 主管人员是在组织中对他人及其工作负责的（　　）。
A. 管理人员　　B. 技术人员　　C. 财务人员　　D. 工人
9. 主管人员的权力很大程度上表现的是其（　　）。
A. 能力　　B. 素质　　C. 物质基础　　D. 自主程度
10. 下行沟通是指（　　）。
A. 组织中的上层领导按指挥系统从上而下的情报沟通
B. 下级的意见、信息向上级反映
C. 下级之间的意见交流
D. 通过上级组织明文规定的渠道进行信息传递
11. 工作丰富化是指体现在工作中的一种更高的（　　）。
A. 期望值　　B. 热情
C. 挑战性和成就感　　D. 纪律性
12. 领导连续流理论强调了领导方式具有开放系统的性能，这对主管人员的权力（　　）。
A. 是一种威胁　　B. 是一种助力
C. 提出了挑战　　D. 可充分利用
13. 四分图理论把领导行为归纳为（　　）。
A. 对生产十分关心　　B. 对职工十分关心
C. 体制和体谅　　D. 积极和消极
14. 有效的控制工作，能够为主管人员提供（　　）。
A. 有用的信息　　B. 科学的管理方法
C. 实现计划的措施　　D. 先进合理的标准
15. 管理控制与一般控制（　　）。

A. 基本含义完全相同　　B. 基本含义完全不同

C. 既有相同点，也有不同点　　D. 两者之间区别不大

三、多项选择题（在每小题的五个备选答案中，选出二至五个正确的答案，并将其号码分别填在题后的括号内。正确答案未选全或有选错的，该小题无分。每小题 1 分，共 15 分）

1. 形成管理外部环境中政治环境的因素包括（　　）。

A. 国家的法律　　B. 政府机构

C. 社会舆论　　D. 价值观念

E. 道德标准

2. 未来管理组织发展的趋势将是（　　）。

A. 面临的变化较小　　B. 组织结构长期稳定

C. 部门的划分将会更细　　D. 各部门的专业化程度将越来越高

E. 各类成员的比例将会发生重大改变

3. 目标管理自身的缺点有（　　）。

A. 目标管理理论尚未普及宣传

B. 适当的目标不易确定

C. 目标一般是短期的，而与长期目标脱节

D. 不灵活

E. 完成结果不易评价

4. 预测种类按内容分为（　　）。

A. 社会未来预测　　B. 技术经济预测

C. 长期预测　　D. 中期预测

E. 短期预测

5. 组织的下层主管人员所做的决策倾向于（　　）。

A. 战略型　　B. 常规型

C. 科学性　　D. 肯定型

E. 战术型

6. 矩阵组织的缺点有（　　）。

A. 稳定性较差　　B. 多头领导

C. 适应性不强　　D. 灵活性不够

E. 部门之间难以协调

7. 多维组织结构适合于（　　）。

A. 跨国公司　　B. 跨地区的大公司

C. 大型企业公司
D. 中型企业公司
E. 高科技公司

8. 职责就是主管人员的（ ）。
A. 工作条件
B. 工作任务
C. 事业心
D. 义务
E. 工作岗位

9. 人员配备应包括的原理有（ ）。
A. 民主化原理
B. 科学性原理
C. 责权利一致原理
D. 用人之长原理
E. 客观性原理

10. 沟通过程一般有三种表现形式，它们是（ ）。
A. 领导与群众之间的交流
B. 机器与机器之间的交流
C. 上、下级互通情报
D. 人与人之间的交流
E. 人与机器之间的交流

11. 沟通联络的作用是（ ）。
A. 互相了解信息
B. 使组织中的人们认清形势
C. 互相交流感情
D. 使决策更加合理有效
E. 稳定职工思想，统一组织行动

12. X 理论的要点包括（ ）。
A. 一般人都是勤奋的
B. 控制和惩罚不是唯一手段
C. 多数人没有雄心大志，不愿负任何责任
D. 多数人个人目标与组织目标相矛盾
E. 多数人工作都是为了金钱与地位

13. 领导者修养的内容是（ ）。
A. 自知之明
B. 懂得领导者的知识
C. 主观努力改进领导方法
D. 移情作用
E. 客观性

14. 指挥和激励的领导艺术是指（ ）。
A. 在实践中树立必要的权威
B. 善于运用各种通讯手段进行沟通
C. 指令的内容力求切合实际
D. 在组织中的鼓动工作和激励方法要多样化

E. 及时传达群众对领导者的要求

15. 管理活动中的“慢性问题”是指（　　）。

A. 经常发生的影响组织日常活动的问题

B. 长期存在会影响组织素质的问题

C. 人们对其存在已习以为常，不愿承认和解决的问题

D. 对多数人的工作和利益会产生显而易见影响的问题

E. 容易被人们发现、承认和解决的问题

四、名词解释（每小题3分，共15分）

1. 管理运动

2. 德鲁克

3. 决策

4. 保健因素

5. 前馈控制

五、简答题（每小题5分，共20分）

1. 管理的基本特征。

2. 影响管理宽度的因素。

3. 选聘主管人员应注意哪些问题?

4. PERT（时间网络分析法或计划评审法）的优点和缺点。

六、论述题（每小题10分，共20分）

1. 试述计划工作的具体步骤。

2. 试述指导与领导工作的基本原理。

综合习题三答案及评分标准

一、填空题（每空1分，共15分）

1. 行为科学　2. 各个流派　3. 管理者　4. 提出课题　5. 内外部环境　6. 决策目标　7. 结构　8. 外部环境　9. 促进变革　10. 正式沟通渠道　11. 环境　12. 评价　13. 制定计划　14. 实施　15. 明确

二、单项选择题（每小题1分，共15分）

1. D　2. B　3. C　4. D　5. C　6. D

7. B　8. A　9. D　10. A　11. C　12. C

13. C　14. A　15. C

三、多项选择题（每小题 1 分，共 15 分）

1. AB　2. BCDE　3. BCD　4. AB　5. BDE　6. AB
7. AB　8. BD　9. CD　10. BDE　11. BDE　12. CDE
13. ABDE　14. ABCD　15. BC

四、名词解释（每小题 3 分，共 15 分）

1. 人们对管理重要性的认识，以及由此而产生的经济发展的重大影响过程，被称为管理运动。

2. 美国人，1954 年他在《管理实践》中首先提出了目标管理和自我控制的主张。

3. 所谓决策，就是为达到一定目标，从两个以上的可行方案中选择一个合理方案，并分析判断的过程。

或者：决策是决策者经过各种考虑和比较以后，对应当做什么和怎样做所做的决定。

4. 赫茨伯格通过调查，发现人们对诸如本组织的政策和管理、监督、工作条件、人际关系、薪金、地位、职业安定以及个人生活所需等等，如果得到后则没有不满，得不到则产生不满。他把这类因素统称为“保健因素”。

5. 又叫预先控制，是主管人员运用所能得到的最新信息，包括上一个控制循环中所产生的经验教训，反复认真地对可能出现的结果进行预测，然后将其同计划要求进行比较，从而在必要时调整计划或控制影响因素以确保目标的实现。

五、简答题（每小题 5 分，共 20 分）

1.（1）管理是一种文化现象和社会现象，任何组织都需要管理，管理具有普遍性。（1 分）

（2）管理的主体是管理者，管理者对管理的效果承担重大责任。（1 分）

（3）管理的任务是实现组织规定的目标。主管人员分三个层次，管理工作的实质是承担计划、组织、人员配备、指导与领导、控制这五个基本职能。（2 分）

（4）管理的核心是处理好人际关系。（1 分）

2. 影响管理宽度的因素有：

（1）主管人员与其下属的能力。（1 分）

（2）面对问题的种类。（1 分）

（3）组织沟通的类型及方法。（1 分）

（4）授权。（1 分）

（5）计划及组织的稳定性。（1 分）

3. 要做好选聘工作，应注意的问题是：

(1) 选聘的条件要适当。(1分)

(2) 主持选聘的人员应具有较高的素质和能力，并且具有伯乐式的慧眼。(1分)

(3) 注意候选人的潜在能力。(1分)

(4) 正确对待文凭与水平的关系。(1分)

(5) 敢于启用年轻人。(1分)

4. PERT的优点：(4分)

(1) 它促使主管人员去进行计划工作。

(2) 它促使主管人员将计划拟定的工作交给下级去做。

(3) 它促使主管人员把注意力集中在可能需要采取纠正措施的关键问题上。

(4) 从某种意义上说，它是一种前馈控制。

(5) 使具有分网络的整个网络系统有可能在恰当的时间针对组织结构中的恰当职位和管理层次提出报告和为采取行动施加压力。

PERT的局限性：(1分)

它的最主要缺点是它只强调时间因素而不强调费用因素，所以只适用于注重时间因素的那些计划或适用于那些与时间因素有密切的、直接的关系的规划。

六、论述题（每小题10分，共20分）

1. 计划工作是一种连续不断的循环。(1分) 所有计划工作步骤都是相似的。(1分) 依次包括：

(1) 估量机会。(1分)

(2) 确定目标。(1分)

(3) 确定前提。(1分)

(4) 确定可供选择的方案。(1分)

(5) 评价各种方案。(1分)

(6) 选择决策。(1分)

(7) 制定派生计划。(1分)

(8) 用预算形式使计划数字化。(1分)

2. (1) 指明目标原理，指导与领导工作越是能使全体人员明确理解组织的目标，则人们为实现组织目标所做的贡献就会越大。(1分)

(2) 目标协调原理，指个人目标与组织目标越能取得协调一致，人们的行为就越会统一，从而为实现组织目标所取得的效率就会越高，效果越好。(2分)

(3) 命令一致原理，指主管人员在实现目标过程中下达的命令越是一致，个人在执行命令中发生矛盾就越少，领导与被领导双方对最终成果的责任感也就

越大。(2分)

(4) 直接管理原理，指主管人员同下级的直接接触越多，所掌握的各种情况就会越准确，从而指导与领导工作就会更加有效。(1分)

(5) 沟通联络原理，指主管人员与下属之间越是有效地、准确地、及时地沟通联络，整个组织就越会成为一个真正的整体。(2分)

(6) 激励原理，指主管人员越是了解下属的需求和愿望，并给予满足，他就越能调动下属积极性，使之为实现目标作出更大贡献。(2分)

综合习题四

一、多项选择题（在每小题的五个备选答案中，选出二个至五个正确的答案，并将其号码分别填在题后的括号内。正确答案未选全或有选错的，该小题无分。每小题1分，共15分）

1. 管理的基本特征有（　　）。

A. 管理是一种社会现象　　B. 管理是一种文化现象

C. 管理的主体是管理者　　D. 管理的重心是决策

E. 管理的核心是处理好人际关系

2. 组织外部环境包括的要素有（　　）。

A. 行业　　B. 原材料供应

C. 产品市场　　D. 政治状况

E. 社会文化

3. 狭义的行为科学理论包括的内容有（　　）。

A. 个体行为理论　　B. 社会行为理论

C. 团体行为理论　　D. 职能行为理论

E. 组织行为理论

4. “管理科学理论”的内容包括（　　）。

A. 运筹学　　B. 系统分析

C. 激励过程理论　　D. 激励强化理论

E. 决策科学化

5. 组织的高层主管人员所做的决策倾向于（　　）。

A. 战略型　　B. 常规型

C. 科学性　　D. 肯定型

E. 经验型

6. 主观决策法的特点是（　　）。

A. 方法灵便

B. 易产生主观性

C. 缺乏严格论证

D. 易为一般管理干部所接受

E. 适合于非常规决策

7. 矩阵组织的缺点有（　　）。

A. 稳定性较差

B. 多头领导

C. 适应性不强

D. 灵活性不够

E. 部门之间难以协调

8. 目前国外常用的明确职务的方法有（　　）。

A. 德尔菲法

B. 因果关系分析法

C. 比较法

D. 职务系数法

E. 时间序列计算法

9. 指导与领导工作的原理包括（　　）。

A. 指明目标原理

B. 命令一致原理

C. 直接管理原理

D. 沟通联络原理

E. 激励原理

10. 社会人的要点是（　　）。

A. 人们的经济需求是首要的

B. 人是由社会需求而引起动机的

C. 人们只能从工作上的社会关系去寻求意义

D. 多数人的个人目标与组织目标不一致

E. 职工非常重视对同事们的社会影响

11. 需求层次理论的内容有（　　）。

A. 工作与工作条件的需求

B. 文艺、文化娱乐生活的需求

C. 生理需求、安全需求、社交和爱情需求

D. 自尊与尊重别人的需求

E. 自我实现的需求

12. 现场控制的有效性取决于主管人员的（　　）。

A. 个人素质

B. 个人作风

C. 指导的表达方式以及下属对这些指导的理解程度

D. 权限和责任

E. 工作态度

13. 常用的实物预算单位有（　　）。

A. 直接工时数　　B. 台时数

C. 原材料数量　　D. 负债数

E. 实物销售量和生产量

14. 现在，控制的方法和技术不仅包括传统方法而且还广泛地研究和运用（　　）。

A. 运筹学　　B. 控制论

C. 信息科学　　D. 系统科学

E. 电子计算机技术

15. 最常用的综合控制方法是（　　）。

A. 收支预算　　B. 总预算

C. 损益控制　　D. 投资回收率

E. 企业自我审核

二、填空题（每空1分，共15分）

1. 管理是一种艺术，这是强调管理的____________，没有实践则无所谓艺术。

2. 新古典管理理论阶段主要是指____________理论的形成发展。

3. 组织行为学这一名称专指____________学中的行为科学。

4. 程序规定了处理____________问题的方法、步骤。

5. 决策需要有“____________”与“代替方案”这两方面的因素。

6. 主管人员必须有足够的权力才能担当他应负的责任，才能实施他的____________。

7. ____________就是指人们希望从事管理的主观要求。

8. 指导与领导工作，就是对组织内每个成员和全体成员的行为进行引导和____________的活动过程。

9. 美国心理学家马斯洛提出需求层次理论，他认为人类的需求是以____________形式出现的。

10. 领导工作是对个体和群体进行方向上的引导，类似于“____________”。

11. 期望理论认为，激励力等于期望值乘以____________。

12. 对于新的投资和综合控制来说，最广泛运用的标准是____________。

13. 反馈控制的工作重点是把注意力集中在____________上，并将它作为未来行为的基础。

14. 对于一个合格的主管人员来说，进行控制工作时，不能没有观点，他要从整体利益出发实施____________控制，将各个局部的目标协调一致。

15. 预算也是一种计划，它是用数字编制的反映组织在____________的综合计划。

三、单项选择题（在每小题的四个备选答案中选出一个正确的答案，并将其号码填在题后的括号内。每小题 1 分，共 15 分）

1. 一般说来，组织的外部要素是（　　）。

A. 可以控制的　　B. 无法控制的
C. 部分可以控制的　　D. 不可以控制的

2. 作为学习、研究管理学的总的方法论指导的是（　　）。

A. 系统方法　　B. 理论联系实际的方法
C. 唯物辩证法　　D. 比较分析法

3. 法约尔提出的管理原则有（　　）。

A. 5 项　　B. 6 项　　C. 10 项　　D. 14 项

4. 计划的效率是指（　　）。

A. 制定计划要快　　B. 计划的预期目标保证实现
C. 投入与产出比例高　　D. 计划指标既先进又可行

5. 计划工作的核心是（　　）。

A. 制定目标　　B. 制定方案
C. 作出决策　　D. 选择方案

6. 被称为决策“硬技术”的决策方法是指（　　）。

A. 边际分析法　　B. 主观决策法
C. 科学决策法　　D. 计量决策法

7. 事业部制组织结构产生于 20 世纪（　　）。

A. 20 年代　　B. 30 年代　　C. 40 年代　　D. 50 年代

8. 篮子计划是由下列哪个国家的一些培训中心实行的一种培训方法（　　）。

A. 美国　　B. 英国　　C. 日本　　D. 德国

9. 从管理的职能来看，指导和领导工作所引发的下属才能约占（　　）。

A. 60%　　B. 40%　　C. 20%　　D. 50%

10. 主管人员与下属之间越是有效地、准确地、及时地沟通联络，整个组织就越会成为一个真正的整体，这是指（　　）。

A. 目标协调原理　　B. 激励原理
C. 沟通联络原理　　D. 命令一致原理

11. 内容型激励理论包括（ ）。
A. 期望理论、强化理论
B. 需求层次理论、双因素理论、激励需求理论
C. X 理论、Y 理论
D. 超 Y 理论、公平理论
12. 最理想的标准是（ ）。
A. 实物标准 B. 费用标准 C. 资金标准 D. 可考核标准
13. 利用标准成本分析的方法进行控制，属于按措施环节分类的（ ）。
A. 现场控制 B. 反馈控制 C. 前馈控制 D. 直接控制
14. 直接控制的原则是（ ）。
A. 主管人员及下属的质量越高，就越不需要进行间接控制
B. 主管人员及下属的质量越差，就越需要进行直接控制
C. 主管人员及下属的质量越高，就越不需要进行直接控制
D. 主管人员及下属的质量越差，就越需要进行间接控制
15. 不管采用哪种控制方法和技术，都必须有一个保障系统，这个系统是（ ）。
A. 生产经营指挥系统 B. 管理信息系统
C. 研究开发系统 D. 信息传递系统

四、名词解释（每小题 3 分，共 15 分）
1. 人才生命周期
2. 管理突破过程
3. 职务要求明确原理
4. 估量机会
5. 组织结构

五、简答题（每小题 5 分，共 20 分）
1. 管理过程学派的基本观点。
2. 什么是目标管理?
3. 指导与领导工作的目标协调原理。
4. 有效沟通的要求。

六、论述题（每小题 10 分，共 20 分）
1. 试述领导艺术及其基本内容。
2. 试述决策的程序。

综合习题四答案及评分标准

一、多项选择题（每小题1分，共15分）

1. ABCDE　2. ABCDE　3. ACE　4. ABE　5. AC　6. ABCDE
7. AB　8. CD　9. ABCDE　10. BCE　11. ABE　12. ABC
13. ABCE　14. ABCDE　15. BCDE

二、填空题（每空1分，共15分）

1. 实践性　2. 行为科学　3. 管理　4. 例行　5. 目标　6. 计划　7. 管理愿望　8. 实施影响　9. 层次　10. 带头羊　11. 效价　12. 投资回收率　13. 历史结果　14. 全局　15. 未来某一时期

三、单项选择题（每小题1分，共15分）

1. C　2. C　3. D　4. C　5. C　6. D
7. A　8. D　9. B　10. C　11. B　12. D
13. B　14. A　15. B

四、名词解释（每小题3分，共15分）

1. 正如一个产品有其产生、形成、发展和衰退的周期一样，组织中的人才也有其生命周期。一个人才在组织中的生命周期，可分为四个阶段，即引入阶段、成长阶段、成熟阶段和衰落阶段。

2. 要使控制工作真正起作用，就要重点解决“慢性问题”，打破现状。要解决慢性问题，需要一定的时间，这段活动时间就叫管理突破过程。

3. 指对主管职务及其相应工作人员的要求越是明确，培训和评价主管人员的方法越是完善，主管人员工作的质量也就越有保证。

4. 估量机会是在实际的计划工作开始之前进行的，是对将来可能出现的机会加以估计，展望可能取得的成果，是计划工作的起点。

5. 组织结构是表明组织各部分排列顺序、空间位置、聚散状态、联系方式，以及各要素之间相互关系的一种模式。它是执行管理和经济模式的体制。

五、简答题（每小题5分，共20分）

1. 这一学派的基本观点：

（1）管理是一个过程。（1分）

（2）管理过程的职能有五个。（1分）

（3）管理职能具有普遍性。（1分）

（4）管理应具有灵活性。（1分）

这一个学派主张按管理职能建立一个作为研究管理问题的概念框架。(1 分)

2. 最高层领导根据组织面临的形势和社会需要，制定出一定时期内所要达到的总目标，然后层层落实。下级主管以至每个职工据此分别制定出目标和保证措施，形成一个目标体系。(3 分) 并把目标的完成情况作为各部门或个人考核的依据。(2 分)

3. 目标协调原理，指个人目标与组织目标能取得协调一致，人们的行为就会趋向统一，从而为实现目标所做工作的效率就会越高，效果就会越好。(3 分)

在指导和领导下级时，主管人员必须要注意利用个人的需要动机去实现集体的目标。(1 分) 在阐明计划与委派任务时，协调个人与集体的目标，使人们能够发挥出忘我精神使管理工作更加顺利。(1 分)。

4. (1) 力求表达清楚。(1 分)

(2) 传递力求准确。(1 分)

(3) 避免过早的评价。(1 分)

(4) 消除下级人员的顾虑。(1 分)

(5) 主管人员必须积极进行沟通联络，对情报过程加以控制。(1 分)

六、论述题 (每小题 10 分，共 20 分)

1. (1) 领导艺术就是富有创造性的领导方法。主管人员要具备灵活运用各种领导方法和原则的能力与技巧，才能率领和引导人们克服前进道路上的困难而实现组织的目标。(2 分)

(2) 决策艺术，领导者要及早察觉组织发展的各种有利、不利条件，集中群众正确意见作出科学决策。

(3) 用人艺术，知人善任，人无完人，取其长避其短，用人不疑。(2 分)

(4) 授权、指挥、激励的艺术，适当放权、恰当指挥和用多种方法来激励下属。(2 分)

(5) 集中精力抓主要环节的艺术和领导变革的艺术以及履行职能的艺术，善于抓主要矛盾加以解决，要因势利导，正确处理变革中的新问题。要对自己的领导职能有正确认识，领导就是服务，注意自己自然影响力的提高。(2 分)

2. (1) 确定决策目标，拟定备选方案。(1 分) 备选方案是指可供进一步选择的可能方案。备选方案要有两个以上，但也不能过多，备选方案要有概括性、典型性和代表性。(1 分) 拟定备选方案要尽量找出限制性因素。(1 分)

(2) 评价备选方案。(1 分) 评价标准是看哪一方案最有利于达到决策目标；(1 分) 评价依据有经验、实验、分析和研究；评价方法有主观和计量两种

(1 分)；评价尺度有必达目标和希望达成的目标，用来分别衡量各方案。(1 分)评价时，要重视量与质的因素。(1 分)

(3) 选择方案。(1 分) 对各种备选方案进行总体权衡后，由组织决策者挑一个最好的方案。(1 分)